株式会社の世界史

「病理」と「戦争」の500年

A WORLD HISTORY OF THE CORPORATION

平川克美 HIRAKAWA KATSUMI

東洋経済新報社

株式会社の世界史

目次

第5章

株式会社の蘇生力 095

第9章 欲望が作り上げた幻想

第10章 株式会社という幻想共同体と個人の欲望

序章 株式会社という幻想共同体

本書は株式会社について論じたものである。本書が扱っている「株式会社」とは、たとえば、現在日本に１１５万社存在していると言われる株式会社一般を指し示しているわけではない。日本に存在している株式会社は、確かに株式を発行しており、株式会社の要件を満たしているが、株主は主に創業者一族、あるいは創業者の関係者である場合が多い。これらの会社はいわば法律上、名目上の株式会社であって、社長が家財産を担保にして実質的な無限責任を負うという点においても、任意の第三者的な株主が存在していないという点においても、その本質（それについては本論で述べることになるが）は株式会社本来のものとは言い難い。

したがって、これから縷々言及することになる「株式会社」とは、所有と経営が分離し、株主が主権を有することを前提として、株式市場において公開された会社、あるいはその先駆的な形態の法人だと考えていただきたいと思う。

✣「動力」としての株式会社

その存在を当然視され、現在も経済の中枢的な牽引機能を果たしている株式会社というものを、私たちおよび私たちの祖先はなにゆえ必要としてきたのか、それがこれからも必要不可欠なシステムなのかを、歴史的な長い視野で見つめ直すことで一度検証してみたいと思う。

誰もがわかりきっていると思っていることを、一から検証する必要がある場合もあるのだ。時代の転換期には、それは特に重要な仕事になるだろう。時代の転換期には、わかりきっていると考えていた思考の土台自体が大きく変容してしまうかもしれないからである。

私は、人口減少フェーズに入り成長の果実を失いつつあるミレニアム以降の時代を、大きな転換期だと捉えている。それは同時に移行期的混乱期でもある。そのことについてはすでに、他の本で書いてきたのでここには繰り返さない。ただ、時代の転換期にすべきことの一つである、転換以前の社会を牽引してきた動力である株式会社について原理的な考察を加えたいと思う。

実のところ、我が国では、これまで株式会社学とでもいうような研究は、一部の研究者を除けば、あまり熱心に行われてきたわけではなかった。もちろん、実学としての株式会社研究は、事業家の副読本としてであれ、ＭＢＡの教科書であれ、数え上げれば枚挙にいとまがないほど発刊されてきた。しかし、それらの研究書や実用書は、ほとんどの場合、株式会社を所与の存在として書かれたものであり、その発生や起源について触れられてはいても、単に歴史年表的な知識の確認にとどまっているに過ぎないものがほとんどであった。

　しかし、多くの人々が毎日会社へ通い、そこで働き、そこから支給された給料で生活し、市場では株式会社が製造したり、流通させたりした商品を売り買いしているわけである。これほど今日の私たちの生活に密着している存在についての理解を深めることが、重要なことではないとは誰も言えないだろう。そこで私は、株式会社という存在について、根源的に考えること、その発生から将来の可能性までを視野に入れるための準備をしたいと思う。

　株式会社の発生や起源についての論考には、ビジネス的なアプローチ以上に文明史的なアプローチが必須になるだろう。プラクティカルなアプローチは、株式会社を所与の存在とみなすところから始まっており、その発生や起源に触れることはないだろう。さらに言えば、そこには単なるシステムの起源だけではなく、共同幻想（法人）としての株式会社を存立せしめる人々の心理的な側面についても考えておく必要があるだろう。そのような横断的な学問というものは、残念ながら存在しておらず、存在し得たとしても薄味の一知半解のものにならざるを得ないだろう。

それは私にとっても同じである。そうした危険を顧みずに株式会社学へ歩を進めたいという研究者が多くないのは当然なのかもしれない。

✣ 「パワー」の秘密と「病」の源泉

もちろん、これまでの株式会社研究のなかには、奥村宏による『最新版 法人資本主義の構造』(岩波現代文庫)や、岩井克人による『ヴェニスの商人の資本論』(ちくま学芸文庫)『貨幣論』(同上)など、重要な一連の仕事が例外的に存在していることは申し述べておく必要があるだろう。

また、株式会社の発生史に関しては、大塚久雄の『株式会社発生史論』[1]に詳細に記述されている。大塚は、前株式会社的形態である制規組合やジョイント・ストック・カンパニー(合本制組合)、あるいは中世イタリアの徴税請負会社のような資本合併形態がどのような経緯を経て今日的な株式会社へ化身したのかについて、諸説を辿りながら目配りの利いた説を展開している。そこには、株主の有限責任制に着目した組織論があり、株式の自由譲渡制に着目した原理論があり、また家族共同体から合名会社を経て株式会社へと進化する史論がある。大塚の研究者としての驚くべき広範な知識と粘り強い研究には学ぶところが多いが、同書は、株式会社という有限責任制の法人がいかにして成立してきたのかについての歴史研究であり、今日見られるような隆盛とパワーを持つに至った内的な動機、いわば、株式会社という幻想共同体がなにゆえ必要とされ、なぜそれがこれほど長期にわたって生きながらえてきたのかについては詳述されてはいない。確かに株式会社は現在も当たり前に存続しており、なぜそれが存続しているのかを問う必要性を感じないということなのかもしれない。

　にもかかわらず、本稿ではその「なぜ」を問うことになる。そこに、株式会社のパワーの秘密も、病の源泉も存していると考えるからだ。なぜ株式会社なのかという問いに答えようとすれば、外形的な史実だけではなく、人間の欲望や心理といった証拠を明示できないような模糊とした部分にも想像力の光を当てなければならないだろう。大塚が研究者としてそうした文学的な領域に踏み込まなかったのは研究者的節度であり、見識だったと言うべきかもしれないが。

　だが、私は、アカデミアの研究者ではない。実際にいくつかの株式会社を設立し、経営し、いくつもの失敗を重ねてきた自らの経験に照らしてみて、株式会社というものが持つに至ったパワーの秘密と、それゆえに不可避的に内在することになった病について経営の現場で考えてきただけである。

　私がここに株式会社についての論考を付け加える理由は、人口減少時代あるいは成長の糊代を失ったかに見える現代という時代において、それでもなお株式会社は可能なのかと問うてみたいからである。そのために、歴史のなかで変態を繰り返してきた株式会社が何であり、何であり続けるのかについて、そのさなぎの時代、幼虫の時代、成虫の時代、そしておそらくは妖怪の時代の、外観とその内部で蠢いていた生命力についての考察を開始したいと思う。

株式会社化する国家と社会

ところで、現代社会は株式会社化しているとよく言われる。株式会社の繁殖力の強さには驚くべきものがある。

確かに、我が国においても、国営や公営企業の非効率が問題視され、電電公社、国鉄の民営化に続いて、小泉郵政改革では、郵便局が民営化され、ほかにも株式会社立の大学が認可され、国立大学も独立行政法人化されるなど、公共部門に競争原理を導入するという動きが続いている。２０２０年の現在は、水道事業の民営化が一部の国会議員によって画策されている。

大型輸送、郵政、教育、水など公共部門が私企業によって運営される動きは、今後も加速することが予想される。

私たちの社会には、民営化してよいものと、およそ民営化には馴染まない部門がある。

それだけではない。何でも民営化すればよいという考え方を支えているのは合理性への信仰と、それを追求している株式会社への浅薄な信頼だろう。しかし、よく考えてみれば、合理性の追求とは効率化の追求と同じであり、複雑系である人間の行動を金銭という物差しに還元する思考の中にしか存在しない。

効率化とは、ある目的を、最短時間、最小コストで達成することを示す言葉であり、畢竟するところ、それは金銭合理性というところに帰着してゆく。

最短時間、最小コストを計量する物差しとは、金銭合理性を判定する物差しに他ならない。

大学に対する政府補助金を削減する。公務員の無理無駄を省いて人員を削減する。社会保障予算を切り詰める。電力の製造コストを最小化するための原発。これらの目的を達成するためのビジネスプロセスの見直しは、全て金銭合理性を判断する物差しによって計量される。ここで言う金銭合理性とは、社会は「経済的人間」の行動によって成り立っていると考える主流経済学が依拠する経済合理性のことだ。その「経済的人間」の利益を最大化するためのビジネスプロセス見直しの結果が、上記の民営化、公共部門の経費削減である。

民営化の要請を引き受けることになる株式会社の目的は、株主利益を最大化することである。これについては、大方は納得していただけるだろう。しかし、本来的に利益を目的としているわけではない公共的なサービスを私企業が運営すれば、公共の利益よりも私的な利益が優先されることになり、公共の基盤は歪められることになる。

競争原理が働けば、サービスが向上する？

確かに、短期的にはそういうことがありうるかもしれない。

しかし、社会の共通資本である教育、介護、医療、上下水道、電気、郵便、輸送、通信といった分野が全て民営化されれば、サービスの質は支払った金によって差別化されることになる。支払いができないものは、サービスを受けることすらできなくなる。

公共部門とは、その共同体のフルメンバーが等しく、公平に享受できるように設計されたサービス部門であり、その制度は、国民国家を維持してゆくためには必要不可欠なもののはずである。

地獄の沙汰も金次第なんていう社会は、誰も望んではいないだろう。

健全で公平・公正な社会を維持してゆくためには、国家や自治体が責任を持って運営してゆかなくてはならない部門が必要なのだ。税金は、そのような部門を維持、発展させるために使われるべきものだろう。

税金とは、国家や自治体の運営を維持してゆくためにそのメンバーが負担すべき義務でありコストだが、社会の所得格差の弊害をなくしてゆくための所得の再分配システムという重要な機能を併せ持っている。所得格差があまりに大きくなれば、社会は持てる者と持たざる者に分断され、やがては全体としての活力も、それを保証する秩序も失われ、最終的には崩壊へと向かうことになる。

国家の株式会社化と言うとき、それは単に民営化という目に見える社会システムの変化だけを指しているのではない。自己責任や、競争原理といった言葉が氾濫する風潮は、その社会のモラルを根本から変えてしまうこともありうるだろう。

たとえば、お役所仕事という言い方がある。どこの部署も責任を回避すべく行動し、たらい回しが横行して、何をするにも時間と金がかかる。こんな場合、「普通の会社なら……」という言い方をして、いわゆるお役所仕事を批判する。やがて、社会のモラルも金銭合理性に一元化されてゆく。この場合には、株式会社は批判の対象ではなく、参照すべき規範であり、組織のロールモデルでもある。

確かに、お役所仕事には多くの見直すべき欠陥や、欠点がある。しかし、だからといって、それを株式会社のようにすれば、非効率な部分は切り捨てられ、社会的弱者救済といったことは視野の埒外に追いやられることになる。

「有限責任制」という生命線

私は、先進諸国の人口減少が問題になり、経済発展に陰りが見え始めた現代という時代は、文明史的な転換期なのだという認識を持っている。何しろ、長期的な人口減少は、日本史始まって以来と言ってよい出来事なのだ。

確かに株式会社は、近代を牽引し、社会の発展に大きく寄与してきた。産業革命以後の資本主義の発展は、株式会社なしには不可能だっただろう。しかし、どんなシステムも人間が作り出した以上、完璧ということはないし、古びて間尺に合わなくなることは避けられない。株式会社というものがこれから先も、未来永劫に続いていくと考えるのは楽観的すぎるだろう。

株式会社の存続？　多くのひとは、そんなことは疑う余地もない、当たり前のことであり、これまでも、これから先も、株式会社こそが経済活動の最も重要な機関であり、株式会社の寿命などというものは、社会不安を煽る扇動家か、終末論に取り憑かれたデマゴーグに過ぎないと考えているのかもしれない。そもそも、今日、株式会社のない社会など考えられないし、株式会社がなかったら、私たちはどうやって経済を回転させ、文明を維持し、消費生活を享受してゆくことができるというのか。株式会社の存在は、世界の経済を安定的に持続させてゆく唯一無二のものなのだと。

果たしてそうだろうか。２００８年のリーマン・ショックは、私たちの世界を支えている経済システムは、それほど盤石でも安定的なものでもないし、時に人々の生活向上に資するが、時に大きな病に陥ることもある両義的な存在であることを示してはいなかっただろうか。リーマン・ショックに至るまでの、たとえばエンロンや、大手会計事務所の不正は、容易に倫理を踏み外す因子が株式会社に内在していることを示している。それらは、一部の悪徳経営者による不正なのか、それとも株式会社に内在している病の発症なのか。

そうしたことを確かめるためには、まずは、過去数百年の間、社会の中で根付き、誰も疑いを持たなくなった株式会社について知るところから始めなくてはならない。

資本と経営の分離と株主の有限責任。

これが、株式会社を特徴付ける最も本質的かつ重要な要件であるとされている。ここに、株式の自由譲渡、株主主権という要件を付け加えれば、ほとんど今日の株式会社を構成する骨格が出揃うことになる。主権者でありながら、有限責任しか負わない株主によって支えられているのが株式会社というものである。

しかし、それはある意味では、誰も責任を取らないシステムである。いや、責任を取りたくとも、取れない仕組みこそが、株式会社の生命線だったのだ。

とはいえ株式会社を特徴付けるこれらの要件は、当初から自明だったわけではない。株式会社というものが生まれる以前は、資本と経営を分離するなどということは、考えも及ばないことだったからである。とりわけ、株主の有限責任制は、株式会社以前の会社形態とはその本質において異なるものに化身させる最も重要な役割を演じることになったのである。

✣ 株式会社の起源

ここで、株式会社発生までの歴史を概況してみよう。

本論で詳細に論じることになるが、株式会社というシステムが生まれる背景には、大量の資金調達の必要性があった。まさに、必要は発明の母である。

しかし、なにゆえ、大量の資金調達が歴史のある場面で急速に必要性を増したのかについて知るためには、大きな時代の流れを見なければわからない。

産業革命は、それ以前の家内制手工業の時代から、工場制大量生産の時代へと道を開いた。科学技術の発展がなければ、工場制大量生産の時代は来なかったはずである。同時に、勃興する中産階級の存在がなければ、そもそも商品を大量に生産することが可能になったとしても需要そのものが存在しなかっただろう。さらに見逃してはならないのが、相次ぐ戦争による特需的な需要があったことだ。兵站から武器まで、つまりは繊維産業、武器産業がこの時期飛躍的に発展し、その需要のトリガーになったのは対仏戦争を始めとする戦争そのものだった。

１３００年に前後して、航海技術の革命をもたらす三つの発明がなされる。すなわち、羅針盤、航海図（印刷技術）、航海早見表（ポルトラーノ海図）[2]によってジェノバやヴェネツィアの港から、次いでポルトガルやスペインの港から、さらにはイギリス、オランダの港から何隻もの武装した船団が毛織物や、金属製品、ガラス工芸品を積んで出帆した。それらの船は、遠く離れた寄港地からぶどう酒、オリーブ油、絹、砂糖、蜂蜜、香辛料などを積んで帰港してきた。積荷はいずれも、ヨーロッパでは貴重品であった。さらにこの時代、奴隷もまた重要な「積荷」であった。ロンドンに奴隷貿易廃止協会ができるのは１７８７年のことであり、それが法律になるまでにはさらに20年を必要とした。それまでは、奴隷売買は三角貿易の重要な商品であった。

安く仕入れて高く売る。

今日では、当たり前すぎて誰も問題にしないビジネスの要諦である。しかし同時に、この要諦は、本来的には、等価交換という私たちが慣れ親しんでいる売買の原則と相容れないものでもある。しかし、地理的な差異を利用すれば、それぞれの異なった場所における等価交換が、帰港地において莫大な利益をもたらすことが発見された。大航海時代の地理的な発見とは、差益ビジネスの発見であった。

差益ビジネスは、国内においてももちろん存在した。その多くは、富者が貧者から利益を掠め取る形で行われた。安い値段で労働者をこき使い、市場で高く売るのは、ビジネスにとっての常套手段ですらあった。

労働価値説を採るカール・マルクスが、労働者搾取に焦点を当てたのは、近代に入ってもなお、まさにこの労働力を安く仕入れて高く売りつけるという差益商売が利潤の源泉であったことを見据えていたからだろう。しかし、労働者搾取は等価交換ではない。強欲な資本家によって不等価な交換が日常化していたのだ。マルクスはその不等価部分を、搾取という言葉で顕在化させたのだ。

これに対して、地理的な差異の利用は、それぞれの遠隔地における等価交換を基盤にしている。それゆえ、労働者搾取以上に、遠隔地貿易は資本主義の本質を語っている。

地理的な差異を利用する差益商売を大掛かりな規模で可能にしたのが、遠洋航海技術だった。商品流通の急速な拡大は、商人たちを活気づけ、経済成長を促し、新たな消費階級としての中産階級を生むことになる。

欲望が欲望を刺激し、欲望のネットワークが世界規模に拡大したのが、産業革命の一つの成果だった。

大量の需要を抱えるマーケットの出現と、大量生産を可能にする機械制工場生産の出現のどちらが先だったのかという問いはほとんど意味をなさない。それらが同時に出現するような時代が到来したという以外にはないからである。大量の需要を支えたのは、勃興するブルジョワ階級だけではない。それ以上に対仏戦争を始めとする戦争による特需は大きかった。軍服を始めとする軍事装備品、何よりも武器製造のための製鉄業は、戦争による国家的需要によって躍進していった。

生産側のニーズに応えるための大量の資金調達の方式である株式発行による資金調達システムもまた、こうした国内外の事情を背景にして生まれてきた。機を見るに敏な債券の仲買人たち、負債に苦しむ国家の財政当局、一攫千金を狙う投機的大衆が合同して考案したシステムこそが、株式による資金調達システムであった。徴税や、銀行債券発行による資金調達は国家的かつ強制的なものだったが、株式発行による資金調達は、民間人が進んでこれを推進したのであった。

一つの時代的背景が需要の増大を促し、大量の商品を供給する工場を必要とし、工場を建設するための資金調達システムとして株式会社が発明された。いや、それは産業革命以後のはなしだ。株式会社というアイデアは、もっと別のところにあった。その詳細は本論に譲ろう。

✣ 本書のテーマと構成

ここで冒頭の問いに戻ろう。株式会社というものを、私たちはなにゆえ必要としてきたのか。本書のテーマの一つは、単に教科書的な知識としての株式会社ではなく、それがまさに生まれ出る瞬間の時代（さなぎの時代）というものを生々しく浮かび上がらせることである。

株式会社という資金調達と生産のシステムは、その出現以後、産業革命の時代（幼虫の時代）を背景にして、巨大なパワーを発揮し、文明の発展と経済の増大に寄与してきた。

21世紀の課題の一つは、近代を牽引してきた株式会社が、これから先も経済発展の原動力として中心的な役割を果たしていくことができるのか。この問いに答えを出すのが第二のテーマである。

本書の結論部分では、これら二つのテーマを通して、株式会社以後の生産システムについて考えることになるだろう。

本論に入る前に、ざっと本書の構成について記しておきたいと思う。

第Ⅰ部　株式会社の５００年――その歴史

第1章から第5章までは、株式会社発生から法人資本主義全盛までの大きな流れと、株式会社を支えた思想についての歴史的考察を行う。

第Ⅱ部　株式会社の「原理」と「病理」――コーポレート・フィロソフィー

第6章以下第12章までは、私が以前著した『株式会社という病』をベースにして、大幅に加筆修正したもの。株式会社というものは、原理的に病が内在する存在であり、自然人たる人間が不断に監視し、歯止めをかけてゆかなければ、制御不能の経済モンスター（妖怪の時代）となってしまう可能性のある存在でもあることを示す。

終章で、グローバリズム以降の株式会社と国民国家の角逐について論ずる。今日のように、先進諸国において、総需要が減退し、経済成長が難しくなると、株式会社はその存在の根本を脅かされることになる。株式会社の生存をかけた戦いが最も安易に向かう先に戦争がある。今日の戦争は突発的な事故ではなく、経済システムや政治システムの不調がもたらす、必然的な帰結であるのだ。

前置きが長くなりすぎたようだ。まず、シェイクスピアの時代まで時計の針を戻して、株式会社黎明期の世界に降り立つところから本論を始めていきたいと思う。

第Ⅰ部

株式会社の500年——その歴史

第1章 ヴェニスの商人の時代

❖『ヴェニスの商人』という戯曲

2004年、ヴェネツィア映画祭で、特別招待作品として一つの映画作品が上映された。ヴェネツィアを舞台にしたこの作品は、この映画祭が行われるヴェネツィアの地に相応しい記念碑的な作品だったが、映画そのものはアメリカ合衆国、イギリス、ルクセンブルク、イタリアの合作である。監督はイギリス人のマイケル・ラドフォード。主演はアル・パチーノ。映画のタイトルは『ヴェニスの商人』である。

誰でも知っている戯曲を映画化することの意味は、もちろんそれがおもしろく、興行的な成功の可能性があるからなのだろうが、それ以上に、フィルムメーカーがその戯曲に新しい視点を導入することができると信じたからだろう。驚くことに、『ヴェニスの商人』の映画化はこれが初めてであった。『ハムレット』は私の知る限りでも5度は映画化されている。有名なところでは、１９４８年のローレンス・オリヴィエ監督主演のイギリス映画。新しいところではイーサン・ホークが主演した現代版『ハムレット』（マイケル・アルメレイダ監督、２０００年）がある。メル・ギブソンもハムレットを演じている（フランコ・ゼッフィレッリ監督、１９９０年）。［私が映画館で観たのはインノケンティ・スモクトノフスキーがハムレットを演じたロシア語版］（グレゴリー・コージンツェフ監督）のモノクロ映画である。

『ハムレット』だけではない。『マクベス』も『オセロ』も、もちろん『ロミオとジュリエット』も何度も映画化されている。

しかし『ヴェニスの商人』は、有名な戯曲であるにもかかわらず、２００４年まで映画化されなかった。

なにゆえかはよくわからない。しかし、この映画の重要な登場人物である金貸しのユダヤ人であるシャイロックという存在に、フィルムメーカーにこれを映画化することを躊躇させる何かがあったのかもしれない。実際に、アメリカでは上演に反対する運動があった。現在のヴェネツィア市も反ユダヤ的な戯曲の舞台になったことに困惑しているという話も聞く。そこには、かなりナイーブなユダヤ人差別問題と、キリスト教世界との抜きがたい因縁が孕まれている。ハリウッドの場合には、ユダヤ資本が支えているという理由も大きいだろう。ユダヤ資本とその辺の事情を解析するのは本稿の目的ではないので深入りはしない。

ただ、シェイクスピアの時代、ユダヤ教世界とキリスト教世界という一つの水源を持ちながら反目を宿命づけられた共同体の対立と、反ユダヤ主義思想の蔓延がなければ、この作品が生まれなかったのは確かだろう。シェイクスピアは、イギリスの反ユダヤ主義の動きに鋭敏に反応して、この戯曲を書いたとも言われている。

そうした宗教対立の問題とは別に、ヴェネツィアという場所が、海に浮かんだ、何も生み出さない不毛の地であり、そこに自由都市が生まれたことに注目しておきたいと思う。

イタリア建築史、都市史に詳しい陣内秀信はこう書いている。

> ヴェネツィアの都市史の第一人者、ドナテッラ・カラビ女史は、「海に座した都市」というある年代記者の記述を引きながら、ヴェネツィアの海に開いた都市の性格に注目する。海に浮かぶ町、ヴェネツィアは、まさに資源を何も持っていない。「この湿地には、小麦も穀物飼料も葡萄酒も生まれない」と古い史料は語っている。そうした条件の中で、ヴェネツィアの英知、そして能力が発揮された。ヴェネツィアの経済活動はどこにでも浸透し、不毛の地にとれないものを、あらゆる所から持ってきたのである。[3]

まさに、何も生まない土地であったことが、当時のヴェネツィアを世界の交易の中心地にした理由の一つであり、共同体的なしがらみによって差配されない自由都市として、金銭だけが、異なる出自、人種、職業を結びつける共通言語であるような商業空間として発展させることになったとも言える。

キリスト教世界と、レコンキスタ以来この地に流入してきたユダヤ人たちのユダヤ教世界という二つの異なった世界の反目と交流もまた、この地が持つ自由都市という性格なしには語れないだろう。

この二つの共同体を反目させたものは宗教戦争と宗教改革の歴史であり、交流させたものはしがらみのない貨幣経済の流通であった。

『ヴェニスの商人』はそれらのことを戯曲の形式で物語っている。

そして、今日的な意味でのビジネスの萌芽もまた、この異なった共同体の間から立ち上ってくるのである。

シェイクスピアがこの戯曲を書いたのは１５９４年から１５９７年にかけてである。同じ時期に、デンマークを舞台にした『ハムレット』（１６００年）、スコットランドを舞台にした『マクベス』（１６０６年）も書かれている。『リア王』も同時期で、シェイクスピアがどれほど多産な作家であるかを示している。シェイクスピア複数人説も流れる所以である。

そうした、同時期に作られた多くの戯曲の中で、『ヴェニスの商人』はかなり特異な作品になっている。何が特異なのか。それは、この作品が、単に人間の権力欲や、嫉妬心や虚栄心が生み出す悲喜劇を離れて、貨幣、法、国家という共同幻想が作り上げた現代社会の土台の根本に触れており、そこに向こう５００年を見通した洞察がちりばめられているというところにある。

なぜ、そんなことが言えるのか。

それは、シェイクスピアが『ヴェニスの商人』や『ハムレット』を書いていたその時代こそ、今日の株式会社の揺籃期であったことと深く関係している。『ヴェニスの商人』には、まさに時代の激動期ゆえに巻き起こる人々の心理的葛藤が描き出されている。

この作家的想像力と、本稿の目的である株式会社の持つ性格の関連を知るためには、もう少し仔細にこの物語の内側に分け入らなければならない。

✣ 模倣と変奏

『ヴェニスの商人』は、全体が四つの逸話から構成されている。

一つ目は、ベルモントに住む美しい貴族の女性ポーシャの婿取りのための箱選び。

二つ目は、ポーシャからバッサーニオに贈与された指輪の行方。

三つ目は、誰もが知っている人肉裁判。

そして四つ目は、シャイロックの娘であるジェシカの駆け落ち。

それらは、この物語の重要なテーマであり、興味の尽きない展開へと観客を誘うための戯曲的な仕掛けでもある。

ここでは、この物語に対する文学的関心はひとまずおいて、これらの物語的要素が当時のヴェネツィアにおいて、何を象徴する出来事だったのかを探ってみたい。

訳者の福田恆存も指摘していることだが、『ヴェニスの商人』には明確な下敷きがある。『イル・ペコローネ』[4](阿呆)という物語には、ベルモントの娘ポーシャの婿選び、や人肉を担保にして金を借りる話、あるいは人肉裁判のくだりが、ほとんど同じ形ですでに描かれているのである。

また、バッサーニオが求婚するポーシャは、三人の求婚者に金、銀、鉛の三つの箱を差し出し、その中でポーシャの似姿が入っている箱を選んだものの求婚を受けるのだが、ご存知のごとく、この話型は世界中に見られる普遍的なものである。日本においても、「雀のお宿」や、「花咲爺」などの同型の民話やおとぎ話があるが、イギリスの騎士物語の中にも出てくる話である。

こうしてみれば、今日であれば、剽窃とも取られかねないほどの類似的な物語を切り貼りしてできたのが、『ヴェニスの商人』という物語であることは、疑いのない事実だろう。では、そうしたことが、この作品の価値を貶めることになるのかと言えば、むしろ反対に、だからこそ、この物語の稀有な価値が浮かび上がってくるのだと言いたいと思う。

『ヴェニスの商人』は何よりも当時の娯楽であり、興行作品である。そのためには、この戯曲が庶民感情に直接に訴えかける必要があったし、そのためには、誰もが知っている先行する物語をネタに持ってくることが必要だったとも言える。しかし、シェイクスピアは、この誰もが知っている物語を、変奏することで、元々の物語が持っていた生活上の教訓的な意味を損ねることなしに、それとはまったく別の人類史的な問題を浮かび上がらせている。一言で言うなら、現代に至るまで私たちを悩ませることになる諸問題が、この戯曲の中に凝集して描かれている。

たとえばそれは、人肉裁判における「等価交換」とは何か、あるいは「負債」とは何かという問題の提示であり、指輪の交換における「信用」と「贈与交換」の関係性に対する洞察であり、シャイロックの娘であるジェシカの駆け落ちにおける「異なる共同体を繋ぐものとしての貨幣」の視点である。そして、本稿のテーマに即して言えば、物語冒頭で示されるアントーニオの投資という商行為が現代人の不安の元凶であるという示唆である。さらに言えば、この不安がなければ、その後のヨーロッパ世界の発展もなかったという逆説がある。

『ヴェニスの商人』が、投資家であるアントーニオが、自分でもよくわからない不安に苛まれる場面から始まっていることに注意しよう。

「商人」とは誰か

アントーニオがシャイロックから借りた３０００ダカットは、もし、投資した船が戻れば、難なく返済できるものだった。

だからこそ、３０００ダカットというアントーニオにとってははした金に対する担保として、自らの命である肉１ポンド（心臓）を差し出す契約に合意したのであった。しかし、３０００ダカットと、アントーニオの心臓はどんな風に見積もろうが等価とは言えないだろう。

もし、これを等価であると言うロジックがあるとすれば、双方の合意ということ以外にはありえない。しかし、合意などというものが論理的に等価を説明することにならないことは明白である。

しかし、一旦合意が成立すれば、以後は人肉一ポンドは３０００ダカットの金と交換可能である。つまりは等価交換されたという事実だけが抽出される。貸し手と借り手の合意。売り手と買い手の合意。そこには、ただ、不等価なものを交換するという当事者間の合意以外には、それが等価交換であるという論理的な整合性など存在していない。

そうであるにもかかわらず、一旦交換が成立すれば、それがあたかも等価交換であったかのように伝播してゆく。貨幣の暴力性とは、本来等価でないものについて、あたかもそれが等価であり、これからも等価であり続けるかのような幻想を絶えず作り出す魔力の中にあると言わざるを得ないのである。

『ヴェニスの商人』はこの、等価交換＝貨幣交換の謎を暴き出し、贈与交換の世界をそこに対置させている。それをシェイクスピアによる貨幣経済への批判であり、貨幣社会という文脈を否定して、そうではない社会関係の文脈を対置させたのだと言うのは早合点というものだろう。劇作家は、ただ、物語の中に、貨幣経済と対置する交換の物語を挿話的に入れ込んでいるだけである。むしろ、贈与経済の失敗が貨幣経済を生み、貨幣経済の失敗が贈与経済を再生させるという、二つの異なった経済が時代を動かす原動力になっているのを見ているのだ。

たとえばそれは、ベルモントの美しい女性ポーシャから、バッサーニオに贈られた指輪（＝ポーシャの身代わり）が、再び裁判官に変装したポーシャの元へ贈り返される逸話としても変奏される。バッサーニオは、アントーニオから贈与された金の力を借りることでポーシャの愛情を獲得する。しかし、彼は妻の分身として贈与された指輪を、感謝の印として第三者である裁判官へ贈ってしまうという過ちを犯す。

シャイロックは等価交換に固執することで失敗し、バッサーニオはアントーニオやポーシャとの贈与交換に失敗しているように見える。

二人はなにゆえ失敗したのか。その理由の一つは、ここが、等価交換的世界と、贈与交換的世界が同時に存在している自由都市ヴェネツィアだったからである。ヴェネツィアに、ユダヤ教徒も、キリスト教徒も、貴族も、商人も、富豪も、貧乏人も集まってきている理由は、そこが、旧来の閉鎖的なコミュニティの価値観の中では生きてはいけない人々が生きていける場所だったからであり、そのことが新たな閉鎖的なコミュニティを再生産する場所だからである（ややこしくて申し訳ないが、この二重性こそが歴史を動かす原動力になるということである）。

閉鎖的なコミュニティにおいて人と人を媒介するのは、友愛であり、信用であり、コミュニティの掟であった。しかし、ヴェネツィアという都市は、貨幣だけが人と人を媒介できる無縁の場所の上に、いくつもの有縁のコミュニティが同時に存在している。

もし、等価交換的な無縁の価値観を貫徹しようとすれば、各宗教コミュニティの中の友愛的な世界は崩壊してしまうし、贈与交換的な有縁の価値観を貫徹しようとすれば、ヴェネツィアという自由都市が崩壊してしまうという構造になっている。

二つの、排反しながらも、同時に互いを必要としている価値観の葛藤こそが、この物語の底流となっているテーマである。

その物語を回すために『ヴェニスの商人』には、三人の、異なる世界に足場を置く人物を登場させる必要があったのである。

贈与交換的世界、つまりキリスト教的な友愛と信頼を基礎とする共同体の定住者であるバッサーニオと、等価交換的世界、つまりユダヤ教的な法を基礎とする金銭合理的な世界の非定住者であるシャイロック、そして、自ら投資を行い、同時にバッサーニオのために命を投げ出す覚悟を持つ商人であるアントーニオである。そして、それぞれが、それぞれを必要とする舞台は、何も生まない土地であるところのヴェネツィアであった。ヴェネツィアは、まさに、世界がこれから向かおうとしている新しい時代を先取りしている場所である。

そのような場所においては、等価交換的な世界は、贈与交換的な世界を必要としており、贈与的な世界もまた等価交換的な世界を必要とせざるを得ない。

二つの焦点を持つことで、楕円という図形が描きうるように、今日私たちの生きている世界もまた二つの焦点によって形成されており、どちらか一方だけの真円的な世界だけに収斂させようとすれば、生きている世界そのものが「隙間」を失って崩壊へと向かう。こうした考察を私は、『21世紀の楕円幻想論 その日暮らしの哲学』(ミシマ社)で展開した。ご興味があれば、是非ご一読していただきたい。

❖「不毛の地」ゆえの自由と繁栄

話を戻そう。『ヴェニスの商人』とは、現代の資本主義を構成する重要な要素である、価値、信用、等価交換の物語として読み換えることも可能であるということを言いたかったのである。もちろん、これは文学や戯曲を批評する観点からは、まったく逸脱した視点であり、牽強付会とも言うべきものだろう。

ただ、この物語がまさに時代が大きく切り替わる転換期における自由都市、自分自身では何ものも生み出すことができない不毛の地を舞台としていることが、この物語に他のシェイクスピア作品とは異なった趣を与えているのは明瞭だろう。

不毛の地であったヴェネツィアが、この時代に他のどの場所よりも繁栄を謳歌することができたのは、この場所が、本来的には等価でないものを、ヨーロッパ世界とは別なところの産物と交換することで、世界の富を集める遠隔地貿易の拠点になったからである。

そうした観点に立てば、「商人」とは、単にアントーニオ一個人を指す言葉ではなく、まさに不毛の地に生まれ出て、以後の世界の中心的存在になっていく近代的人間を指す言葉であるとも言えるのではないだろうか。投資、借金、利息、信用、そして差異から生まれる価値。こうした現代の経済社会を説明するタームが、この短い物語の中にほとんど全て出揃っているのだから。

　そして、このとき生まれた交換による繁栄というアイデアと、そこに蝟集する人々が考えた投資と回収の物語は、以後５００年にわたり世界に伝播し、世界の経済を席巻してゆくことになる。

『ヴェニスの商人』がシェイクスピアによって書かれたのは、１５９４年から１５９７年にかけての短い期間である。しかし、この期間は、これまで見てきたように、遠洋航海路の発見によって、世界が大きく変化してゆく時代であり、ヴェネツィアだけではないヨーロッパの都市群が、世界の経済の中心に躍り出てくる時代でもあった。つまり、それ以前の、農業、漁業、牧畜といった第一次産業と、家内制手工業という第二次産業から交易＝商業という新しい産業形態が分岐してくる時代でもあったということである。株式会社というシステムも、資本主義も、全て同じ時代に生まれてきている。まさに、近代の揺籃期である。いや、この時代が文明史的な転換期だったからこそ、近代が生まれ、近代人が世界を動かし始めることができたのだ。

　この作品が書かれてまもなくオランダとイギリスは、植民地の覇権をめぐって激しく争うことになる。その尖兵となったのが「東インド会社」であった。

第2章

東インド会社の設立

✣ 大航海時代の冒険的商人たち

大学の講義で、株式会社の起源について学生に問うと、多くの学生が東インド会社であると答える。

おそらくは、高校の教科書にそう書いてあったので、東インド会社が株式会社の起源であると記憶しているのだろう。

では、東インド会社はどこにあって、何をする会社だったのかと問うと、ほとんどの学生は答えることができない。そもそも、東インド会社を、今日の会社のイメージでしか思い浮かべることができなければ、何も思い浮かべることができないのと同じことである。

そもそも、東インド会社とは誰によって作られ、どんな運営を行い、どんな機能を果たしていたのか、その具体的なイメージはほとんど共有されてはいないのだ。

そうであるにもかかわらず、東インド会社が今日の株式会社の起源であるというフレーズだけが一人歩きしているのは、教科書的知識の詰め込みの弊害かもしれない。

平凡社の『世界大百科事典』によると、東インド会社の項目に以下の記述がある。

> オランダの東インドにおける植民地経営、貿易を独占的に行った会社。オランダの東洋進出は、スペイン、ポルトガルより約1世紀遅く、1595－97年のハウトマンの航海に始まるが、その帰国に刺激されて多くの航海会社が乱立し、過当競争により利益が上がらなくなったので、オランダ連邦議会は1602年3月に連合東インド会社設立を決定した。これによりオランダのアムステルダム、エンクハイゼン、ホールン、ロッテルダム、デルフト、ミッデルブルフの6ヵ所に散在していた個々の会社が統合され、それぞれは東インド会社のカーメル（支部）と改称された。イギリス東インド会社設立はこれより2年早いが、その資本金はオランダの会社の1／10にも満たず、またその性格も航海ごとに起債する当座企業の性格を残していたので、オランダ東インド会社は世界最初の株式会社と見なされている。取締役会は前身会社の取締役72名を引き継ぎ、徐々に60名まで減らし、その上に17人会と呼ばれる重役会を置いた。

この記述によれば、株式会社の起源とされているのは、オランダ東インド会社であって、イギリス東インド会社は航海ごとに金を集めた当座組合のようなものだったということである。この辺りの違いについては、後述するとして、まずはこの時代の雰囲気を大づかみしておきたい。

20世紀後半を代表する経済史家であるロンド・キャメロンと、金融およびヨーロッパ経済史の専門家であるラリー・ニールによる『概説 世界経済史Ⅰ[5]』には、東インド会社が生まれてきた時代の様子がダイナミックに描き出されている。

しばらくは、同書を参考に、大航海時代を概況してみたいと思う。

大航海時代は、ポルトガル人とスペイン人が大西洋を横断し、南アフリカ、ついでアフリカ南端を回ってアジアへ向かう海路を制圧した時代から始まる。それ以前にも、15世紀初頭には、明の鄭和が大船団を率いてマラッカ半島を訪れていた。アラブ人は中世インド洋貿易を掌握していたが、本格的な植民地争奪に発展することはなかった（余談ではあるが、イスラム法学者の中田考によれば鄭和はイスラム教徒であった。大航海時代を可能にした羅針盤も、航海図［印刷技術］も、火薬も、中国にその起源を持っていることに注意しよう。それにもかかわらず、中国も、イスラムのオスマン帝国も、世界の経済覇権を握ることはなかった。その理由はどこにあったのか。その理由の一つが、株式会社という「法人」を持たなかったためという仮説を提示したいが、結論を急ぐのはよそう。大航海時代のイスラムについては、のちに簡単に触れることになるだろう）。

15世紀以前、スペインもポルトガルもヨーロッパ文明の中心からは外れたところにあった。しかし、ヴァスコ・ダ・ガマが、アラブ人に紅海とエジプト方面の交易を中止させる指令を携えて１５０１年にインドに戻ってきて以来、交易の覇権はポルトガルに移った。ポルトガルが交易の航路を支配したからである。『ヴェニスの商人』の舞台となったヴェネツィア共和国や東の強国オスマン帝国も地中海を中心に海洋貿易の覇権を争っていたが、いわゆる世界規模の遠洋航海路の主役を最初につとめたのはポルトガルであった。それは、一人の冒険的商人ヴァスコ・ダ・ガマのアイデアから始まった。

ヴァスコ・ダ・ガマがどのような人物だったのかは、詳細があまり明らかになっていないようである。ポルトガル王国が財政難に苦しむ中で、探検家であるヴァスコ・ダ・ガマは、国王から新航路開発の指令を受けることになった。以後、ポルトガルはいくつかの海戦の勝利を経て、インド洋を完全な支配下に収めることに成功した。

スペインはポルトガルに後れをとっていたが、カリブ海諸島の先住民からの略奪品を北フロリダから南米大陸に売りさばくことで、これらの地に強大な影響力を持つようになっていく。スペインもまた別航路の覇権を握ったのだ。

一方、バルト海地方の貿易ではオランダが積極的に活動しており、アフリカを迂航してインド洋に至る貿易ルートを開発しようと目論んでいた。

そして、スペインからの独立を機に、１６０２年、オランダ共和国政府、アムステルダム市およびいくつかの私的な貿易組合がインド―オランダ間の貿易ルートを合法的に独占するために、海洋進出による植民地支配を目的としたオランダ東インド会社を設立したのである。

✣「暴力と金力」の東インド会社

東インド会社とは、条約の締結権・軍隊の交戦権・植民地経営権など喜望峰以東における諸種の特権を与えられた勅許会社であり、重商主義の象徴的存在であった。

東インド会社は、会社とは言うが、いわば海の覇権を握り、アフリカ・アジアから富を収奪するための軍事的、政治的組織といった性格を持っていた。いわば、暴力と金力という権力の源泉によって装備した組織こそが東インド会社だったのである。当然ながら、武装した船団によって、航海ルートを独占するための、国家的経済戦争の尖兵の役割を果たすことになる。東インド会社が、株式会社の始まりであると同時に、帝国主義の具体的な先駆けであると考えられる所以がここにある。

オランダの東インド会社とほぼ同じ時期に、イギリス、スウェーデン、デンマーク、フランスにも東インド会社が設立されている。

これらの東インド会社は、しばしば植民地の利権争いで衝突し、その都度軍備を拡張してゆくことになる。さらには、支配地域の防衛のための設備資金も必要になる。軍備を拡張すればするほど資金難になる。それでも、軍備費に大量の資本を投下しなければ、この軍拡競争に勝利することは覚束なかった。

しかし、東インド会社の商売の実態は、成功の確率の小さい貿易に頼るだけで、その利潤もまた取締役たちの私欲や放漫経営のために消えていった。そうした経緯から、会社を存続させてゆくためには絶えず資金を調達し続ける必要があり、株式を発行して外部から集める以外には、資金を調達するすべがなかったのである。商人たちを中心とした投機筋が、気軽に株式投資できるようにするためには、もし会社が欠損を出したとしても、株主が投資した金額以上の損害を受けないことを保証する必要があった。いわゆる株主の有限責任制であり、これが、東インド会社が今日でいう株式会社の原型と言われる所以である（この株主の有限責任制こそが株式会社のキモであり、力の源泉でもあるのだが、その詳細は追って説明されることになるだろう）。

大航海時代とは、海上交通をめぐる覇権争奪と、新航路発見の時代であり、この時代に起きたことがその後の世界の国家的版図および、ビジネスを根本的に変えていったことを考えると、大航海時代とは、世界規模の商業革命の時代だったと言えるだろう。

さて、当初はポルトガルとスペインが遠洋航海の覇権を握っていたが、強固な武装船団をしつらえたオランダ・イギリスの東インド会社によって、この遠洋航海の覇権は再び奪い取られることになる。このイタリア、オスマン帝国、スペイン、ポルトガル、中国、オランダ、イギリスによる海上覇権争いは、壮大な新航路発見と、海戦の物語であるが、本稿の中核的テーマではないので、素描にとどめたい。ただ、遠洋航海の時代とは、それ以前の、ローカルな場所で第一次産業を中心に営まれていた産業や商業活動が、一転してグローバルなエリアへと拡大されてゆく歴史上で最も重要な転換期であったことは、押さえておきたいと思う。資本主義の始まりとは、まさに、グローバル資本主義の始まりとほとんど同義なのだ。そして、意外なことに、グローバル資本主義の始まりは、一見その反対概念である帝国主義の始まりでもあったのだ。

株式会社というアイデアの起源および先駆的形態

資本を会社の外部から調達するという株式会社の先駆的な形態は、16世紀後半にはすでに存在していた。

株式会社以前の会社形態は、イングランド、オランダ、イタリア、ドイツによって色合いを異にしている。一般的には、経営者が資本の全てを賄う家族経営的な個人事業形態だったが、より大きな資本が必要な場合には、パートナーシップ制による当座的（一時的）な資本連結や、商人ギルドから派生した組合制度があった。

以後、いくつかの起源的形態に関する用語が出てくるので、ここで、かいつまんで説明しておこうと思う。

中世キリスト教会は、教会法として教会に属する聖職禄や階位を、本来的には資格のない教区内の聖職者に委託していた。この委託契約を教会法的コンメンダ(commenda)という。のちにこの契約方式、つまり第三者に対して物や人を委託する契約が、商業的にも援用され、資本の貸し借りの契約である商業的コンメンダへと発展してゆく。商業的コンメンダには、貸主が自己のリスクで交易商人に資金運用を委託する形式と、交易商人が相互に投資する形式(ソキエタス)があった。中世イタリアの自由都市において、ソキエタスに投資する機能資本家は経営の無限責任を負うことになり、破産のリスクがあったのだが、これを回避するために、航海取引ごとの一回限りの契約を結び、次の航海に新たに契約を結ぶという航海ごとに清算する契約を行っていたのである。

『ヴェニスの商人』において、全財産を貿易船に賭けたアントーニオの出資は、おそらく交易商人に資金の運用を委託するコンメンダ契約(有限責任)によっていたと考えられる。その航海が失敗しても、出資の範囲までの責任しか負う必要はなかったわけで、もし、アントーニオが機能資本家として合名会社的(ソキエタス)な組合に出資していたとすれば、船が航海に失敗した時点で、彼は無一文になるだけでは済まされず、無限責任を負って貴族としての階級的地位も失っていたかもしれない。そうなれば、シャイロックは、肉1ポンドの担保請求をしなくとも、アントーニオの投資の失敗を目の当たりにすることで積年の恨みを晴らすことができたはずである。

実際のところ、シャイロックによる貸付は利益を目的としたものではなく、アントーニオに対する積年の恨みを晴らすことだけが目的だった。だからこそ、通常であれば当然受け取るべき利息を要求するのではなく、アントーニオの命を要求したのだ。いうまでもなく、アントーニオの命は金銭的には何の価値もない。

> あの男、おれに恥をかかせた、五十万は儲けの邪魔をしやがった、損をしたと言っては笑い、得をしたと言っては嘲ける、おれの仲間を蔑み、おれの商売の裏をかく、こっちの身方には水をかけ、敵方はたきつける——それもなんのためだ？　ユダヤ人だからさ（中略）ユダヤ人は目なしだとでも言うのですかい？　手がないとでも？　臓腑なし、五体なし、感覚、感情、情熱なし、なんにもないとでも言うのですかい？[6]

このシャイロックの言葉の中に、すでに投資によって財をなすというアイデアを確立していたキリスト教徒に対して、個人として自らの身体一つで異教徒から利息を取ってコツコツと蓄えをする他に生きるすべがなかったユダヤ教徒の、存在を賭けた闘争が読み取れるだろう。レコンキスタで追い詰められたユダヤ教徒にとっても、隣の大国にいるトルコ人イスラム教徒にとっても、身分を保証され、投資によって資産を蓄積するキリスト教徒は許すべからざる成功者であったはずである。

話を戻そう。コンメンダという契約方式とは別に、法人実体としては、ローマ時代より、共通の目的を達成するために複数の当事者が給付をする組合方式が存在しており、目的に応じて様々な組合、ソキエタス（societas）が結成されていた。徴税請負人たちの組合であるソキエタス・プブリカノルム（societas publicanorum）、海上貿易企業契約であるソキエタス・マリス（societas maris）などである。日本においても、江戸時代に同業者相互の一時的な共同企業（組合商内・乗合商内）や株仲間を基礎にした一時的な組合企業は存在しており、ソキエタスとほとんど同型ではあったが、それらが有限責任制の株式会社形態へと発展することはなかった。

上記のコンメンダ契約と、ソキエタスが融合してゆく過程で、合名会社と、合資会社という二つの異なった企業形態へと発展していく。これらの企業形態発展のプロセスをめぐっては、ソキエタスという当座組合が合名会社になり、コンメンダという契約方式が発展して合資会社になったという複線説（ゾンバルト）がある一方で、大塚久雄は、コンメンダという契約方式は、そもそもソキエタスに含まれているものであり、両者の間には本質的な違いはないとして、家族共同体が合名会社へ発展し、それが株式会社の先駆的形態であるマグナ・ソキエタス（magna societas）へと発展していったとの仮説を提示している。このややこしい、企業形態論的な議論に深入りするのは、本稿の目的ではない。ここではローマ時代より、すでに様々な業種で、当座組合的なシステムが存在していたということだけを記憶に留めておけばよいだろう。

✣「神秘体」が法人格の起源

ところで、先述の説明は、資本と経営がどのような経緯を経て分離していったのかを説明するための契約や、組織についての話であるが、そもそも法人（仮想の人格あるいは法律上の人格）という考え方がどこから出てきたのかという問題が残っている。コンメンダ契約の発祥が教会にあったことはすでに述べたが、その場合、教会という共同体には、すでに人格的なもの、つまり神の身体という概念が存在していたのだろうか。

この幻想共同体の問題について私は、イスラム法学者である中田考氏との対談の中で、膝を打ったことがあったので、ここに記しておこうと思う。

周知のごとく、イスラム法では、神と人間は直接向き合っており、偶像を崇拝することを厳しく禁じている。しかし、キリスト教においては、３２５年のニケーア公会議から始まる公会議を通じて、聖霊の神性が認められ、神は父と子と聖霊なる三つの位格（ペルソナ）を持つという解釈がなされ、現在に至るまでこの三位一体説は、ほとんどのキリスト教派の正統教義になっている。

教会法的コンメンダにおいて、教会がその聖職禄や階位を第三者に委託するという場合、その教会とは神秘的な実体と見なされているということである。

中田氏は、「パンは神の身体であり、血はぶどう酒であるというのと同様に、聖霊という存在を認めたことによって教会は、神の身体の一部であるとの解釈がされるようになった」と述べていたと思う。

確かに、聖書を読むと、聖パウロは「エフェソの信徒への手紙」の中で、教会が神の身体であると書いている。

> 教会はキリストの体であり、すべてにおいてすべてを満たしている方の満ちておられる場です。（『新約聖書』エフェソの信徒への手紙[7]）

つまり、教会とは一つの神秘体（corpus mysticum）であり、この神秘体の実在を信じることが三位一体説の根底を支えているわけである。そして、この神秘体こそが、法人格（会社や、国家）というものの起源になっているという考え方は、考察に値するだろう。今日、会社本位主義という言葉があり、会社のために個人が犠牲になるような事例も散見されるが、これなども、会社があたかも一つの守るべき実体であるかのように振る舞うことから帰結される会社の神格化だろう。今日の会社もまた、教会が一つの神秘体であり、偶像になった時代の観念を引きずっているのかもしれない。

つまり、会社なるものが、単なる当座組合から、法人としての資格を持つ永続的な形態を持つ組織へと変身するためには、単なるその場しのぎの寄り合いの場ではなく、教会のように永続的な実体、つまりは神秘体としての資格が与えられる必要があったということである。さらに重要なことは、その神秘体の価値観が、個人の価値観を凌駕する必要があるということである。これについては、吉本隆明がセクシャルな身体的幻想である対《つい》幻想と、共同幻想の価値観が転倒するという見事な分析をしているが(8)、現実の世界においても、私たちは個人が会社存続のために犠牲になる場面を幾度も見てきているはずである。

もし、法人という概念を持たないとすれば、原理的には、法人概念として考えられる国家も、会社も、想像することはできないだろう。航海技術に長けていたイスラム世界がなぜ、東インド会社のようなものを作って、オランダやイギリスに対抗することができなかったのか。その大きな理由の一つは、この法人概念を有さない遊牧民の集合であったことと、おそらくは関係している(この点に関しては、後の章で詳しく考察する)。

✣ 大量かつ永続的な資金調達の仕組み

再び株式会社の起源に話を戻そう。コンメンダ契約によって運営されたジェノバやヴェネツィアの会社は地中海貿易を占有していたが、遠洋航海の時代になって、オランダは、連邦議会の要請によって、いくつもの先駆的な会社(フォール・コンパニーエン)を合同合併し、それが東インド会社へと発展してゆくことになった(大塚久雄は、オランダの会社の原型は、匿名のコンメンダ出資を受けた社員が、ソキエタス企業に組み入れられたものとしている)。

一方、イギリスにおいては、商人ギルドの組合組織(制規組合)や、その発展型として、各社の資本を一つに纏めて取締役会を設けたジョイント・ストック・カンパニー(合本制組合)が進化して東インド会社へと化身していった(大塚の説を援用すれば、出資者が直接的にソキエタス企業に出資するケースである)。

どちらの場合であっても、こうした強大な資本を有する会社が必要とされた目的は、東インド航路の覇権を握ることでインド、東南アジアとの排他的で略取的な交易を確立することであった。これらの事実からだけでも、交戦力や条約締結権を持ち、排他的な特権を有する東インド会社を、今日的な株式会社と同列に論ずることはできないことがわかる。ただ、これらの会社の資本調達の仕組み、株主の位置づけ方が、今日の株式会社の基礎となったということで、東インド会社＝株式会社の起源という説明がなされてきたのだ。

さて、会社という実体が、事業を行っていくためには、資金が必要なことは言うまでもない。大規模な会社であれば、設備資金だけでなく、運転資金、人件費も、個人事業とは比較にならないほどの資金が必要になるのだが、いかなる条件が整えば大きな資金の調達が可能になるのだろう。ソキエタス、あるいはジョイント・ストック・カンパニーは、どんな魔術によって、今日的な株式会社に化身したのだろう。結論から述べるが、その魔術こそが、株主の有限責任制というものであった。逆に言えば、事業に責任を持つ必要なしに、投資によって利潤を獲得できるシステムが考案されたのである。のちに、株式市場、先物市場へと発展してゆくこの株主の有限責任制とそれに伴う株式の自由売買は、会社には資金を、生産者には先物取引による収入の確定というリスクヘッジをもたらし、なおかつ投機家には絶好の金儲けの機会を生み出すというほとんど魔術とでも言えるほどの効力を持っていたのであった。

もし、極端な右肩上がりの経済を保証するようなイノベーションが起きたときには、大量生産を行えば商品は直ちに市場で売買され膨大な利潤が保証される。もちろん、そこには自らの費用で必要なものを買える購買意欲旺盛な中産階級の台頭も必要であることは言うまでもない。羅針盤や航海術の発明と、それに続く遠洋航海取引は大きなイノベーションだった。

右肩上がりの経済を牽引するイノベーション、市民の貪欲な消費欲、その欲求に応えるだけの生産力、この三つの要素が出揃ったときに、初めて大きな市場が出来上がる。

大きな市場の需要に応えるためには、大掛かりかつ永続的な事業主体が必要になる。そして、大掛かりで永続的な会社を設立し、運営するためには、大きな設備投資が必要となり、資金調達力の低いパートナーシップや、継続性のない事業単位の当座制合本制組合（ジョイント・ストック・カンパニー）だけでは不十分であった。

大量かつ永続的な資金調達の仕組みによって、強固な営業基盤を作り上げること。これこそが当時の絶対君主国家群が、富の蓄積のために、東インド会社という新しい会社形態を作り出した理由であった。

永続的な資金調達を行うためには、株式譲渡のシステムが不可欠であった。つまり、株主は新たに出現した投資家に、自由に株を売却し、会社から手を引くことができるようになり、そのことが同時に、次々に新たな投資家が名乗り出る機会を生み出していくことになるからである。そして、それは必然的に、会社の事業が作り出す現物の市場とは分離した形での株式の市場が出来上がってくる基礎を作り出していった。

これで、今日の株式会社の主要要件である、資本と経営の分離、株主の有限責任制、株式の自由譲渡のスキームがほとんど完成したと言えるのである。

そして、株式会社という「法人」の誕生は、ビジネスというものを「人間の一生の時間での出来事」という制約から解放し、永続性を保証された「ゴーイング・コンサーン」としての組織へ発展させてゆく契機にもなったわけである。

欲望の放埒が歴史を作ってゆく

この間の歴史については、『概説　世界経済史』ではこんな風に記述されている。

16世紀の後半に、イングランド人たちは、ステープル商人組合、冒険商人組合のほかにも、貿易独占を許可する国王の特許状を与えられた組合(会社)を多数設立した。たとえば、前述のウィロビー＝チャンセラーによる遠征の副産物であるモスクワ会社(1555年)、スペイン会社（１５７７年）、東方（バルト海地方）会社（１５７９年）、レヴァント（トルコ）会社（１５８３年）、いくつかのアフリカ会社の最初のもの（１５８５年）、東インド会社（１６００年）、フランス会社（１６１１年）がそれである。（中略）

　これらの組合の中には制規組合方式を取るものもあったが、合本制組合（株式会社）となるものもあった。つまり、会員の出資資本をプールし、共同経営の資本として使ったのである。この方式は遠隔地貿易で用いられた。遠隔地貿易では、１回の航海にともなう危険とその航海に要する資本の額が、１人あるいは数人の個人が引き受け、用意できる額を超えていたからである。モスクワ会社とレヴァント会社は、当初、株式会社方式で組織されていたが、交易相手が増加し、以前よりも安定してくると、制規組合となった。アルハンゲリスク経由で交易を行っていたモスクワ会社は、ロシア皇帝がイングランドから特権を取り上げてオランダにわたす１６４９年まで、西ヨーロッパと北ロシアとの貿易をほぼ手中に収めていた。東インド会社も株式会社方式を採用していた。当初、年１回の航海はそれぞれ独立した事業として行われ、株主は毎年違ったグループで構成されていた。やがて、インドに恒久的な拠点を設置し、絶えずその業務を監視する必要が生じると、東インド会社は、株主が持ち分を他の投資家に売却するだけで会社から手を引くことが可能な永続的な組織方式を採用するようになった。[9]

上記の記述の中で、合本制組合とか、株式会社方式という言葉が出てくるが、アダム・スミスは『国富論』の中で、これらの定義を行っている。

> これらの会社が、合本《ジョイント・ストック》制では貿易をやらず、適当な資格がある人ならだれでも、一定の加入金を払い、会社の規約《レギュレイション》に従うことを約束するという条件のもとで入社させ、各社員が自分の資本と自分の危険負担で貿易することを認めなければならない仕組みになっている場合は制規会社《レギュレイテッド・カンパニー》とよばれる。会社が合本制で貿易し、各社員は、その総資本に占める各々の出資持分に比例して共同の損益にあづかる場合は合本会社《ジョイント・ストック・カンパニー》とよばれる。[10]
>
> (『国富論』第五編第一章)

ここでアダム・スミスのいう制規会社とは、ヨーロッパでごく普通に普及していた同業組合(コーポレーション)と同じ種類のものである。つまり、一つの会社ではなく、複数の会社が、プロジェクト(航海)ごとに、ジョイントする組合であり、プロジェクトごとに利益を山分けするような仕組みである。

しかしそれでは、事業の継続性が保てないということで、複数の会社の資本を合本して一つの会社にしたのが合本会社である。

制規会社にせよ、合本会社にせよ、まだ本来的な意味での株式会社の要件を備えていたわけではない。この段階でのイギリスの合本会社（ジョイント・ストック・カンパニー）は、株主の有限責任制という点では未完成であり、オランダ東インド会社においては、民主的な総会は行われず中心的な取締役団による専制的な経営が行われていたという点でやはり未完成な株式会社ではあった。

したがって、これらの会社を株式会社と呼ぶのは不正確で、正確には前株式会社形態と言うべきものであった。そして、何よりも、これらの会社の内実が、今日の株式会社とは大きく異なっていることに注目すべきだろう。これらの会社には国内での排他的営業権を認める勅許状が付与されており、商業資本と専制国家権力が結託してインド、アフリカ、南米などを植民地化してゆくための軍事的な役割を担っていたことである。それが、より現代の株式会社に近い形態になるきっかけは、クロムウェルが率いる議会軍が国王軍を打ち破るピューリタン革命にあった。そのピューリタン革命後のつかの間の共和政体（10年後には王政が復活）において、東インド会社における株主の有限責任制が徐々に確立していったと言うべきだろう。

さて、シェイクスピアが『ヴェニスの商人』（1594年から1597年）を書いていたのは、地中海貿易から始まる大航海時代の黎明期、すなわち株式会社の揺籃期とも呼べる時代であったのだ。そして、『ヴェニスの商人』の主人公の一人である、アントーニオとは、まさにこの時代を象徴するような投資家の一人であり、普通であれば制規組合の金主として遠隔地貿易以外にも分散投資をしていたと思われる。しかし、物語の中では、アントーニオが投資していた船は嵐で沈没してしまい、全財産を失ってしまう。もし、彼が当時の一般的な投資家のように分散投資をしてリスクヘッジしていれば、全財産を失うなどということはなかったわけである。つまり、シェイクスピアは彼に、失敗した投資家という役柄を与えるために、全財産を賭けるような投機をさせる必要があったのである。彼が、どのような会社、あるいは組合に投資していたのかは、戯曲からは類推できない。しかし、アントーニオが行ったような無謀な投資が、すでにこの時代に行われていたことはうかがい知ることができる。

　ではシェイクスピアは、投機というものの危うさを描いたのだろうか。

　もちろん、そうではないだろう。

物語は、投機に失敗した商人アントーニオが、借金返済の危機（それも生命の危機）に陥ってしまうが、同時に友人たちの機知によって救済される場面へと展開してゆく。

投資の失敗という等価交換的な世界の危うさと、その危うさを回避してゆく贈与交換的な世界の対立を背景にして、人間は、その両者のバランスを生きるよりは、不可避的に一方へ傾斜してゆくものであることを描き出している。その不可避的な行動のエンジンこそは、人間の欲望であり、この欲望の放埒が歴史を作ってゆくことを、シェイクスピアはおもしろおかしく描き出したのだった。

　人間の欲望がどれほど狂気を孕んだ世界を生み出しゆくのか、それが最もよくあらわれたのが、『ヴェニスの商人』から１００年を経て、ヨーロッパの中心世界を混乱の極みへ導いた南海泡沫事件と、フランスのミシシッピ会社のバブル崩壊の事件であった。

イギリスで進行した革命劇は、クロムウェルの率いる議会派が共和政を勝ち取るまでのピューリタン革命、そして国王の巻き返しによる王政復古、さらに名誉革命を経て権利章典が生まれるまで続くが、この間に東インド会社も変質を遂げていったわけである。

✣ 南海泡沫事件

株式会社の歴史は、確かに東インド会社の時代に始まった。だが、その歴史は順風満帆とは言えなかった。東インド会社が次々に設立され、株式会社の基本的な要素が社会的にも認知されるようになってから１００年後、ロンドンのエクスチェンジアレイにあった悪名高いコーヒーショップでは日々儲け話の密談が行われていた。ここに集まるジョバーという株式仲買人たちによる投機的な株式販売が行われ、１６９０年から１６９５年にかけてのわずかな期間に93社の株が取引された。しかし、１６９８年に残っていたのはわずかに20社であり、多くは、すぐに倒産するか、実体のない会社に対する詐欺的な投資であった[11]。

１７１１年にイギリスで設立された南海会社（South sea company）が引き起こした顛末（南海泡沫事件）は、株式会社というものの可能性と危険性の両面がはっきりと浮き彫りにされた事件として、今日でも見逃すことのできない教訓を含んでいる。

そもそもの発端は、１６８８年の名誉革命だった。専制君主であり、カトリック教徒だったジェームズ2世は、復古的な政策を強引に進めようとするが、議会と対立。議会側はプロテスタントであったジェームズの娘メアリー2世と、その夫であるオランダ総督ウイリアム3世を担いで、ジェームズ2世の追い落としを図った。ジェームズ2世は孤立し亡命を余儀なくされ、ウイリアムがイングランド国王に就任する。国王に就任したウイリアムは、専制的な政治を改めるために、議会の決定と法の支配を謳う権利章典を発布する。このクーデターの成功は、専制君主によって抑圧されていた人々に大きな解放感をもたらすことになった。権利章典の発布は、今日の議会制民主主義、立憲君主体制の始まりであり、これによって王政復古の専制、カトリックの強い支配の体制は崩壊する。

戯曲『ヴェニスの商人』は、ユダヤ教徒であるシャイロックが、カトリックに改宗させられるところで終わっている。金貸し、合理主義、等価交換の権化であったシャイロックは、旧体制的なキリスト教世界の共同体によって打倒されたかに見えたが、そのカトリックの支配体制が、名誉革命を経て揺らぎ始めるのである。

金銭合理主義や等価交換を象徴するユダヤ教徒シャイロックと、共同体的な信頼や贈与交換を象徴するキリスト教徒バッサーニオの対立、その両方を股にかける商人アントーニオは、その後、どのような運命を辿ることになったのだろうか。

キリスト教に改宗したシャイロックも含め、ヨーロッパにはキリスト教的な友愛の共同体が支配的になり、金銭合理主義的な強欲が生み出した株取引による一攫千金の夢は破れて、職人的な倫理が貫徹されるローカルな生産業が主体となる中世的な静謐へと収斂していったのだろうか。もちろん、そうではないことを、私たちは知っている。ヨーロッパが経験したのは、無数のシャイロックの跋扈であり、貨幣経済の驚異的な発展であった。

この歴史のアイロニーに関して、岩井克人は『ヴェニスの商人の資本論』の中で、次のように書いている。

> 利潤が差異から生まれるのならば、差異は利潤によって死んでいく。すなわち、利潤の存在は、遠隔地交易の規模を拡大し、商業資本主義の利潤の源泉である地域間の価格の差異を縮めてしまう。それは、産業資本の蓄積をうながして、その利潤の源泉である労働力と労働の生産物との価値の差異を縮めてしまう。それは、新技術の模倣をまねいて、革新的企業の利潤の源泉である現在の価格と未来の価格との差異を縮めてしまう。差異を媒介するとは、すなわち差異そのものを解消することなのである。資本主義とは、それゆえ、つねに新たな差異、新たな利潤の源泉としての差異を探し求めていかなければならない。それは、いわば永久運動的に運動せざるをえない。言葉の真の意味での「動態的」な経済機構にほかならない。[12]

岩井が言う永久運動が最初に点火したのが、名誉革命だったのかもしれない。

ウイリアム3世が制定した権利章典に基づく議会に代表を送る集団は、世襲貴族、ジェントリ（下級地主）、富裕商人、専門職、廷臣といった人々であった。それが支配者による主導権争いの結果であったとしても、革命は革命であり、どのような革命であろうと革命は人々に熱狂を引き起こす。世界の潮目が大きく変わっていく姿が目の前で展開しているのである。世界の潮目が変わる時こそ、ビジネスで大儲けするチャンスである。

✣

最初から戦争と結びついていた銀行券発行

そうした熱狂状態の中で、1690年代には多数の株式会社が創設されることになった。それが、上に述べたエクスチェンジアレイでの投機目的の株式会社乱立であった。

この間の経緯については、名著『負債論』で、デヴィッド・グレーバーが注目すべき記述をしている。

> 生粋の紙幣について語ることができるようになるのは、一六九四年のイングランド銀行の創設によってはじめてである。その銀行券が、決してもろもろの公債証書ではなかったからである。その他すべての手形と同様、それらもまた国王の戦債に根ざしている。このことはどれほど強調してもしすぎではない。もはや、王への負債ではなく、王による負債であると

いう事実が、その貨幣をそれまでの貨幣と大きく異なったものにした。多くの意味で、それは、それ以前の貨幣形態の〔反転した〕鏡像だったのである。

　イングランド銀行が創設されたのはロンドンとエディンバラの商人四〇人——その大部分がすでに国王への債権者であった——からなる協会が、対仏戦争を援助するため、国王ウイリアム三世に一二〇万ポンドの融資をおこなったときであることをおもいだそう。その見返りとして銀行券発行を独占する株式会社の結成を許可するよう、彼らは王を説得した。そして、その銀行券は、事実上、王が彼らに負って〔借りて〕いる額面の約束手形だったのである。これが世界初の独立した国立中央銀行であり、それは小規模の銀行間でやりとりされている負債の手形交換所となった。その手形が、まもなく、ヨーロッパ発の国家紙幣に発展していくのである[13]。

　銀行券が、国王の借金返済の約束手形であるという意表をつく発想には、誰もが驚くだろう。そして、貨幣とは、まさにその出現において、それ以前の貨幣形態の〔反転した〕鏡像だったという指摘には瞠目すべきものがある。

　今日注目されているモダン・マネー・セオリー（MMT）を裏付けることになるグレーバーの貨幣論の詳細に関しては他の章に譲ろう。ただ、戦費のための借金の見返りとして、銀行券発行を独占する株式会社が生まれたことに注目しておこう。銀行券（貨幣）は、最初から戦争（戦費）と結びついていたわけである。

奴隷貿易会社から金融会社へ

スペイン王位の継承者をめぐって英仏間で争われたスペイン継承戦争（１７０１年から14年）がイングランドの勝利に終わると、熱狂は各地に広まり、投機的な金融ブームが引き起こされることになった。混乱も、革命も、秩序の紊乱であり同時に新しい秩序への助走である。そうした空気の中では、成り上がりや一発逆転といった気運が醸成されることは大いにあり得ることだ。そして、ちょうどその頃生まれ出た株式会社はまさに、人生を賭けた大博打のプラットフォームになっていったのである。

その中でも南海会社が引き起こしたバブルはほとんど常軌を逸する出来事だった。

南海会社は、当初はスペイン帝国との独占的取引権を与えられた勅許会社として出発した。権利章典によって生まれた議会で中枢を占めるトーリー党の指導者（大蔵卿のロバート・ハーレー）は、戦費調達のために発行した国債の一部を、会社に引き受けさせることを画策した。国の借金の肩代わりをさせる代わりに、株券の発行権利、および貿易の独占権を与えるという取引である。王の借金の返済手形で始まった貨幣は、ここでも事実上、国の借金の返済手形としての株券の発行という形をとることになった。このあたりの、アン女王、ロバート・ハーレーの関係や、議会と王室の関係についての雰囲気は、現代の日本からはほとんど窺い知れないものがある。２０１８年公開のアイルランド、アメリカ、イギリス合作の映画『女王陛下のお気に入り』は、史実をもとに描かれており、ある程度当時の雰囲気が再現されているようである。お話の方は、あくまでも喜劇映画としての体裁なので、史実の参考にはならないが、雰囲気だけはつかめるかもしれない。

さて、スタートした南海会社は奴隷貿易以外に実態がなく、それは海難事故や国家間の覇権争いの影響を受けやすい不安定な事業であった。永続的な事業実態のないこの会社はまもなく業績不振に陥り経営が悪化する。

そこで南海会社が画策したのが、窮地を脱するための宝くじの発行だった。これもまた、株式会社設立当初より埋め込まれていた博打的な仕組みの変奏である。これが功を奏し、南海会社は経営的窮地を脱する。

これにより、奴隷貿易会社だった南海会社は金融会社としての顔を持つようになり、イングランド銀行との間で金融覇権の争奪戦が始まる。

そして、膨大な上納金を支払った末に、国債引き受けおよび株式発行の権利を獲得したのはイングランド銀行ではなく、南海会社であった。

国債の総額に見合う株式発行の権利を獲得した南海会社にとって、株券を印刷するのはお金を印刷することと同じであった。というのは、国債との交換は額面交換ではなく、株の時価との交換だったため、株価が上がれば、手元に国債が積み上がることになるのだ。そして、それがまたこの会社の株価を引き上げることになる。南海会社が発行する株式に飛びついたのは、投機熱に浮かされた新興ブルジョワジーが中心だった。投機にはやる人々は、こぞって南海会社の株を購入し、株価をつり上げる結果となった。株価の高騰は、奴隷貿易によるビジネスの実態と益々かけ離れていく。実態とかけ離れて上がり続ける株価、これこそまさに、バブルである。

同じ頃、ヨーロッパ大陸ではジョン・ローという怪しげだが天賦の才を持つ人物が、南海会社のやり方に倣って、フランス領ミシシッピとの独占貿易権を持つ会社（ミシシッピ会社）を１７１７年に設立する。ミシシッピ会社は、１７１９年にはフランスの貨幣鋳造権、徴税請負権まで獲得する。このことによって可能になった、納税を自社で鋳造した貨幣によって受領することを通して、貨幣の信用が担保されるわけである。これによってミシシッピ会社の株価はつり上がり、ジョン・ローは株式発行による調達資金でフランス国王の全ての債務を引き受けることで、債務の低利借り換えをさせることを画策した。

南海会社は、この後発の会社のやり方を見て、同じようにイギリスの国債を南海会社の株式に転換し、株価をつり上げることを画策したのであった。

どちらの会社も、国債と株式を交換し、自社株の信用を高め、増資を繰り返すことで莫大な利益を獲得していった。

さて、会社は急成長するが、実態と乖離した会社価値は、あぶくのような幻想でしかなく、実態が明らかになるにつれて幻想も急激にしぼんでいくことになる。人間の欲望が虚像を作り出し、実態によって虚像が消え去るという現象は、今も昔も変わらない金融ビジネスの光景である。

✣ 禁じられた「株式会社」再び

どんな株取引においても、勝者と敗者が生まれる。しかし、バブルとその崩壊が引き起こした勝敗は、国家の秩序を揺るがしかねないほどに過大なものになる。狂乱的な南海バブル崩壊の後、イギリス国内では破産するものや自殺が相次ぎ、社会不安へと発展することになる。

その結果、イギリス国教会、英国議会は株式会社というものを、詐欺と醜聞の温床になるという理由によって禁止したのである。英国議会はバブル法を制定し、以後100年以上の間、特別に勅許された会社以外の株式会社の自由設立はできなくなった。ある意味で、ここで、株式会社は歴史上一度死んだことになる。

その株式会社が復活するのには、産業革命(18世紀半ばから19世紀)までの時間が必要であった。産業革命は、科学技術上のイノベーションであったが、社会の経済そのものの根幹を変化させるという意味ではまさに革命であった。それまで主要な産業であった農業や水産業といった第一次産業は、産業革命によって近代工業にその地位を奪われたのである。

最初にイングランド、次にスコットランドで、前近代工業では実現不可能だった生産方式が、産業革命による輸送機関の発展や、蒸気機関を利用した機械化によって次々に実現していった。化石燃料を用いた動力機械による大量生産方式の導入は、単に生産性を向上させるだけではなく、産業構造を根本的に変えることになった。木炭から石炭への燃料の代替が実現した蒸気機関の導入も、生産効率を飛躍的に増大させ、社会全体の経済基盤を、以前の農業、牧畜、漁業から、工場制の産業へと大きく変化させていったのである。

資本家、工場主たちにとっては、生産力の増大と産業基盤の転換は資本蓄積のための大きなチャンスであったが、新種の製造機械を工場に並べるためには、一人の資本家だけの資金力や、従来のパートナーシップによる資本連結だけでは足りなかった。そこで、会社外部から継続的な資金調達が可能であるシステムを復活させる必要が生じたわけである。

前述のロンド・キャメロンとラリー・ニールは、産業革命という言葉が誤解を与えるということに注意を喚起している。革命というと、一夜のうちに世界が様変わりするような社会の急変をイメージするかもしれないが、この間イングランドやスコットランドで起こったことは私たちが想像しているよりもずっと緩慢な出来事であった。

すでに述べたように、イギリスでは株式会社発生当初の投機的な債券投資ブームへの反動から、法律で特別な許可を与えられた会社以外の株式会社を禁止していた（バブル法、１８２５年廃止）。だから、資本家が大きな資金調達をしようとしても、バブル法が足かせになり、集められた資本を合体させるパートナーシップによる以外には資金調達の方法がなかった。産業革命は、バブル法が廃止される以前からイギリス全土の産業形態を変化させるほどの起爆力を持っていたが、その波に乗るには設備投資コストがあまりに膨大であり、そのコストをカバーするような合法的な資金調達システムは無かったのである。

　そこで、株式の発行による資金調達という方法が再び脚光を浴びるようになった。株式会社は、確かに投機的な現象を引き起こし、それがバブルに繋がる危険性を内包しているシステムではあったが、短期間で大きな資金調達を実現するには他に類例のない方法であることは事実であった。かつてバブルで痛い目にあい、社会不安を引き起こす可能性のあった株式会社は、その負の側面を補って余りある効用が期待されたというわけである。結局、バブル法は廃止され、新たにジョイント・ストック・カンパニー法が成立し、株式会社が、勅許制から法律要件を満たせば自由に設立できる準則主義へと変わった。この法改正の背景には、いうまでもなく産業革命という経済のパラダイムシフトが加担していたのである。

第3章

複式簿記の発明

借入と決済の時期の「ズレ」が生んだ発明

ウイリアム・シェイクスピアがイングランドから遠く離れたヴェネツィアを舞台にして『ヴェニスの商人』を書いた理由の一つは、当時のヴェネツィアが大きく変化する商業世界の中心であり、それゆえこの地において、倫理と欲望、キリスト教とユダヤ教、贈与交換と等価交換という対立的な価値観が激しく交錯していることを、洞察していたからだろう。

そうした、対立する価値観のせめぎ合いこそが、物語の母体であり、王家の相続争いや、家柄の違いによって成就し得ない恋物語と同様に、人間の欲望が引き起こす喜劇に人々は熱狂するだろうことを作家的炯眼が見過ごすことはなかった。

勃興する商人階級の人々にとっては、ヴェネツィアは経済の中心地であり、今日にたとえるなら証券取引所のあるニューヨークやロンドン、東京といった大都市に比肩する存在だったはずである。

とりたてて資源を有さない不毛の地であるヴェネツィアが、そのような地位を獲得するに至った理由は、第1章で述べたように「この湿地には、小麦も穀物飼料も葡萄酒も生まれない」がゆえ、遠隔地との交易という新規のビジネスの拠点になる条件を持っていたことが挙げられる。さらには、土地に縛り付けられていた農民とは違い、遍歴する商人たちの都であったヴェネツィアには、異教徒が集まり、キリスト教内部では禁じられていた利息を伴う金の貸し借りを自由に行うことができたことも加えるべきだろう。当然ながら、金の貸し借りにはリスクが伴い、そのリスクを回避するための方法も考えられることになる。遠隔地との交易において、事前に調達した資金が回収されるのは、船が港に安全に戻ってから以後のことであり、借金の返済もそれまでは先延ばしされるわけである。この借入と決済の時期のズレが新たな金融商売を生み出すきっかけになる。為替差益を利用する金融技術の萌芽も、この時期に生まれてくる。都市国家間で異なる通貨の両替サービスから始まるバンコ（銀行）の登場である。

『資本主義の歴史』の著者ユルゲン・コッカは、その中で14世紀のアラブ人歴史家イブン・ハルドゥーンの言葉を紹介してこう記している。

商業のなすべきは「奴隷であろうが穀物であろうが、あるいは動物、武器、衣装であろうが、安く買って高く売り」、これによって利益をあげ資本を蓄積することだ、と論じた。知識人、学者、助言者等の手になる11世紀の諸種の書物には、様々なタイプの商人が備えるべき資質として次のようなものが挙げられている。すなわち、将来の価格変動を予測する能力、他の諸国における為替レートと財の価格比についての知識、良好な販売条件を見いだし予測するために必要な、信頼できる仲買人や卸売業者との繋がり、などである。[14]

時代を見るに聡い商人たちが資本を蓄積してゆく上で、上記の能力の他にもう一つ見逃してはならないのは、借入から決済までの時間的なズレを、合理的な方法で漏れなく記述する新たな帳簿の方法であっただろう。今日の複式簿記の原型と言われるヴェネツィア式簿記の誕生には、商品取引が単なる一時的な等価交換というイベントの繰り返しから、時間というものを考慮に入れる期間的なイベントに変わったことが影響している。契約から決済まで何日も必要とする場合もあるだろうし、一つの取引が何回かに分割されて行われる場合もある。こういった、進行途中の取引に関して、ある時点でそれが割にあうものなのかどうなのかという損得勘定をする必要があった。

別の言い方をするなら、出来事を時間と場所から切り離して数字で一覧できるような記述法が必要であったということである。

それ以前にも、おそらくは家計簿のような形での、会計の記録は行われていただろうが、ある時点での資本の回転状況を一覧できるシステムである複式簿記が開発されたのは、この時代においてである。

1480年代、フィレンツェにあるメディチ家の図書館で過ごしていた数学者ルカ・パチョーリは、ヴェネツィアを目指した。当時交易で繁栄を謳歌していたヴェネツィアで、自身が書いていた原稿を出版しようと考えたからである。ヴェネツィアは南ヨーロッパにおける出版業界の中心でもあった。1494年、複式簿記に関する記述を含んだ『算術、幾何、比および比例全書』という大部の論文が出版される。その大部の中のわずか27頁が「計算および記録に関する詳説」という簿記論であった。そこにはこんな記述がある。

「一枚の紙、あるいは帳簿に、持ち物すべて記録しておかなければならない。最初はもっとも価値を評価しやすく、流動性の高いもの、たとえば、貨幣や宝石、銀などから始め、最終的には個人の所有物や不動産も記録しておく(15)」

ここに記載されていることが、ほとんど今日の貸借対照表の説明そのままであることにまず驚く。

パチョーリの発明が、いかに息の長いものであり、のちの資本主義の基礎になっているのかをうかがい知ることができるだろう。

そして、航海技術、銀行、複式簿記といったものが、経済の基盤を、それ以前のその日暮らしの経済から、資本蓄積の経済へと根本から変えていったのである。

マルクス、ウェーバー、シュンペーターも強い関心

この複式簿記の登場は、ヴェネツィアの商人の個人的な利便性を増加させるだけにとどまらず、ビジネスそのものを根本的に転換させるほどの力を持っていた。商人たちは、自分が行っている商取引が最終的に、どれだけ利益を出して積み上がったのか、そのためにどんなコストが必要だったのか、総資産がいくらになっているのかなどを一覧することができたからである。それはまた、この先、どれだけの投資が可能であり、どこを倹約すればさらなる利潤を蓄積できるかといったビジネス上の戦略を考えるよすがにもなった。

複式簿記がどれほど人々の関心を集めたかについては、様々な文献が物語っている。

ジェーン・グリーソン・ホワイトの『バランスシートで読みとく世界経済史』を参考にそれらを拾い集めてみよう。

１７１９年に発行されたダニエル・デフォーの『ロビンソン・クルーソー』には、孤島に漂着したロビンソンが自分の置かれている立場を認識するために、日記をつけ始め、そして複式簿記

の要領で自分にとって良きことと悪しきことを左右のコラムに書き込むことで、自分の人生を評価する場面が出てくる。

> そこで私はきわめて公平に、貸し方と借り方というように、私の味わっている喜びと私がなめている苦しみとを、次のように書き記してみた。（中略）
>
> 概してみれば、この世の中のいかなるみじめな境遇であっても、そこには消極的にせよ積極的にせよ、感謝に値する何ものかがあるということを、私のこの表がはっきりと証明していた。この世の中での、最も悲惨な境遇の体験から生まれたものとして、これを生活のひとつの指針とされたい。すなわち、どんな悲境の中にも、何かしら私たちを慰めるものがあり、吉凶の貸借勘定ではけっきょく貸し方のほうに歩がある、ということである。[16]

デフォーだけではない。ゲーテも、『ヴィルヘルム・マイスターの修業時代』の中で、ヴィルヘルムの友人に複式簿記の重要性を語らせている。家業を継ぐか、演劇の夢を追うかで悩むヴィルヘルムは、これに反論するが、それに答えて友人はこんなことを言う。

> 友よ、君は形式と中身が一つであることをわかっていない。どちらかをなくしたらどちらも存在しないのだ。秩序立って整理されれば、節約し、儲けようとする気持ちが強くなる。

> 状況に惑わされ、行き当たりばったりに商売をしている人間は、暗闇の中で仕事をしているようなものだ。[17]

私が知らないだけかもしれないが、日本の小説に、バランスシートの話が出てくることはほとんどないだろう。ヨーロッパの作品の中に、このような記述が出てくるのは、貸借対照表というものが単なる会計上の手法であるにとどまらず、一つの合理主義精神の体現であったことを示している。

思想家たちが、もちろんこの貸借対照表に対して並々ならぬ興味を抱いたことは想像に難くない。

カール・マルクスはエンゲルスとの手紙のやり取りの中でこの記述法に強い関心を寄せ、ヴェルナー・ゾンバルトも、マックス・ウェーバーも、ヨーゼフ・シュンペーターも、この記述法が商業資本主義を基礎付けたことを著書に記している。羅針盤、航海図、航海早見表に並んで複式簿記の発明こそが、株式会社が生まれ出る必要条件だったことを改めて確認しておきたい。そして、もし商人資本が、複式簿記による資産勘定の分析という方法を手にしていなければ、資本主義という概念そのものが生まれなかったかもしれない。

第4章 『国富論』とアメリカ合衆国の誕生

❖ 経済学の始まりとアメリカ独立

アダム・スミスが『国富論』を書いたのは、１７７６年。

この年、もう一つ歴史を動かす出来事があった。１７６９年に蒸気機関のための分離コンデンサーの特許を取得していたジェームズ・ワットが、マシュー・ボールトンとパートナーシップを組んで、蒸気機関の商業的生産と販売を開始したのが１７７６年。

この年は、さらに世界を変える大きな出来事が、ヨーロッパの外で起きている。

アメリカにある13の州が宗主国であるイギリスとの戦争に勝ち抜き、アメリカ合衆国という共和国理念に基づく新国家の誕生を宣言したのである。

アメリカ住民に対して課税を求める宗主国イギリスは、この時点ではまだ東インド会社を尖兵とする重商主義、覇権主義の国家であった。そのイギリスの植民地支配のやり方（貿易規制や、議会への代表権を認めないこと、税の取り立てなど一連の植民地に対する御都合主義的な政策）に対してアメリカの愛国者たちが、独立を求めて反旗を翻す。トマス・ペイン、ベンジャミン・フランクリン、ジョージ・ワシントン、トマス・ジェファーソンといった、啓蒙主義に影響を受けたリーダーたちが立ち上がり、宗主国からの独立と共和主義を訴え、アメリカを独立に導いていった。しかし、その陰で王党派についた先住民（インディアン）や、アフリカ系奴隷たちは、カナダ、西インド諸島、イギリス本国への移民を余儀なくされることになった。

アメリカ合衆国の独立は、カール・マルクスが言い放ったように、「血と汚物を滴らせながら、暴力と抑圧の結果としてこの世に生まれ出た[18]」資本主義の黎明期における、象徴的な出来事であった。

羅針盤、航海図、航海早見表、複式簿記といったものが生み出した「地理上の発見の時代」とは、まさに列強が未だ手つかずの新天地を支配し、富を収奪するための先陣争いをしている時代でもあった。暴力という手段を使うことを厭わずに、略取と強奪を繰り返し、植民地化した地域からは、貪り取れるだけ貪り取る。スペイン、ポルトガル、イギリス、オランダ、スウェーデン、フランスといった王権国家がインド、ジャワ、西アフリカの新天地をめぐって相争う時代だったのである。

ところで、独立以前のアメリカは、東インド会社が争奪したインド、ジャワや、西インド会社が奴隷確保で争ったアフリカとは少しばかり事情が違っていた。

アメリカに最初に侵入したのは、有名なジェノバの航海士、クリストファー・コロンブスとその一行で、その後英国人ジョン・カボットがニューイングランドを植民地化する。１６２０年、イギリス国教の異端として国を追われた人々、すなわちピルグリムファーザーズ（イギリス国教会分離派の清教徒）が入植すると、先住入植者であるカトリックやインデアンと敵対するが、新天地の理想に燃える清教徒たちは次第に勢力を拡大してゆく。西欧からの入植者たちは砂糖、綿花、タバコなどの農園を経営し、労働力が不足すればインデアンを奴隷化して使った。この間のプロセスは、ヨーロッパ強国側から眺めれば、まさに文明の発展史なのだろうが、被支配地域の住民から見れば暴力と収奪に対する服従と苦役の歴史であった。前述の貸借対照表的な考え方を採用するなら、一方の利益は一方の損失であり、どちらからこれを見るかで評価は分かれる。

今でも、「コロンブス・デイ」や「ピルグリムファーザーズの感謝祭」に対して、インデアンたちの抗議デモが行われていることが、この非対称的な歴史を物語っている。

このヨーロッパ強国による新天地争奪戦はスペイン継承戦争、フレンチ・インデアン戦争、七年戦争と続き、１７６３年の英国の勝利に至るプロセスを経て世界の版図を書き換えていったのである。ヨーロッパ列強の18世紀とは、まさに戦争の歴史であり、戦争の影響なしに、株式会社の発展も、金融の発展もなかったと言えるだろう。

「一五〇〇年頃、ヨーロッパの諸強国は世界の土地の約7％を支配していたが、一七七五年頃には三五％まで拡大した」[19]と、先に引用したドイツの歴史家ユルゲン・コッカは、『資本主義の歴史』の中で書いている。

イギリスの植民地政策は、アメリカに対する重税という形をとったが、これに反対して立ち上がったのは、入植したイギリス人清教徒たちの子孫であった。イギリス本国はこれを武力で弾圧しようとする。13州の住民は、民兵を中心とした革命軍を組織して本国の軍隊と対決した。フランスは、革命軍を支援し、武器や兵站物資の支援を行った。アメリカの独立戦争は当初は、英仏の植民地争奪の代理戦争の様相を呈していたが、13州民兵にとっては宗主国イギリスに対する革命運動の意味合いを持っていた。だから、「革命」に勝利したのち、「革命家」(愛国者)たちは、独立戦争を支援した専制君主国家であるフランスを範とすることはなく、ここに新世界の設立を宣言したのであった(1776年アメリカ合衆国独立)。新世界というのは、当時隆盛だった啓蒙主義の影響のもとに構想された、君主ではなく人民の代表によって運営される共和国としての新国家のことであった。

こうした歴史的背景を考慮した上で、アダム・スミスの著作を読み直すと、そこには重商主義への批判だけではなく、植民地労働者、入植プロテスタントと大英帝国による終わりなき争いに対する和解の書といった趣を読み取ることができるかもしれない。あるいは、市場原理を旨とする資本主義の問題点を知りながらも、資本主義の擁護者として同書を書いた理由の一端を読み取れるかもしれない。そこにどんなに瑕疵があろうとも、版図拡大を目指す絶対君主が支配し、差配するよりは、誰も支配力を行使できない市場による支配の方がましだからである。しかし、現実にはイギリスとフランスの間で戦争状態は続いていたし、ロシア、スペイン、スウェーデンといった国々も参戦する泥沼の国家関係の中で、自由市場の調整機能によって自由貿易というものが自律的に運営されるという見方は楽観的すぎるだろう。もちろん、そうしたことをアダム・スミスが知らないはずはない。スミスは、国家的束縛に対抗しうるもう一つのパラダイムを提案したということなのだろう。

重商主義と市場主義の「共犯関係」

東インド会社の時代(17世紀)、略奪的なビジネスが隆盛を極め、同時に、今日の株式会社や金融の基礎が出来上がってきたことを述べてきたが、アダム・スミスはこの時代の重商主義的パラダイムそのものを批判したのであった。それは、スミス自身が、イングランドではなく、スコットランド人であったことも影響している。絶対君主が支配する大英帝国の周縁に湧き上がる啓蒙主義の波を受けることができたからである。彼はスコットランド貴族の家庭教師をしながら、フランス、スイスを旅行する中で、啓蒙思想家であるヴォルテールや重農主義者フランソワ・ケネーらと交流している。

　東インド会社は、遠隔地との交易の独占によって自国に財貨を集めるための覇権主義の尖兵であり、西欧列強国の権力者たちはいずれも、財貨を溜め込むことが国富を積み増すことに通じると考えていた。この植民地形成にしのぎを削る王権と、勃興する商人資本が結託したわけである。スミスは、重商主義に真っ向から異論を唱えて登場したが、同時に戦争と収奪の歴史に終止符を打つことを目論んでいたはずである。スミスが注目したのは「市場」という平和的な競争関係であり、それは収奪と不当な富の独占が支配していた当時の東インド会社的な世界に対するオルタナティブの提示でもあった。スミスより六つ年下で、スミスと親交のあったエドマンド・バークもまた、東インド会社を激しく攻撃した。

　エドマンド・バークはフランス革命を分析した保守主義の頭目として知られているが、東インド会社による暴力的な収奪に対する批判者としてはあまり知られていない。

　東インド会社は、日本の教科書では株式会社の起源として紹介されている程度で、あまり注目されることはないようだが、その資金調達のシステムこそが商人資本主義、金融資本主義を発展させていったのであり、ビジネス版の帝国主義であった。これに対して、アダム・スミスが示したオルタナティブなパラダイムは、今日問題になっている企業の強欲的、超国家的な活動を正当化する萌芽的なグローバリズムの思想でもあった。重商主義と市場主義。この二つの思想は、その黎明期における現実的な局面においては、あたかも手を携えているかのような共犯関係にあったと言うべきだろう。いや、むしろ、帝国主義という版図拡大のパワーポリティクスは、アダム・スミスの登場により、国家主義とグローバリズムへと分岐したと言えるかもしれない。

商人資本主義と帝国の野望が手を結んだ植民地争奪戦は、その結果として世界的な交易のシステムを形成することになる。南アフリカで大量に採掘された金、銀がこの交易システムに流れ込むと、オランダ、イギリスの商人たちは新たな貿易システムを考案した。三角貿易として知られるこのシステムでは、ヨーロッパからアフリカ西海岸に織物や家庭用品などを運び、その対価として獲得した黒人奴隷をアメリカに送り、プランテーションの安価な労働力として使った。すでにアメリカで発達していた農場に奴隷という労働力を供給することで大量に採取されたタバコ、綿花は、ヨーロッパに運ばれ消費されることになった。この巧みな三角トレードによる収益が商人たちの資本を増加させ、それがまたヨーロッパでの資本主義発展の原動力になったのである。

自分の欲得の追求が公共の利益を推進するという考え方

こうして出来上がった、強固な重商主義的な思想を批判する上で、個人の無軌道な欲望に対する倫理的な批判が起きるのは当然であった。アダム・スミスも『道徳感情論』の中で、感情にもとづく共感こそが社会の秩序を形成する要因であると訴えたが、そうした批判だけでは、一旦点火した時代の欲動を抑え込むことはできなかった。重商主義的な思想は手強く、それらを批判するのに倫理・道徳という個人の内面を強調したとしても、思想として重商主義を超えるような指南力を発揮することは難しかっただろう。東インド会社を尖兵として強固な基盤を築いていた商人資本の損得勘定の世界に対抗するためには、キリスト教的な倫理・道徳とは違う、同じ世俗主義的なオルタナティブを示す必要があった。

スミスがとった戦略は、個人の欲望を道徳的な見地から批判することなく、むしろそれを自然であり健全であるものとして認めた上で、公正かつ平和的な社会発展の下絵を描くことであった。それはまさに、経済学の始まりでもあった。それ以前にも、またほぼ同時代にも、ウイリアム・ペティやフランソワ・ケネーといった政治・経済学者はいたが、スミスのように人間の本性と社会の発展との間にある見えない関係を可視化した経済学者はいなかったと言ってもよいと思う。

それはたとえば、こんなところに現れている。

【分業】

私たちが食事ができると思うのは、肉屋や酒屋やパン屋の慈悲心に期待するからではなく、彼ら自身の利益に対する彼らの関心に期待するからである。私たちが呼びかけるのは、彼らの人間愛に対してではなく、自愛心に対してであり、私たちが彼らに語りかけるのは、私たち自身の必要についてではなく、彼らの利益についてである。[20]（『国富論』第一編第二章）

【見えざる手】

どの個人も、できるだけ自分の資本を国内の労働を支えることに用いるよう努め、その生産物が最大の価値をもつように労働を方向づけることにも努めるのであるから、必然的に社会の年間の収入をできるだけ大きくしようと努めることになる。たしかに個人は、一般に公共の利益を推進しようと意図してもいないし、どれほど推進しているかを知っているわけでもない。［中略］個人はこの場合にも、他の多くの場合と同様に、見えざる手に導かれて、自分の意図の中にはまったくなかった目的を推進するのである。それが個人の意図にまったくなかったということは、必ずしも社会にとって悪いわけではない。自分自身の利益を追求することによって、個人はしばしば、社会の利益を、実際にそれを促進しようと意図する場合よりも効果的に推進するのである。（同前　第四編第二章）

【株式会社】

「株主の大部分は、会社の業務について、あえて何事かを知ろうなどと張り切ることはめったにない」

「取締役は、自分の金というより、むしろ他人の金の管理人であるわけだから、合名会社の社員が、自分自身の金を見張る時にしばしば見せるのと同じ鵜の目鷹の目で人の金を見張るとは、とても期待できない」

「こういう会社の業務運営には、多かれ少なかれ怠慢と浪費が常にはびこること必定である」（同前　第五編第一章）

それぞれ後年、度々引用されることになった部分である。

アダム・スミスといえば「神の見えざる手」という言葉が有名であり、それがあたかも、経済の自律性と自己調整機能を表現した言葉として一人歩きした感があるが、『国富論』の中に「神の見えざる手」という表現は見当たらない。引用した第四編第二章に、盲目的な個人の自己利益への欲望が、見えざる手によって導かれて自分の意図とは別の目的を達成することになると述べているだけである。

しかし、この言葉にこそ、経済というものに対するスミスの卓見があった。私はこれまでに何度か、「人間は自分で意思することと別のことを実現してしまうものだ」と書いてきた。親鸞の思想に影響を受けた言葉であるが、スミスがここで書いている自分の欲得の追求が公共の利益を推進するという考え方は、卓越した宗教家がたどり着いた思想と同型のものである。[21]

とはいえスミスは、個人の盲目的な自己利益の追求が商人資本主義を生み、暴力と収奪の遠洋航海の時代を経てヨーロッパが市民社会を完成させるまでの、ヨーロッパ権力者・商人（収奪者）と先住民族（被害者）の悲惨という非対称的な歴史については目を瞑っている。つまり、『国富論』

は政治的な正当性やキリスト教的な倫理への根源的な批判として登場したのではなかった。そうではなく、もっぱら、経済の本質を語ることで、先行きの見えない重商主義という暴力的な損得勘定に対して、持続的、発展的な損得勘定を提示し、それが国家を持続的に発展させることを説いたのである。その意味では、スミスは先行する同時代の知識人であったヴォルテール同様、富者の側に立った楽観主義者であった。

✣ アダム・スミスの株式会社論

アダム・スミスが『国富論』の中で、株式会社論を展開しているのは、第五編第一章「主権者または国家の経費について」という部分である。

この部分では、軍備、司法、公共事業、教育について扱っているのだが、その中で東インド会社の祖型となった制規会社（レギュレイテッド・カンパニー）および合本会社（ジョイント・ストック・カンパニー）などの形式で営まれた貿易会社について、ほとんど憎悪とも取れる激しい批判を展開している。

スミスは、まずハンブルク会社、ロシア会社、イーストランド会社という制規会社について、まったく無益な存在だと罵倒する。トルコ会社、アフリカ会社については取締役が自らと特定の友人たちによる独占体であることを批判。さらに、排他的な特権を国王から勅許された合本会社である王立アフリカ会社、ハドソン湾会社、南海会社、そして新旧の東インド会社の放漫かつ腐敗した経営を徹底的に批判している。

特に、合本会社の批判においては、まさに株式会社の要件であるところの、資本と経営の分離が、会社に腐敗と怠慢をもたらすと、まことに的を射た議論を展開している。

先に、次の部分を引用した。

「株主の大部分は、会社の業務について、あえて何事かを知ろうなどと張り切ることはめったにない」

「取締役は、自分の金というより、むしろ他人の金の管理人であるわけだから、合名会社の社員が、自分自身の金を見張る時にしばしば見せるのと同じ鵜の目鷹の目で人の金を見張るとは、とても期待できない」

「こういう会社の業務運営には、多かれ少なかれ怠慢と浪費が常にはびこること必定である」(同前　第五編第一章)

これらはまさに、株式会社というものが生まれながらに持っている危うさの中心にあるもので、この時代にすでにスミスがこの点を見据えていたことは特筆に値する。

おもしろいのは、当時存在していた合本会社については、国家によって与えられた排他的な特権なしではやっていけないお荷物のような存在であったとして、片っぱしから手酷い批判を加えているのだが、株式会社形式というものがまったく役に立たぬ、無用の長物だと断定しているわけではないことである。

　合本会社が、排他的特権なしで営んでも、うまくやっていけそうな事業は、いっさいの仕事を、いわゆる型にはめる、つまりほとんど、あるいはぜんぜん調整の要もないほど、仕事のやり方を画一的なものに還元してしまえる事業だけである。この種の事業としては、第一に銀行業、第二に、火災、海難および戦時拿捕の各保険業、第三に、航行できる掘割や運河を作ったり、維持したりする事業、そして第四に、これとよく似た、大都市への給水事業がある。（同前　第五編第一章）

要するに、金融、保険、および公共事業なら、株式会社という形式であっても、可能性があるとしているわけである。

本書の冒頭で、私は株式会社には馴染まない業種として、これらの事業を挙げているわけだが、その理由は、これらの事業が、私益のために営まれるべきではなく、あくまでも公共の利益のために必要な事業であると考えるからである。

スミスが排他的特権なしでやっていけるとしたこれらの事業が、現在ではまさに公共事業の私物化として問題になっていることを考えれば、スミスの市場主義論はあまりに楽観的であったと言えるだろう。

キリスト教が支配的だったヨーロッパに現れた近代人「アダム・スミス」

そうした点を差し引いても、スミスがこの時代に、国家的な事業の全体を視野に入れて、新しい国家ビジョンを示したことは賞賛されてしかるべきであると言える。スミスは新しい時代の価値観を提示する啓蒙主義者の一人として登場し、国家の持続的な発展を保証する経済行為を重商主義とは別のやり方に基礎づけようとしたのである。大航海時代から続く専制君主や商人の暴力を背景とした略取や奴隷売買によって財貨を溜め込むやり方を批判し、平和的な国内産業を活性化するための労働力こそが国富の源泉であるとしたのが、スミスの提示したオルタナティブな国家ビジョンであった。そして、生産力を高める方法は人々の合理的な分業であるとし、その生産物が交換される平和的な取引の場である「市場」の重要性を強調した。王権による国家に、「市場」というものを対置させ、主人も奴隷もいない「市場」の活性化こそが新しい時代を作ることを示したことこそ、『国富論』が歴史に残る名著になった理由であると言えるだろう。

スミスが思い描いた「市場」とは、生産者が供給する量と、消費者が求める量との関係によって、価格が自律的に決まるような完全な市場である。この需給バランスによる価格決定理論は、今日でも有効であるが、同時に、完全な市場というものが机上のものでしかなく、価格は国家や企業の都合によってしばしばコントロールされるのも事実である。だから、スミスが思い描き、説明した市場は、モデルであり原理であった。そして、スミスのモデルによれば、市場価格は消費者にとって最も有利な価格である自然価格に収斂することになる。それこそが、地主や商人ではなく「召使い、労働者、様々な種類の職人」に便益をもたらすことになり、社会を健全に発展させてゆくことに繋がると考えたのである。

その意味では、スミスの「市場」は、収奪による重商主義が作り出した勝者と敗者を和解させる物語の役割も担っていたわけである。

スミスの功績は、第一に、国富の源泉が、権力者たちが溜め込んだ金銀財貨ではなく、市場を牽引する労働力にあること、つまりは国家の生産性にあることを理論化したことである。第二に、その労働力の結集がキリスト教的な慈悲心によるのではなく、個々人の利己的な損得勘定にあるとしたことであった。そして、施しによってではなく賃金から得られる購買力の増加こそが、公共的な利益に繋がると考えたのである。なぜ、そんなことが言えるのか。スミスが何度も繰り返して強調したように、人間行動の意図せざる予見できない帰結というトリッキーとも言える理路によって「市場」が、国家権力や、宗教権力から切り離された自律的な制度になりうると考えていたからである。その意味では、アダム・スミスはキリスト教が支配的だったヨーロッパに現れた近代人（＝世俗主義の知識人）であったと言えるだろう。

この章の冒頭、アダム・スミスが『国富論』を書いたのは１７７６年であり、その年にジェームズ・ワットが蒸気機関の生産・販売を開始し、さらにアメリカはイギリスの植民地支配から独立したと書いた。この三つの出来事が同じ年に起きたことは偶然ではない。アダム・スミスは啓蒙思想を学ぶなかで、重商主義的時代の終わりを感じており、その時代の変化に棹差す理論を探り当てたわけであり、ジェームズ・ワットは彼以前の交易と交換による略取的経済から生産と販売による産業的経済へ移行する足がかりをつけ、アメリカの独立は啓蒙思想を現実化させる国民国家への道を開いていった。

東インド会社から始まる一連の出来事は、私たちに一つの教訓を与えてくれる。アダム・スミスが同書を出版してから、世界の商業資本主義のパラダイムは急速に変化していった。つまり、重商主義という収奪の競争が、１６００年の東インド会社の時代からおよそ２００年の後に終わりを遂げ、以後、生産性の競争、つまり産業資本主義と自由貿易の時代の幕を開けたのである。

東インド会社の時代に生きていた人々にとって、商業とは、地理的な差異を利用して暴利を貪ることであった。そのためには、インド、南米、アフリカが暴力的に搾取されることに、大きな疑問を感じることはなかったのかもしれない。

しかし、どんな時代のパラダイムも、永遠には続かない。

啓蒙主義者たちの出現、王権同士の度重なる覇権争いに対する疲弊、フランス革命を経て、絶対主義の時代から、徐々に議会を中心とする民主的な統治システムと国民経済の時代へと移行し、重商主義を牽引した交易による利潤蓄積の経済から、生産による利潤蓄積を求める産業資本主義へと姿を変えていくのは必然だった。この時代、経済活動の仕組みそのものを変革するイノベーションが起きていたのである。

イノベーションとは、天才的な個人による突発的な発見や発明によって起きるのではない。社会が新しいシステムを求めて胎動し始めたときに、政治、経済、科学、教育など様々な分野で、いくつもの重層的な変革が始まり、それらが結合する。どんな新発明も、それらが商品化されるための技術や、その商品を購入できる市場基盤が同時的に存在しなければ、イノベーションは起きない。そして、このイノベーションによって、重商主義の時代は過去のものとなっていったのである。

しかし、重商主義は終わっても、東インド会社に始まった株式会社の命運が、ここで尽きたわけではなかった。

第5章

株式会社の蘇生力

株式会社の三段階

アダム・スミスの予見どおり、イギリスでは市場化が進んだ。

その背景には、１６８８年の名誉革命で国王の権限が制限され、議会が実質的な予算権限を掌握していたことと、民間投資のための資本が充実したことがあった。革命による熱狂が人々を都市部に引き寄せ、市場の活性化がすでに始まっていたのである。「アダム・スミスの予見どおり」と書いたが、都市への人口集中と市場の活性化は、スミスが『国富論』を書く1世紀も前から始まっていたのであり、スミスは予見したのではなく、この流れをいち早く捉え、的確に分析し整理したのだった。

ただ、都市の膨張と市場の活性化は、同時に異常な投機熱の高揚という結果を生み出していた。逆の見方をすれば、投機熱の高揚が市場を活性化させたとも言える。東インド会社が発行する株式は、名誉革命による異様な高揚感の中で高騰を続けた。１７１１年に始まる南海バブルは、こうした革命の熱狂の余波としてイギリス全土に広がったバブルであった。

南海バブルの破裂に伴う破産、自殺、綱紀紊乱は、議会において株式会社の自由設立の禁止（バブル法）という結果で落着したが、この間の都市の膨張と市場の活性化の先に何が待ち構えているのかを見通しているものはほとんどいなかった。誰も、バブルの後の時代がどのようになるのか、明確な見通しを持ってはいなかったのである。

このことは、これまでのどの国の、どんなバブルについても共通するものであった。バブルは幻想を背景にした人々の欲望と期待が暴走して起きるが、バブルの破裂は一つの時代の終着点のようなものであり、このサイクルは人間が欲望に駆動される存在である限りは何度でも繰り返される。バブルがやがては崩壊すると判っていても、欲望に駆られた人間は、自分が最終的にバブルの被害者になるとは考えない。ましてや、一つの巨大なバブルの崩壊が、新しい時代の始まりであるなどとは、思いもしないだろう。しかし、破壊は新しい創造の機会でもあるのだ。

とはいえ、この時代が大きな文明史的な転換期であったと多くの人々が認識するのは、ずっと後になっての話である。

大きな変化の端緒は、都市の市場が必要としていた農産物や、鉱山、高炉からの石炭や鉱石を大量に、廉価に運び込むための輸送技術のイノベーションだった。このイノベーションが大きな産業の転換をもたらすことになった。

１７７６年、つまりアダム・スミスが『国富論』を出版し、アメリカで「独立宣言」が起草された同じ年に、グラスゴー大学で蒸気機関の研究をしていた実験室技師ジェームズ・ワットは業務用の動力機関を組み上げることに成功していた。ジェームズ・ワットがグラスゴー大学で研究できるように後押ししたパトロンの中にはアダム・スミスがいたと言われている。同じ時期、もう一つのさらに重要な技術革新が起きていた。それは、コークスを用いて鉄鉱石を溶解する工程の開発だった。これによって木炭の時代から、石炭燃料の時代へと切り替わり、鉄の生産量が飛躍的に増大したのである。

この二つの発明は、当初は鉱山における排水ポンプの改良や、その後様々な用途開発を促し、それに伴って技術的改良が進んでいった。産業部門における大きな動きは紡績工場で始まった。最初の紡績工場は１７８５年に生産を開始するが、蒸気機関による動力によって生産性は一気に上昇した。

その結果マンチェスターでは、１７８２年に二つしかなかった綿工場が、その後のわずか20年の間に52まで増加した。

増大する生産量を下支えしたのは、輸送技術のイノベーションだった。１８０４年、リチャード・トレビシックによる初めての蒸気機関車が走行すると、スチーブンソン親子はリバプール―

マンチェスター間に公共鉄道を走行させることを思いつく。さらに、いくつかの鉄道会社を合併させ、鉄道王と呼ばれることになるジョージ・ハドソンが現れると、鉄道は新しい時代を象徴する巨大ビジネスへと発展していった。

鉄道会社を運営するには、大きな資金調達が必要になる。その資金によって設営された巨大な固定資産を運用することで調達資金を上回る収益をもたらすわけである。果たして、どのようにして、資金調達がなされたのだろうか。結論から言えば、リバプール―マンチェスター鉄道会社の資金を提供したのは、両市に住んでいた富裕商人たちであり、ジョージ・ハドソンの鉄道会社には投機筋からの資金が流れ込んだのである。

こうした、技術的なイノベーションの進行は、特定産業のみならず、社会全体を工業化してゆくことになった。工業化とは、それまでの農業的な循環型生産方式では不可能だった拡大再生産が可能になることを意味している。技術革新の進展は、社会が遠洋航海時代に次いで、再び、飛躍的に成長してゆく時代を作りつつあったのである。

大航海時代の技術革新がもたらした、遠洋航海によるヨーロッパの右肩上がりの繁栄の時代に、その尖兵として活躍したのが東インド会社だった。しかし、南海会社が引き起こした株バブルの後に、株式会社の自由設立はイギリス議会によって禁止された。それゆえ、この2度目の歴史的な右肩上がりの時代の到来のとき、東インド会社で行われた資金調達システムは実質上禁止されていた。しかし、2度目の右肩上がりの時代の到来が、禁止されていた資金調達システムを解禁する追い風となったのである。株式会社の時代が本格的に始まるのはこのときだった。

この時代の到来を誰よりも望んでいたのは、工場主、富裕商人たちであった。彼らは、もし工場に新種の紡績機を並べれば、従来の手動式の何倍もの生産を低コストでできることを知っていたからである。第一次産業においては収穫逓減の法則に縛られるが、産業資本主義の時代の幕開けは収穫逓増の法則によって始まるのである。

加えて、鉄道会社による公共鉄道によって、従来の輸送時間を大幅に短縮することが可能になり、それがまた資本回転率を上げることに繋がっていったのである。

工場建設や鉄道会社設立のためには大掛かりな投資が必要であり、新興の起業家にとっては資金調達が難しかった。先に述べたように、南海バブル以降、イギリスでは株式会社の自由設立が法律で禁止されていたからである。

しかし、時の流れは、株式による資本調達方式に再び道を開くことになる。株式会社の自由設立を禁止するバブル法が、１８２５年に廃止され、工業化する時代を牽引する工場が、株式による資金調達によって次々に建設されていったのだ。以後、株式会社の設立は、勅許制から準則主義へと移っていった。必要は発明の母というが、事実は逆であった。発明によって資金調達の必要が生まれ、そこで株式会社という構想が再浮上したというわけである。

「歴史は韻を踏む」と書いたのは、アメリカ文学の父、マーク・トウェインであるが、株式会社の存在こそ、まさに歴史発展段階に現れる「右肩上がり」という「韻」であった。

そこには、株式会社という法人が三つの段階を経て、経済の中心的存在になっていく様子をうかがうことができるだろう。最初の「韻」は、大航海時代という世界規模の交易の始まりの時代を特徴付ける東インド会社である。次の「韻」は、産業革命期における飛躍的な生産増大をもたらした「株式会社」であり、三番目はグローバリズムの時代のコングロマリット金融会社の出現である。

株式会社という形態が、腐敗やスキャンダルの温床になるという欠点や、国家の脅威になる危険性を幾度も指摘されながら生き残ってきたのは、時代が大きく変化し、そこに予期せぬ右肩上がりの趨勢が生まれたからである。

そして、社会発展の原動力が、人々の公共心によるのではなく、アダム・スミスが書いたように、人々の欲得によるものであるとするならば、株式会社というシステムこそ、人々の欲得をバネにして駆動するシステムであったということだろう。

産業革命以後の世界は、商人資本主義から産業資本主義へと姿を変えた経済の急拡大というパラダイムの変奏であった。というのは、グローバリズムの時代もまた、大航海時代、産業資本主義の時代に続く、3度目の強欲実現の機会を、産業資本家たちが金融の世界に見出した結果だからである。

✣ 見過ごされてきたイスラムの経済思想

ここまでの株式会社をめぐる歴史の変遷の中で、一つ見過ごされてきたことがある。それは、スペイン・ポルトガルが新航路を発見して海の覇権を握り、その後にイギリス・オランダが東インド会社を仕立てて重商主義的な収奪合戦を繰り広げる以前から、すでに海洋進出し交易を行っていたオスマン帝国の存在である。

13世紀末に建国の起源を持つとされているオスマン帝国は、東ローマ帝国とバルカンの覇を争いながら、徐々にその版図を拡大し、スレイマン1世が統治する16世紀半ばには東ヨーロッパ、中東にまたがる広大なエリアの覇者になっていた。

そうした、強大な権力と武力を併せ持つ国家が、重商主義の時代のキープレイヤーとして登場してこないことに筆者は疑問を持っていた。

その理由を、『概説 世界経済史』のロンド・キャメロン／ラリー・ニールは、領土の多くが、気候や資源が多様で、輸送費用が高く、真の経済的統合が妨げられたことと、スルタンが支配する人々の主要な産業が定住的な農業であり、系統立った比較的公平な課税制度がうまく機能していたことに求めている。また、ヨーロッパにおいては、トルコ人の強欲と暴力が強調されすぎているが、実際にはトルコ人は民に慈悲深く、キリスト教やユダヤ教に対しても寛容であったとも書かれている。[22]

ただ、私は、航海技術に優れ、海軍力も強大であり、ヨーロッパ南部から北アフリカ、バルカン半島、アラビア半島にまで版図を拡大していたオスマン帝国が、ビジネスにおいてなぜ、重商主義競争に積極的ではなかったのか、そして産業革命以後もなぜ工業化に遅れたのかの理由には、イスラムの文化が深く関わっているように思っていた。

１７５６年から１７６３年までの７年間、イギリス、プロイセン、フランス、オーストリア、ロシア、スペイン、スウェーデンが入り乱れて争った七年戦争を、オスマン帝国が傍観した理由も、おそらくはそのことと関係がある。

羅針盤など、航海技術の先駆者は中国である。明代鄭和の大艦隊は１４０５年には２４０隻の大船団を連ねて、西太平洋、インド洋の国々を回っており、１４１４年にはアフリカからキリンを中国に持ち帰ったと言われている。その鄭和は、イスラム教徒であったという。

中国で発明され発達していた羅針盤による航海技術をヨーロッパに仲介したのが、陸上通商の拠点に位置していたオスマン帝国だった。だから当然、もしオスマン帝国が、大船団を連ねて世界中の富を蚕食し、植民地化していったとしても、不思議ではなかった。しかし、なにゆえか、オスマン帝国はそうした海上覇権には熱心ではなかったように見える。そこで、こう考えてみる。ヨーロッパ列強にあって、イスラムになかったものは何なのか。端的に言って、それは東インド会社に代表される会社形態である。

イスラムには法人の概念がないことをイスラム法学者である中田考氏に教えらえてハッとしたと前に述べたが、法人概念がなければ当然の帰結として株式会社という概念も生まれようがない。株式会社とは、有限責任しか負わない株主によって支えられた幻想の共同体であり、それゆえ株式会社は利潤を蓄えるという目的以外の、倫理的な規範は持ち得ない。さらに責任を限定された株主による会社の支配という構造が指し示しているのは、株式会社が責任を解除された実行部隊であるということである。神の前で、いかなる仲介者も持たずに一人一人が責任と義務を負うとするイスラムの考え方は、もともと無責任の体系である株式会社と相容れないのである。

また、資本と経営の分離という株式会社の中心的な構造も、利息を禁ずるというイスラムの教えに従えば存在しようがない。なぜなら、投資家が投資をするのは、株式が将来値上がりするという期待によるからであり、この将来期待は利息というものがもたらす将来利益と同じ考え方によっているからである。

ヨーロッパに生まれた強欲資本主義の実行部隊としての東インド会社の存在があったことを考えるとき、イスラムというオルタナティブは考察するに値するだろう。原理的に考えれば、イスラム世界における会社として、株式会社形態は存在し得ない（世俗化以後は別であるが）。だから、イスラムにおいては、経営に参画する一人一人が無限責任を負う、株主のいない会社だけが存在を許されるわけであり、会社とはこの場合、経営者そのものである。その帰結として、会社は家族経営か、個人経営という形態になっただろう。

株式会社は、その出自から強欲と結びついており、常に、投機的な情熱の対象になり、それゆえスキャンダルとも切り離せない存在であった。だからこそ、時代の大きな変化を牽引する力を持ちえていたとも言える。そうした、プラスマイナスの両面を持つ株式会社が、なぜ、イスラムと同様に異教徒以外からの利息を禁じる教えを持つキリスト教世界で、経済の中枢的役割を果たすようになっていったのか。

イスラムにはなく、キリスト教では発展の原動力となった文化的な背景は、どのようにして生まれたのか。これこそが、マックス・ウェーバーが分析した強引とも言えるプロテスタンティズムの精神ではなかったのか。ウェーバーの分析については、後に新たに節を設けて詳述したいと思う。

✣ 東インド会社と日本

東インド会社の覇権は、その名が示すごとく、インド、東アジアに及んでいる。

東インド会社が設立された17世紀初頭から１６１４年（慶長19年）の大禁教令が出されるまでの時期、日本には最大で40万から45万人ほどのキリスト教信徒が存在していたらしい。当時の日本の総人口は１０００万人から１２００万人程度だったので、総人口の約３パーセントがキリシタンだったということである（宮崎賢太郎『カクレキリシタンの実像――日本人のキリスト教理解と受容』吉川弘文館、２０１４年による)。日本にキリスト教徒が１７５万人存在していたと書いている研究者もいる(大泉光一『支倉常長　慶長遣欧使節の悲劇』中央公論新社、１９９９年)。こちらだと、総人口の１割がクリスチャンである。これら数字がどの程度妥当なものなのか判断する材料はないが、相当な数のクリスチャンが日本に存在していただろうことは、隠れキリシタンの存在や、キリシタン大名までいたことに照らせば、あながち大げさな数字とは言えないだろうと思う。それほど、キリスト教の伝播力が強かったということなのだろうが、その理由を説明することは容易ではないだろう。むしろ、アニミズム的な多神教が支配的な東アジアの小国に、一神教であるキリスト教がかくも根強く入り込んでいたことに不思議の感を持つほうが自然である。なぜ、キリスト教は、その本拠地からかくも離れた太平洋の島国にまで布教のウイングを広げていったのか。それは単に、布教のミッションを実現しようとした結果に過ぎないのか。それとも、他に理由があったのか。おそらくは、そこには、キリスト教と商人資本の強固な結び付きがあったはずである。この論件に関しては、次節マックス・ウェーバーについての考察で、詳しく論ずることにしよう。

さて、大航海時代が始まった当初、ポルトガルは、ヴァスコ・ダ・ガマによる新航路発見以来、インドに進出し、さらに東南アジアにその影響力を拡大しており、マカオに最大のアジア拠点を作っていた。

日本では、１６３７年(寛永14年)、抑圧された各地のキリシタンが反乱を起こしたが、幕府軍に追い詰められて島原原城に立てこもる。そして、マカオに拠点を持つポルトガルの援軍を待っていた。

一方の幕府（松平信綱）は、オランダ船に依頼して、原城を砲撃させた。

この日本で起きた事件と、ヨーロッパで繰り広げられていた大航海時代の覇権争いがなかなか結びつかない。

しかし、カトリックのスペイン・ポルトガルに対して、プロテスタントのオランダが、海上覇権においても新旧交代の闘争を繰り広げていたことの余波は、日本にまで広がっていたのである。カトリック、スペイン・ポルトガル＝一揆軍と、プロテスタント、オランダ東インド会社＝幕府という対立の構図は、ヨーロッパで何が起きていたのかを背景にすると分かりやすい。

オランダ諸都市に設立された貿易会社は、アジアに向けて喜望峰あるいはマゼラン海峡経由で次々と船団を派遣し、香辛料を中心とするアジア商品を本国へ輸出した[23]。

これらの会社をひとまとめに統合したのが、オランダ東インド会社であった。

オランダ東インド会社は、1609年（慶長14年）8月に平戸商館を設置して、日本貿易を開始する。このオランダ東インド会社の日本進出について、『日本の時代史14 江戸幕府と東アジア』の中で行武和博[24]は、これが「日本貿易での利益獲得に十分な見通しをもって行われたものではなく、アジア貿易におけるイベリア勢力との対抗上、自国の既得権益拡大を目的として実施された」ものだという見解を記している[24]。オランダ商館の設置は、幕府（日本側）から見れば、貿易においても、あるいは布教活動においても勢力を拡大しつつあったイベリア勢力、つまりポルトガルに対する、牽制的な意味があったということである。それを如実に示しているのが、島原の乱における幕府とオランダとの結託であった。敵の敵は味方ということである。

このように、世界史年表を時間軸ではなく、空間軸で見ていくと、東インド会社が果たした役割と意味が見えてくる。

当時のオランダは、対スペイン独立戦争（１５６８年～）後の和平交渉の最中にあり、休戦条約の締結前に可能な限り交易地を拡大しておきたい意向があった。行武はそれを「この指令に基づいてフルフーフは、翌１６０９年マラッカ・マニラ等への遠征、モルッカ諸島での取引協定の更新等を実施すると共に、同艦隊の内２隻を貿易交渉のため日本に派遣」したのだと述べているが、日本を押さえることが、スペイン、ポルトガル、そして後発のオランダによるアジアへの商圏拡大戦争の、橋頭堡的な拠点になると踏んでいたということだろう。もちろん、イギリス東インド会社も手を拱いていたわけではない。当初は、イベリア勢力への対抗上、オランダ東インド会社とは非敵対的な関係を築いていたが、インド大陸の覇権をめぐっては、両東インド会社は戦闘を繰り返し、植民地争奪合戦に入っていった。

株式会社史としては、ここで注目すべきことが起きていることに注意したい。オランダ東インド会社の潤沢な軍資金に対して、当初イギリス東インド会社は航海ごとの当座的な出資によって資金調達を行い、航海終了後に出資人で利潤を清算するシステムで運営されていたが、オランダとの競争の中で、継続的に資金調達できるシステムに切り替える必要性が生じてくる。そこで、

１６５７年、共和国の指導者クロムウェルは利潤のみを配当する株主による出資を認め、総会方式による意思決定システムを取り入れた。このシステム変更により、イギリスにおいても株式を他者に売却し、会社から手を引くこともできるようになり、今日的な株式会社に近いシステムが出来上がったのである。そして、１６６２年「破産宣告者に関する布告の条例」が制定されることで、株主の有限責任制の実施という、株式会社成立のための最も高いハードルがクリアされたのである。

株式会社というシステムは、会社という幻想共同体の自然の発展の末に生まれたものではなかったことが、このことからもわかるだろう。それはむしろ、国家的な軍費調達システムの一環として考案されたものであり、その発生の当初より戦争が生み出した鬼っ子的な存在であった。

❖ウェーバーの資本主義論と労働倫理

これまで、株式会社がまさに生まれ出ようとする時代背景や、一度は死んだかに見えた株式会社が復活し、資本主義生産の主役に躍り出ることになった産業革命期について考察してきた。それはまさに、株式会社という会社形態がどのような時代背景のもとで必要とされ、どのような経緯を経て発展してきたのかについて知る必要があったからである。

しかし、株式会社を支えてきた人間の内面については、立ち入ってはこなかった。どのような時代背景があろうとも、その時代を担う人々の内面で、その時代を後押しするような機運が生まれなければ、時代が急激に動いていくことはない。

遠洋航海の時代の冒険的商人や、彼らを利用して権力を拡大させようとする専制君主や、商人に財産を委託して一儲けしようとする貴族の存在だけでは、以後の急激な時代の変化を説明することはできない。冒険的商人と権力者の結託によって株式会社というシステムが発見されたという見方は、株式会社草創期においては、十分説得力を持つだろうが、近代が幕を開けて以後幾度も、株式会社は危機を迎えながらも、それを乗り越えて発展し、資本主義の興隆に寄与してきた理由をこれだけに求めることには無理があるだろう。

資本主義がなぜ、これほど力強く近代以降の歴史の牽引力となりえたかについては、それを受け入れ、担ってきた人々、とりわけ中産商工業者の内面に起こった出来事について考察する必要がある。

そこで、市井に生きる普通の人々、つまり労働者、商人、農民、平信徒が、どのような内面的理由によって仕事に励み、その結果として蓄財を可能にし、再投資へと向かう気持ちを合理化していったのか、あるいは無意識の金銭欲や物欲が肯定させてきたのかについて、マックス・ウェーバーの理説を元に掘り起こしてみたいと思う。ここに登場するのは、農民と商工業者という小市民であり、彼らの肖像の素描である。彼らこそ、株式会社というものを経済の主役に祭り上げた原動力であったのかもしれないという観点を検証してみたいと思う。

株式会社の黎明期である16世紀にも、隆盛期に突入する18世紀にも、それを支えてきた人々の中心にはキリスト教徒がいた。宗教改革以前、あるいは以後も、キリスト教徒とは、利息を禁じ、強欲を戒める宗教的な背景を持つ人々だったはずである。普通に考えればキリスト教の教えは人間の欲望、とりわけ性欲、金銭欲に対しては抑制的であると考えることに特に異論はないだろう。にもかかわらず、彼らが右肩上がりの時代を作り出す実質的な主役になるためには、私たちが見落としている必然がそこにあったと考えるべきだろう。しかし、その必然の糸を探るのは容易なことではない。なぜなら、禁欲的な人々が、資本蓄積に至るまでの資本主義システムの担い手になるということは、それ自体一つの逆説だからである。

この問題を正面から取り上げ、彼らの労働倫理こそが、資本蓄積に繋がる、経済発展の原動力であったことを証明しようとしたのが、マックス・ウェーバーであった。

マックス・ウェーバーは、その労働倫理の源泉は、プロテスタント特有の労働観にあったという大胆な仮説を提示したのだった。

ただ、マックス・ウェーバーの理路は、キリスト教諸派の信仰の内実に関して疎い私には、なかなか容易には踏み込めない壁があった。それは、おそらくは多くの日本人にとっても同様だろう。マックス・ウェーバーは、難しいのである。

マックス・ウェーバーの『プロテスタンティズムの倫理と資本主義の精神』に登場する主役は、ヨーロッパの中小商工業者、中産生産者であり、彼らはカルヴァン派や再洗礼派に属するプロテスタントたちである。ウェーバーは、同書の中で、全てのプロテスタントを資本主義精神の担い手として描いているのではなく、プロテスタントのうちの、最も禁欲的であり、世俗内禁欲の実践者であったセクトのうちに涵養された労働倫理こそが、資本主義の精神に通底するものであるという逆説を証明しようとしたのだった。

ウェーバーは、同書に先駆けて、産業労働の調査を行い（『社会学および社会政策学論集』にその成果がまとめられている）、その結果から、上記の理論的フレームを固めていった。『プロテスタンティズムの倫理と資本主義の精神』は、天職、再生の確証、世俗内禁欲、隣人愛という概念をめぐって、プロテスタンティズムと資本主義の精神がどのような経緯から結びつくに至ったのかを説明していった。

✣ 宮本常一とウェーバーが描き出す「仕事観」の相違

ところで、マックス・ウェーバーが説いた、プロテスタントの勤労精神に類似する労働倫理は、それが日本にも長く存在していたことを知っている私たちにとっては、プロテスタンティズムの労働倫理だけをことさらに強調することに少しばかり違和感を持つことになるだろう。

たとえば、ドイツの出来高賃金率の上げ下げが生産性の向上には必ずしも寄与しなかった理由として、一旦習得した労働の形式を変えようとしないというドイツ人の伝統的習慣を指摘した後、例外的に宗教教育を受けた敬虔派の信仰を持つ少女たちについて、ウェーバーは以下のように記述している。

> 敬虔派の少女たちには思考を集中させる能力があり、「労働を義務とみなす」姿勢が明確に存在する。それだけでなく、賃金の額と自分が受け取る金額を計算する経済的な要請への厳しい姿勢と、冷静な克己心や節度が結びついて、労働の生産性が著しく向上しているのである。資本主義は労働を自己目的として「天職」として考えることを求めるものだが、敬虔派の少女にはそのための堅固な土台があるのである。宗教的な教育のおかげで、だらだらと働く伝統主義的な仕事ぶりを克服できる可能性もきわめて大きい。（『プロテスタンティズムの倫理と資本主義の精神』第1章問題提起[25]）

ここにある、労働を天職であると考える倫理性は、たとえば宮本常一が日本の農村を歩いて見聞した高度な職業倫理とどう違うのだろう。

> 「金をほしうてやる仕事だが決していい仕事ではない。ことに冬など川の中などでやる仕事は、泣くにも泣けぬつらいことがある。子供は石工にしたくはない。しかし自分は生涯それでくらしたい。田舎を歩いていて何でもない田の岸などに見事な石のつみ方をしてあるの

を見ると、心をうたれることがある。こんなところにこの石垣をついた石工は、どんなつもりでこんなに心をこめた仕事をしたのだろうと思って見る。村の人以外には見てくれる人もいないのに……」

「石垣つみは仕事をやっていると、やはりいい仕事がしたくなる。二度とくずれないようなな……。そしてそのことだけ考える。つきあげてしまえばそれきりその土地とも縁はきれる。が、いい仕事をしておくとたのしい。あとから来たものが他の家の田の石垣をつくとき、やっぱり粗末なことはできないものである。まえに仕事に来たものがザツな仕事をしておくと、こちらもついザツな仕事をする。また親方どりの請負仕事なら経費の関係で手をぬくこともあるが、そんな工事をすると大雨の降ったときはくずれはせぬかと夜もねむれぬことがある。やっぱりいい仕事をしておくのがいい。おれのやった仕事が少々の水でくずれるものかという自信が、雨のふるときにはわいてくるものだ。結局いい仕事をしておけば、それは自分ばかりでなく、あとから来るものもその気持をうけついでくれるものだ[26]」

上記は、民俗学者宮本常一が、愛媛県西条高原を歩いているときに出会った石工に、なぜそれほど心を込めた仕事をしているのかを問うたときの、石工の弁である。ここには上質な労働倫理が息づいているのを誰もが感得することができるだろう。それは、石工が宗教的なエートス（倫理）によって感得したものではない。むしろ、職人の矜持というべきものに近いと言える。こうした職人の矜持の話なら、江戸期の古典落語を渉猟すればいくらでも見つかる（「仏壇叩き」も、「籠抜け」も、「芝浜」も、そうした仕事観がよく表れており、日本人には馴染みが深い）。そして、その矜持とは、天に恥じないというような天職意識から来るというよりは、仕事それ自体が一つの修行であり、仕事を全うすることが自己形成へと至るのだという信仰である。あえて説明すれば、それは儒教的な仕事観であるとも言えるだろうし、ヨーロッパに伝統的な、ギルド的仕事観であるとも言えるかもしれない。そうした仕事観と、ウェーバーが言うところの「プロテスタンティズムの倫理」とは、どこが違うのか。

　宮本常一が描き出した石工は、自分の仕事を通じて、後からくるものと対話をしているかのように見える。それは、後からやってくるものへの贈与である。石工は、自らも先達からの贈与を受けて仕事の精神を身体に叩き込んできた。その受け取った技術、倫理を、後代の職人に再贈与しているとも読めるだろう。

　もし、マックス・ウェーバーの言う「プロテスタンティズムの倫理」というものが、仕事そのものを天職であると考え、それが自己目的であるような思想であるとするならば、宮本常一が見聞した石工の仕事観も、それに当てはまるはずである。しかし、日本の職人の伝統にある仕事観が資本主義の精神を支えていったということを言えるのだろうか。石工たちは、こうした仕事観を貫徹することで、蓄財をすることが叶ったと言えるのだろうか。むしろ、こうした上質の仕事観の持ち主であるがゆえに、貧乏も甘んじて受け入れることができたと言うべきではないのか。

職人たちの仕事観は、むしろ天職としての仕事を、お金に対する欲得と切り離したところに生まれたものではないのか。

だとするならば、そうした観念は、マックス・ウェーバーが「伝統主義」と呼んだ、カトリックやルター以前のキリスト教徒に特有の禁欲主義に近いものだろう。

では、マックス・ウェーバーが、プロテスタントの仕事観から読み取った倫理とは、どんなものだったのか。そして、ウェーバーの仮説は理にかなったものであると言えるのか。そこのところが、私にはずっと疑問として残ったままであった。

「消費への抑圧」と「営利の営み」を両立させる論理

ここで、マックス・ウェーバーの主張がどのようなものなのかについて、簡単に書いておこう。一般的には、プロテスタントは禁欲的であり、富の蓄積に対しては抑制的であると考えられている。宗教改革の時代、ジャン・カルヴァンは予定説で、信徒たちが神に選ばれて天国へ行くか地獄へ行くのかはすでに予定されていると説いた。通常の理路を辿るならば、信徒たちは労働へのモチベーションを失い、無気力になると帰結されるはずだが、実際には信徒たちは、未来が予定されているなら、自分たちに与えられた仕事もまた、神が与えたものであり天職と言うべきもので、それを全うすることが神の思し召しであると考えて、規律正しい生活を営み労働に励んだのであった。カルヴァンは、蓄財を事業に再投資することが、神の御心に沿ったことであるとして奨励する。こうして、プロテスタントが、天職に励み、規則正しい生活をし、浪費を避けて蓄財・再投資をしてゆくまでの、勤勉な労働者像が描かれる。マックス・ウェーバーは、彼らをしてそのような行動につかせしむるのは、吝嗇によるのでもなければ、強欲によるのでもなく、宗教的なエートスによるのではないかという仮説を提示したのであった。

一見、分かりやすい論理だが、なぜ、反商人的であり、反高利貸し的でもある禁欲的なプロテスタンティズムのエートスが、彼らをして資本主義的な営利をもたらす勤勉な労働へと駆り立てしむるのか、そして再投資という行為に神学的合理性を認めるに至らしめるのかがうまく理解できない。

そもそも、カルヴァンは五分の利子取得を認めている。この利子取得という反キリスト教的な許諾を、なぜ、禁欲的プロテスタントは受け入れたのか。

大塚久雄は、その理由を次のように説明している。

> 常識的な考え方では、中世のカトリック教会は利子を禁止していたのに、カルヴァンは利子の取得を許し、プロテスタントは次第に営利に対して寛容になっていった、というふうに説明しますが、これは事実に全く反しているのです。というのは、たてまえで禁止するということとほんとうに禁止するということを混同しているからです。カルヴァンは確かに五分

の利子取得を許しましたが、その実施にあたっては法的な遁辞や抜け穴を許さなかったのです[27]。

大塚のこの指摘は、マックス・ウェーバーを理解する上で非常に重要な示唆を与えてくれる。大塚は、カルヴァンが宗教改革に乗り出した時点に戻って、当時横行していた伝統的な商人による酷い利息の取り立てや搾取の実態を体感しなければ、カルヴァンがなにゆえ五分の利子取得を許したのか、その理由について誤解をすることになると言っている。カルヴァンは、利息に対して寛容な姿勢を示したのではなく、反対に、五分という上限を設けることで、高利貸しや搾取を禁じたということなのである。

この指摘には、理解の難しいカルヴィニズムによる世俗内禁欲主義と資本主義の親和性の謎を解く鍵が示されている。

ここにあるのは、多く取ったもの勝ち、奪ったもの勝ちといった当時横行していた商業慣習を改めるために、利息というものを、借り手の弱みに付け込む貸し手の駆け引きの結果ではなく、貸借において生じる正当な対価として位置付けることで、利息の概念そのものを転換することだったのだ。利息とは貸し手の利潤ではなく、貸し手が当然受け取るべきものである。将来の貨幣価値と、現在の貨幣価値の差額が利息なのである。そしてそれは、商取引を駆け引きの場から、合理的な世俗の等価交換システムへと転換する契機になり得るものだった。

キリスト教は、確かに利息を禁じていたし、贅沢も、浪費も、豪奢な生活も禁じていたが、それはあくまでも、宗教的な世界内（あるいは来世）での約束事であって、世俗においては現実的には誰もこれを厳密に守ることなどしていなかったし、実際にできないことでもあった。宗教的な理説は、世俗の世界で生身の人間が、容易に実現できないことを人間に要求することで、逆説的に神の栄光と、神による救いの契機を生み出したものであった。自分を愛するように他者を愛せという教えも、欲望を持って女を見たら、それは姦淫したことと同じなんだという教えも、世俗の世界においては無理難題であり、不合理なことである。そうであるがゆえに、人は自らの現世的限界を知り、そこから逃れるために信仰し、神に救いを求める。

カルヴァンは、そうした現世においては無理難題である「自分を愛するように他者を愛する」というキリスト教の理説を、世俗の世界においても説得力のあるものにするためには、世俗の世界がフェアで合理的なルールによって成り立つことを示す必要があると考えた。もし、世俗の世界が汚辱と打算による、騙したもの勝ちの世界であるならば、神の世界での理説もまた指南力を失ってしまうことになる。神の世界における隣人愛の理説は、世俗の世界においては実現の難しい理想でなければならないのだ。もし、その理想が信徒に共有されないのであれば、神の世界における理説はただの空語に過ぎなくなる。

隣人愛は、世俗の世界では不可能で不合理な理想かもしれないが、もしそれを実現できるなら、世俗の世界においても合理的な行動として成立しうるものでなければならない。それができないのは、人間の弱さなのであって、神の理説の不合理によるものではないということである。世俗の世界は、神の世界が教える理想を実現しうる場所でなければならない。そうであるためには、世俗の世界のルールが、神の教える理想を妨げるものであってはならない。五分の利子取得の認定は、世俗の世界と、神の教えを繋ぐ、世俗の側のルール設定なのである。そうでなければ、どうして禁欲的なプロテスタントが、利殖や蓄財、投資といった行為に正当性を認めることなどできようか。

世俗内禁欲を旨として労働に励む、プロテスタントの中小生産者や企業家に対して、カルヴァンの徹底した禁欲思想が与えたものは、世俗の世界において、禁欲的な神の教えに背くことなく営利の営みに励むことは可能であるという逆説であった。禁欲つまり消費への抑圧と、営利の営みという一見相反する行為に、合理性を与える回答はどこにあるのか。

ウェーバーは、「利潤として残された資金を消費の目的で支出することが妨げられるならば、それは投下資本として生産的に利用されねばならなかった」と述べている。そして、実際にニューイングランドにおいて、この関係は極めて顕著な形で現れたのであった。正直な労働、正直な商売をして蓄積された利潤は、自分の欲望充足のために消費するのではなく、再投資をすることで隣人にまで利益の恩恵をもたらすと考えられたからである。

❖「予定説」と「他力の思想」の共通点

ルターからカルヴァンに至る宗教改革は、ローマカトリックが考えた免罪符が、いわば金で救済を買い取るといった性格に脱していく過程に起きた、信仰が作り出した擬制に対する根源的な批判から生まれたものであった。プロテスタンティズムの倫理が生まれ出る背景には、ローマカトリックに対する近親憎悪的な感情があったと言えるかもしれない。ウェーバーは、プロテスタンティズムが挑戦したのは、ギルド的な、あるいは中世的な伝統的な価値観であるとしているが、ギルド的エートスのうちの半分は否定しているものの、勤勉な職人という半分の要素は拾い上げている。捨て去ったのは、その閉鎖性、独占欲、権力への接近という部分である。

プロテスタンティズムの労働観が端的に表現されたものとして、ウェーバーはベンジャミン・フランクリンの言葉を引用している。

少々長いが、その部分を書き出してみよう。

時は金なりということを忘れてはならない。自分の労働で一日に一〇シリングを稼ぐことができる者が、半日出歩いていたり、何もせずに怠けていたら、その気晴らしや怠惰のために六ペンスしか使わなかったとしても、それで出費がすべてだと考えるべきではない。実際にはさらに五シリング使った、というよりも、捨てたのである。

信用は金なりということを忘れてはならない。［私がお金を借りた］ある人が、返却期限が過ぎた後でもその金を私に預けておいてくれるならば、その人は私にその利息を、あるいは私がその間にそれによって手にすることができるものを与えてくれたことになる。人が大いに信用されていて、その信用を活用できるならば、こうしたものはかなりの額に達するのである。

金はどんどん殖えてゆくものだということを忘れてはならない。金は金を生み、その生まれた金はさらに多くの金を生むといったぐあいである。五シリングを回転させれば六シリングになり、さらに回転させれば七シリング三ペンスとなり、ついには一〇〇ポンドにもなる。金が多ければ多いほど、回転するごとに生まれる金は多く、利益はますます早く殖える。子を生む親豚を殺す者は、それが生んだはずのすべて、場合によっては何万ポンドをも殺す！ことになるのだ。（『プロテスタンティズムの倫理と資本主義の精神』第1章問題提起）

フランクリンの日記はさらに続き、「良い会計係は、他人の財布の持ち主」という諺で、約束期限を守ること、几帳面と正直の推奨、信用の大切さに言及している。

フランクリンは、故郷フィラデルフィアの経済的繁栄に尽力した功労者であり、今日で言うメモ魔のような几帳面さで、なんでも記録に残すような人物であったらしい。そうして、自分を律し、正直を旨とし、浪費を慎み、労働に献身することで、富を獲得した人物であった。彼の自負心と行動規範から窺い知ることができるのは、決して冒険的野心ではなく、むしろ反対に、極めて倫理的な生活態度であり、労働への献身であった。

ウェーバーは、このフランクリンの姿勢の中に、世俗内禁欲の具体的な行動を読み取り、プロテスタントの倫理を垣間見ることになったのであった。同時に、これこそが資本主義の精神に通じるものであると見たのだった。

そして、いわば強欲資本主義の見本のようなヤーコブ・フッガーと、ベンジャミン・フランクリンを比べて、次のように書いている。

ヤーコブ・フッガーは、すでに隠居生活に入っている同業者から、もう隠居してはどうかと勧められたことがある。その理由は、もう十分に儲けたのだし、他人にも儲ける機会を与えてはどうかというものだった。しかし、フッガーはこの忠告を「無気力」と退けて、次のように答えたのだった。「わたしの考えは違う。儲けられる限りは儲けるつもりだ」。

このフッガーの言葉に語られている「精神」は、フランクリンが語っている「精神」とは明らかに違っている。フッガーの言葉では、商人らしい冒険心が吐露されており、道徳とは関係のない個人的な傾向が表明されているが、フランクリンの言葉には、倫理的な色彩をおびた生活の原則が語られているのである。本書では「資本主義の精神」という言葉をこの意

味で使いたいと思う。（同前）

さらに、フランクリンの場合の倫理とはどういうものであるのかについて次のように言う。

> むしろこの「倫理」の最高善は、あらゆる無邪気な享楽を厳しく退けてひたすら金を儲けることにある。そこにはいかなる幸福主義的な観点も、快楽主義的な観点も存在しないのであって、これが純粋な自己目的として考えられているのである。これは個人の「幸福」や「利益」などを全く超越したものであり、およそ非合理的に見えるほどである。（同前）

> 金儲けは、それが合法的に行われるかぎりは、近代的な経済秩序においては、職業における有能さの現われであり、それがもたらした産物である。そしてすぐに理解できるように、この能力の高さこそが、フランクリンの道徳のアルファでありオメガとなっている。（同前）

そして、彼の言うところの資本主義というものは近代資本主義を指しており、それはヨーロッパ、アメリカの資本主義のことであると言う。「資本主義」はインドにもバビロンにも、古代にも中世にも存在したが、それらの資本主義には、フランクリンが示したようなエートスが欠けているとも書いている。

もし、単純にヤーコブ・フッガーのような強欲と、プロテスタントの禁欲的な仕事観とその結果としての蓄財というところに焦点を合わせて、ウェーバーを理解するとすれば、それはほとんど資本主義の精神というものとは無縁の、単なる、勤勉精神の推奨でしかなく、そんなものなら古今東西どこにでも見出せる凡庸な道徳律に過ぎないだろう。

したがってウェーバーの力点は、前段の天職意識という部分にあるのではなく、経済的合理性を追求して利益を生み出し、再投資に励むというプロテスタントの行動に合理的理由を見出すことにあった。しかし、引用部分を読んでいると、ウェーバーの言う個人的欲望を超越した最高善への邁進とは、単なる金銭の物神化であり、金銭崇拝であるかのようにも読めてしまう。それが単なる金銭の物神化ではないということを、ウェーバーは読者に伝えなくてはならない。あくまでも、プロテスタンティズムの内に涵養された倫理なのだという理路を見出す必要がある。そこで出てくる補助線が、ジャン・カルヴァンの唱えた予定説であったのだ。

予定説とは、来世で救済されるのか、それとも滅びに至るのかは、あらかじめ神によって決められており、それを知るのは神のみであり、人はそれをどんな善行を積もうが、熱心な信心を持とうが、与り知ることはできないというものである。つまり、信徒は神と絶対的に隔てられているという神と信徒との隔絶である。この教説が信徒に与えた衝撃は計り知れないものがあっただろう。そして、そのことが多くの信徒に、自らが選ばれたものであるのか、それとも見捨てられているものなのかという疑心暗鬼を生ぜしめることも容易に想像できるだろう。そして、それでもなお、自らが選ばれたものであるという「救いの確証」を得たいと思うはずである。

> 教会や聖なる礼典によって救いをえられる可能性を完全に否定したことこそが、カルヴィニズムがカトリックと根本的に異なるところである、ルター主義はここまでは首尾一貫していなかったのである。（同前　第2章第1節「世俗内的な禁欲の宗教的な基礎」）

ところで、この理説には、私たち日本人には、既視感がある。親鸞が説いた絶対他力の概念や、機縁の思想といったものと同じ神学的なアポリア（難関）を、カルヴァンが提示しているように見えるからだ。親鸞は、禅宗などの自力の思想に対置するかたちで、他力の思想を唱えている。そして、カルヴァンもまた、カトリシズムにおける禁欲思想に対置するかたちで、他力の思想に似た予定説を唱えたのだった。

親鸞は、この絶対他力の先に、信徒に対して念仏だけ唱えていればいいのだ、あるいは念仏さえも不要なのだという徹底した思想の中に、俗世での救済へと人々を導く信仰の鍵を見出そうとする。

一方、ウェーバーは、同じ他力の思想の先に、「カルヴィニズム的な倫理の功利主義的な生活の起源」を発見していったのだった。

✣ ウェーバーが予見した未来

ウェーバーの理説は、キリスト教の内的な葛藤の歴史に疎い私には容易には理解し難いものであったが、ニューイングランドにおいて開花してゆく資本主義の背景に、プロテスタンティズムの禁欲と、それゆえの再投資への行動があったというところはよく理解できたように思う。

ウェーバーは『プロテスタンティズムの倫理と資本主義の精神』という画期的な書物の最後を、やや悲観的とも言える詩的な表現で締めくくっている。

勝利を手にした資本主義は、今や鋼鉄の〈檻〉のようなものになってしまい、禁欲の精神はその〈檻〉から抜け出してしまった。

> 将来、この鋼鉄の〈檻〉に住むのは誰なのかを知る人はいない。そしてこの巨大な発展が終わるときには、まったく新しい預言者たちが登場するのか、それとも昔ながらの思想と理想が力強く復活するのかを知る人もいない。あるいはそのどちらでもなく、不自然極まりない尊大さで飾った機械化された化石のようなものになってしまうのだろうか。最後の場合であれば、この文化の発展における「末人」たちにとっては、次の言葉が真理となるだろう。「精神のない専門家、魂のない享楽的な人間。この無に等しい人は、自分が人間性のかつてない最高の段階に到達したのだと、自惚れるだろう」。（同前　494頁）

カルヴァンは、「民衆」、すなわち労働者と手工業者の大衆は、貧しいあいだだけ神に従順であると語っている。17世紀に花開いたピューリタンによる資本主義は18世紀になると、その担い手である中産資本家、自営農民、小市民のうちにあった痙攣的とも言える信仰心が希薄化し、単なる職人的な道徳と、功利主義へと変色していった。

前述したように、『プロテスタンティズムの倫理と資本主義の精神』の最後で、ウェーバーは将来に対して三つのシナリオを暗示した。私たちが生きている現在は、まさにその段階にさしかかっているとも言えるだろう。

第一のシナリオである新しい預言者は現れず、第二のシナリオである昔ながらの思想と理想が力強く復活することも叶わなかったように見える。そして、第三のシナリオに描かれた「末人」たちの自惚れが世界の経済を緩慢な腐敗へと導き、文明化された社会を混乱に陥れるという悲観的未来が実現しようとしている。私たちは、どのようにしたら、この隘路を回避することが可能なのだろうか。

第一次大戦と株式会社

産業革命以後、株式会社の強力な生産力は、世界の産業構造を一変させた。人々は、田畑からの実りや、狩猟漁労による食料確保という自然の贈与によって日々変わらぬ生活を生きてきた時代から、産業革命を経て、自然環境を利用し、あるいは破壊することによって（いずれにせよ自然の収奪であったが）、自然人として当然被らなければならない食料確保の不安定性という制約を超え出ることに成功したのだった。徒歩では何日も必要とした遠方への移動や、大人数での移動も、自動車や機関車という大量輸送交通の技術によって初めて可能になった。これによって、人間にとっての、距離と時間の概念が大きく変わったのである。

それは、自然人としての人間の能力を、機械の力を借りることで飛躍的に拡張することであった。科学技術は、人間を人間以上のものにしたいという夢の延長線上に進化していった。持って生まれた能力以上に速く走ること、空を飛ぶこと、視力の遥か先まで見通すこと、筋力の限界を超えた重量物を運搬すること。こうしたことが、技術の革新によって可能になり、生活も一変することになっていった。当然の帰結として、それらは生産力の飛躍的な向上をもたらし、これまで１週間かかってやっていた仕事は、１日で片付けることが可能になった。

その結果、それまでほとんど生きることだけに使い切っていたエネルギーを、娯楽や、学習や、生活の質の向上に振り向けることができるようになった。

株式会社は秒単位で、人々の旺盛な需要に応えるための商品を工場から市場へと吐き出すことで、利潤を積み上げていった。道路や、上下水道、送電といったインフラから、医療品、教育施設、公園などの社会的な資本の充実も株式会社が請け負った。そうしたこと以上に、人々の生活を豊かにするための、電化製品、自動車、衣料品、おもちゃ、食料加工品、住宅など、ほとんどのものが株式会社によって提供されていった。

　蒸気機関車が19世紀の経済発展の象徴だったのに対して、20世紀は自動車がその象徴になった。ヘンリー・フォードが１９１３年に自動車組立工場に導入した流れ作業による大量生産方式は、自動車というその高価さゆえに金持ちの娯楽品でしかなかったものを、大衆にも手の届く商品へと変貌させることになった。大量生産によって、自動車の価格が、一気に大衆の手の届くところまで下がったからである。これはほとんど革命と言ってよかった。大衆消費社会革命である。

　自動車の大衆化という現象は、自動車だけではない関連産業へも普及した。石油、天然ガスといったエネルギー需要が一気に増大していったのをはじめとして、鉄鋼、ゴム、ガラスといった直接の関連分野から道路脇のレストランや、ショッピングセンターに到るまで、ありとあらゆるビジネスを活性化させることに繋がっていった。もちろんそれは、労働分野における雇用の充実にも寄与することになった。フォードで働く労働者こそ、フォード車に乗るべきであるというのが、ヘンリー・フォードの考え方だった。ヘンリー・フォードは、大衆消費社会が出現することを見据えて設備投資を行ったのである。一私企業の生産ラインの革新が、産業全体に波及し、社会の構造まで変えてしまうことになったのだ。

　そして、おそらくはこの時代こそが、株式会社と社会が最も幸福な関係を築くことができた時代でもあった（しかし、この蜜月は１９１４年には早くも、株式会社と社会の共犯関係というべき戦争によって大きく変質することになるわけである)。

この間、株式会社もまたその企業形態を大きく変化させていくことになった。近代法人企業は、20世紀はじめにはすでに確立していたが、その大部分は資本集約的な産業であった。大衆消費社会の出現と技術の高度化は、企業間の競争を激化させることになり、市場シェアを争うために規模の経済が追求されるようになっていく。その結果、企業統合が進み、重工業製品から一般消費財に至るまでの広範な分野を統合するコングロマリットが出現する。こうしたことを可能にしたのも、株式会社という企業形態によるところが大きかった。企業の買収、統合といったものを、株式の買収という手続きだけで完成させることができたからである。

スイス企業に、ネスレという全ての大陸、多くの国に販売・生産の拠点を持つ企業があるが、近年この企業の売上高はスイス政府の予算を超えたそうである[28]。

この頃より、国家の枠組みを超えて、生産・販売の拠点を広げる多国籍企業の存在が大きくクローズアップされることになった。

株式会社というものが、戦争や条約締結権など国家的性格を付与されたオランダ東インド会社に端を発しているのであるから、本来的に、国家の枠組みを超えて商売を行うための組織であったと言えばそれまでであるが、20世紀の多国籍企業は、その売上高において、国家予算を超えるほどの経済的パワーを有し、多国籍企業の利潤獲得競争が、国民経済を脅かすほどの強い影響力を持つに至ったのであった。

こうした株式会社の国際分業を背景にして、１９１４年の夏までは、ヨーロッパや、そのいくつかの植民地もまたかつてないほどの繁栄と豊かさを享受していたが、戦争の勃発によって突然崩壊するとは、誰が予想できただろう。軍人の死者だけで、１０００万人もの犠牲者を数え、負傷者はその倍以上に及んだ4年間のヨーロッパ人同士の蕩尽がなにゆえ避けられなかったのかについては、様々な解読があるだろう。ただ、１９１４年以前、世界経済は順調に推移し、自由市場の自律的な調整機能が働いていたはずなのに世界戦争は起きてしまったことを見れば、そこに国家あるいは株式会社による富の収奪競争に起因する必然があったと言えるのかもしれない。戦争が始まると、物価、生産、労働分配など経済的な基盤の全ては統制され、戦争の終結とともにこれらの統制は撤廃されるが、戦前の平和的な関係は容易には回復しなかった。

大戦前夜のヨーロッパは、工業化が進展し、列強は経済力、軍事力を背景にして富国強兵に勤しんでいた。17世紀の大航海時代以降、ヨーロッパ列強は版図の拡大と植民地経営による富の収奪にしのぎを削り、１８７８年の露土戦争でオスマン帝国がロシアに敗れると、ヨーロッパ各国代表はベルリンに結集し、バルカン半島の国境線を引き直した。ロシアとオーストリア＝ハンガリーの間に緊張が高まり、ドイツ宰相ビスマルクは戦争の抑止のためにドイツ、オーストリア＝ハンガリー間で防衛同盟を結んだ。各国の軍事力と複雑な利権が重層して、列強は様々な同盟関係を構築していった。フランス、ロシアの同盟（これにイギリスが加わって三国協商を結成）と、ドイツ、オーストリア＝ハンガリーの同盟が二つの柱となり、各国は戦争を避けるための外交努力を重ねたが、戦争に備えた軍拡競争も同時に進行していたのであった。

この間の工業化の進展にはめざましいものがあったが、それを支えたのは軍事的な需要であった。第一次大戦では戦争が、偵察機、戦闘機、戦車、機関銃、化学兵器などの軍事兵器による総力戦に発展していったのである。

一枚の写真がある。エッセンのクルップ製鋼所における、戦艦重砲の製造ラインの写真である[29]。ほとんど今日の自動車や機械の製造ラインと同様の製造ラインに、戦艦用の重砲が並んでいる。こうした光景は、ドイツのみならず、イギリス、フランス、ロシアにおいても見られただろう。機関銃の製造もこの間に格段に進化を遂げている。フランスが開発したミトラィユーズ、英国のマキシムＭＫ３、アメリカ合衆国のガトリング砲などなど、軍拡競争が同時的に拡大していった。

科学技術の進化は、一方においては国民生活を豊かにしたが、一方においては平和の脆弱性を増大させることになったわけである。民生用の科学技術は、いつでも軍事技術への転用が可能だった。

ヨーロッパ全土を巻き込んだ戦争は4年に及び、膨大な軍人と民間人の死傷者を生み出した。低めに見積もられたものでも、３０００万人の軍人が参加し、戦死者数は９００万人、負傷者は２０００万人を超える。市街戦になったために、中心市街は倒壊し、残存するドイツやフランスの中心市街地の写真は、戦争の凄まじさを伝える。

これほどの蕩尽が行われたにもかかわらず、戦後の復興もめざましいものがあった。そして、ここでも株式会社の果たした役割を抜きにはできない。この戦争が、民生技術の軍事転用によって拡大していったのと対照的に、軍事技術の民生活用が戦後復興に大きな役割を果たしたのである。そして、その中心で生産を支えたのが株式会社であった。第二次大戦の敗戦国であるドイツや日本が、驚異的な戦後復興を遂げていく背景にあったのも、戦時中に軍事技術の最先端で生産を支えた民間企業が、戦後、軍事技術を民生活用することで復興の基盤を作ったことであった。

恐慌とニューディール

19世紀の科学技術の発展が、経済的活況を後押ししたのは疑いがない。生産の合理化、低コスト化が進み、大量生産に拍車がかかった。その結果、ヨーロッパ先進国は生産過剰になり、新たな需要を求めて植民地の拡大を目指し、それが軍拡競争へと発展していくのは歴史の皮肉な必然であった。

その光景は、あたかも大航海時代におけるヨーロッパ列強によるアジア、アフリカ、南米の植民地化抗争の再現のようであった。列強の帝国主義とは、王権国家と冒険的商人が結託し、船団を仕立てて異邦の富の争奪をした大航海時代重商主義の３００年後の変奏であり、復活であったとも言えるだろう。

19世紀終わりに帝国主義国家が互いに覇を争うようになっていったことを一つの理由に集約す

ることなどできそうもない。

資本主義の発展に伴う収穫逓減によって、大企業は余剰資本の投資先を求める争いを始めたというレーニン主義的な解釈もあれば、当時の知的な風潮であった経済ダーウィニズムによる生き残り闘争という解釈もある。政治的便宜主義と好戦的なナショナリズムの台頭にその原因を求める解釈もある。ただ、本質的な要因の一つに、経済発展による生産過剰という側面があったことは否定できないだろう。この戦争は、それがまさに火蓋を切る直前までの経済的な発展とそれに続く生産過剰という、経済の不確実性にどのように対処すべきかという課題に対する一つの答えでもあったからである。たとえそれが最悪の答えであったとしても、利潤第一主義を掲げる株式会社の側に、それを思いとどまらせる内的な動機は存在していない。

想像を絶するほどの犠牲と、復興の道筋での塗炭の苦しみを味わいながらも、世界の列強は第一次大戦の終結からわずか20年の後に、再び同じ轍を踏む。その理由の一つに、不確実な未来に対する株式会社および経済セクターによる積極的な対応があったのだった。曲がりなりにも、国際分業という脆い国際経済システムを作り上げていた帝国主義国家群は、4年を超える蕩尽的な破壊の後に、もう一度自国および世界が永続的な経済発展を取り戻す道を模索していたはずである。その模索が、さらに大きな蕩尽へ突き進むとは誰も考えていなかったに違いない。

2度目の戦争は、さらに大きな、まさに世界が終わるほどの犠牲を伴うものであるとわかっていたとしても、この戦争を人類が避けられたかと問われれば、明確な回答をすることは誰にもできないだろうと思う。人間は愚かであると言ってしまえばそれまでだが、この二つの戦争は、科学技術の進歩、文明の発展、民主主義の進展と同じ轍の中で起きたことであり、誰も科学技術の進歩を止められないように、戦争もまた自然過程であるかのようにして引き起こされてしまったように見える。それらが、非合理的な選択であり、最終的に引き合わないことだというのは、鶴見俊輔が言うように「回想の次元」からならいくらでも言えるだろうが、戦争の同時代を生きたものたちの、当時の視点、つまりは「期待の次元」からは容易に演繹されるものではなかっただろう[30]。

二つの戦争を経て、アメリカだけがかつてないほどの強大な経済大国へ押し上げられていった。吉本隆明が言ったように、大戦を最も少ない負債でくぐり抜けた国が、戦後大国として世界をリードすることになった。経済だけ見ても、純債務国だったアメリカは純債権国となり、貿易収支の大幅な黒字を獲得するに至った。第二次大戦後のアメリカは、まさに世界を牽引する、恒久的繁栄のモデル国家になったのだった。

１９２８年頃よりアメリカ合衆国の銀行と投資家がニューヨーク証券取引所に投資を集中すると、証券市場は一気に上昇を始めた。投機ブームが起き、多くの個人投資家も証券の信用買いに引き込まれていった。

実体経済の方を見ると、アメリカのＧＮＰは１９２９年の第１四半期に天井を打ち、以後は下降線を辿り始めていたが、株価が高水準で推移していたために、実体経済の不穏な流れはかき消されていた。２０００年以降のバブルとその崩壊はいつも、実体の経済と見かけの株価の乖離に誰もが手を拱いているというプロセスの中での出来事であった。

２００８年のリーマン・ショックは、このときの実体の経済と金融経済のアンバランスの再現だったことは記憶に新しい。同じ過ちを何度も繰り返すのが人間だが、これもまた「期待の次元」という視点しか持ち得ぬ同時代の人間たちにとっては、避けることの難しい誤りであるだろう。道筋が見えた後からなら何とでも言えるのだ。道筋が見えないところでは、期待と欲望が先行するのである。

話を戻す。世界大戦の引き金になる最初の世界大不況は１９２９年10月24日、株式市場の投げ売りから始まった。「暗黒の木曜日」と言われるようになる株式市場の崩壊が始まったのだ。

不況はアメリカだけではなく、ヨーロッパでも始まっていた。同時に、アメリカにおける株式市場の崩壊は、世界の経済に決定的な打撃を及ぼすことになった。１９３１年５月には、中央ヨーロッパ最大の銀行の一つであるウィーンのクレディット・アンシュタルトが支払いを停止。恐慌はハンガリー、チェコスロバキア、ルーマニア、ポーランド、ドイツへと広がり、さらにイギリスへと拡大していった。

１９３３年にフランクリン・ルーズベルトがアメリカ合衆国の第32代大統領に就任したとき、失業者は工業労働力のほぼ半数に上る１５００万人に達しており、工業は事実上生産を止め、銀行システムは壊滅的な状態になっていた。

ルーズベルトはすぐさま再建へのプログラムを開始し、就任演説から１００日の間に、前例のないスピードで全ての産業分野に及ぶ経済再建のための法律を作っていった。いわゆるニューディール政策を敢行したのだが、その最も特徴的な法律は全国産業復興法で、あたかも戦時経済行政を遂行するのに似ていた。全ての戦時経済行政というものがそうであるように、ルーズベルトの政策は、のちにムッソリーニが踏襲することになるファシスト的な産業組織化と類似したものだったが、志としては、公益を守り、労働者の権利を保障し、政府が強大な権力を行使して計画経済を実施してゆくものであった。政府が最後の雇い主となることで完全雇用を目指したのである。

一旦は回復したかに見えた産業だったが、１９３９年に完全雇用を実現できないまま、アメリカは戦争へと突入してゆくことになった。

さて、蛇足だが、２０２０年の現在、新型肺炎のウイルスが直接の引き金になって、世界経済は同時不況へ突入したかに見える。３月９日のニューヨークダウ平均株価は２０００ドル下落という記録的な下げ幅となった。特に、我が国においては、消費税増税による経済の落ち込みに加えてのパンデミック騒ぎで、ＧＤＰは７％以上も落ち込んでいる。加えて現在日銀が保有するＥＴＦ（上場投資信託）に、含み損が発生し、中央銀行は実質的な債務超過の危機に直面している。リーマン・ショックを上回る経済的な混乱と社会の混乱はほぼ確実な情勢である。何やら、世界経済はかなり怪しい雲行きになっている。株式会社は、時価総額維持のための対策をほとんど見出せないまま、生き残り戦略を模索しなければならない。これが、１９３９年の災厄の再現にならないように注視する必要があると、敢えてここに記しておこうと思う。

家族形態と株式会社

株式会社が最も輝いていた時代は、戦後の１９５０年代から１９９０年代までであろう。日本においては、１９５５年以降、高度経済成長が始まり、まさに株式会社が日本の製造業を牽引し、10パーセントという高い経済成長率を１９７３年まで続けた。西欧先進国と肩を並べて以降１９７４年から１９９０年までは４パーセントという成長後の先進国としては高すぎると言っていいほどの成長を続け、アメリカを除けば世界でもトップクラスの経済大国へと上り詰めていった。ヨーロッパ先進国およびアメリカは、日本に先立って大量生産、大量廃棄の成長政策を推し進めていたが、最も成功したのは第二次大戦の敗戦国だった日本とドイツだった。

ここには、両国の特殊な事情もあった。両国ともに第二次大戦の敗戦国であったために、戦後復興が国内経済の最優先課題になり、戦勝国の経済へと急激にキャッチアップしてゆかなければならない理由があった。それゆえ、国民的一体感が醸成され、軍事技術の民生活用を背景にしながら、戦後わずか十数年で驚異的な復興を遂げることに成功したのである。

しかし、その成長を支えた最も大きな理由は、おそらくは両国における株式会社の特異なエートスによるところが大きかったと言えるのではないだろうか。

エマニュエル・トッドら人口学者の説によれば、日本、ドイツの家族形態は「権威主義的家族（直系家族）」というものである。親子関係は権威主義的で、兄弟関係は不平等という両国の家族形態は、イギリスやアメリカにおける核家族形態に比べて、労働集約を実現し易く、集団の団結力を発揮するには適した形態である。それがいかんなく発揮されたのが、戦後復興期における両国における家族形態を基礎とした会社であった。

会社や国家という幻想の共同体の出自を考えるとき、その規範になったものとして考えられるのは、これらよりもはるかに古い歴史を持つ血縁の共同体である家族の規範であるだろう。詳細な説明は、第Ⅱ部で行うことにするが、権威主義的家族形態をモデルにした会社、つまり、日本や、ドイツ、韓国の会社が、どのような場面で強さを発揮するのかについては、考察に値するテーマだろう。日本の会社のエートスに「滅私奉公」なるものがあるが、個人の欲得を犠牲にして、会社に奉仕する企業労働者の存在は、低コストで高い労働生産性を維持するのに適したものであっただろう。もちろん、それが、労働者の幸福や、生活の向上に寄与したかどうかは別問題である。ただ、資源が枯渇した状況で、共同体が最大のパフォーマンスを発揮するためには、これらの会社組織が集団主義的な体制を取り易いという面があったことは否めない。

江戸期から明治にかけて、日本の会社はほとんど家族がそのまま拡大していったような形態であった。後に財閥の一角をなす三井は、その典型であった。江戸期、酒、味噌を商う「越後屋」

に始まり、三越の前身である三井呉服店、京都室町の京呉服店、そして、両替商へと業容を拡大していった豪商の中核にあったのは、三井家という強固な血縁共同体の流れをくむ日本的な家族共同体であった。

大阪船場の昆布屋に生まれた作家の山崎豊子は、親子二代の船場商人の戦中、戦後の苦労と成功を小説『暖簾』として描き出したが、家族企業の実態と、日本独特の企業エートスが見事に表現されており、日本の権威主義的家族の伝統が、そのまま会社形態へと転化してゆく様子を知ることができる。この小説は森繁久彌と山田五十鈴の主演で、名匠川島雄三によって映画化されているので、機会があれば是非ご覧いただきたいと思う。暖簾を守ることが、家を守ることであり、暖簾に恥ずかしくない商いをすることが、当時の船場商人に身体化された、最重要の価値観であった。

こうした、伝統的な家族経営、とりわけ商家に見られる丁稚、手代、番頭、大番頭、若旦那、大旦那というヒエラルキーは、西欧的な会社が持っていた平社員、係長、課長、部長、社長、会長という役職ヒエラルキーに対応しているように見えるが、その意味するところのものはまったく異なっていた。

丁稚は、ほとんどの場合無給であるが、食事と寝場所だけは無償で供給される。もちろん、給金が与えられる場合もあるが、それはほとんどお小遣いほどの額であり、その額は彼らの仕事上の成果によって決まるのではなく、年功によって決められる。

後年、都市部の町工場に見られる「住み込み社員」と同様、彼らは家族の一員であり、会社は彼ら丁稚の、実家とは別のもう一つの家であり、大旦那は彼らの擬似的な親である。こうした家制度をそのまま会社に持ち込む形で、日本の会社は発展してきたのである。戦後、家制度が廃止され、高度経済成長以後には家族形態も核家族化してゆくが、会社の中に家族制度のエートスは残り続けたと言えるだろう。

職人のギルドから会社へと発展していったドイツの場合も、会社の価値観の中に、権威主義的な価値観は残り続けたと言える。ライン川流域に今も残る、玩具、楽器、時計などの中小企業群を見ていると、戦後日本に次々に生まれた中小零細企業群のそれとよく似ているのがわかるだろう。

この家族形態と相似形に発展した会社は、当然のことながら、そこで働く労働者たちの労働観、価値観にも大きな影響を及ぼしたのであった。

１９８０年代、高度経済成長から相対的な安定期に入り、名実ともに世界第二の経済大国へ上り詰めていく原動力に、家族的経営から発展した日本的経営（年功序列、終身雇用）があったことは注目されてよい事実である。

日本における株式会社の出自は、欧米先進国によるそれが資金調達の方法として、会社システムの内部に、投機的なシステムを組み込むこと（資本と経営の分離、株主の有限責任制、株式の自由譲渡）で、バランスシートを一挙に拡大していったのとは対照的に、血縁共同体としての家族を拡大した擬似家族共同体としての性格を保持していた。

もちろん、欧米先進国の株式会社システムが劣っていて、日本的経営が優っていたということは一概には言えない。どちらのシステムにも、短所があり、長所があるのは言うまでもない。ただ、近代以降の、人口増大、技術イノベーション、消費社会化という時代的な背景の中で、コストを最小化しながら、労働力集中をしていった日本的経営が強みを発揮したことは確かだろう。

欧米先進国は、当初は、日本経済の強みをなかなか読み切ることができなかった。彼らが、最終的に打ち出した結論は、日本的経営の特殊性であり、安い日本円による輸出競争力というものであった。どちらも、自由経済競争という観点からすれば、不公平な競争という、それ自体怪しげな議論だったが、英米を中心とした経済セクターは、日本的経営の強みを削ぐために、円の切り上げと、家族的経営の延長としての護送船団方式の解体に照準を合わせた。そして、この戦略は、見事に成功したように見えた。

１９８５年の先進5カ国による中央銀行総裁と蔵相の会議による合意（プラザ合意）は、まさに、日本の銀行団の融資力を削ぎ落とし、円高誘導によって輸出競争力を弱めるのが目的であった。当時、日本はバブルの絶頂期にあり、三菱地所によるロックフェラーセンターの買収や、ソニーによるコロンビア・ピクチャーズ買収といった、米国の象徴的建造物や事業まで配下に収める勢いであった。

プラザ合意による円高誘導にもかかわらず、トヨタ自動車をはじめとする日本企業は驚異的な改善努力によって競争力を維持し続けていた。

アメリカでは１９８１年にロナルド・レーガンが大統領に就任し、レーガンは市場原理と民間活力の重視、企業減税といった新自由主義的な政策へと舵を切り、マーガレット・サッチャーのイギリスと歩調を合わせるようにして、関税障壁をターゲットにした構造改革を日本に迫ったのである。

プラザ合意以降、アメリカを中心とする欧州勢は、日本の銀行の融資力を削ぐために、１９８８年スイス・バーゼルにおいて、銀行健全化の名の下にルール変更とも言える国際標準を策定する。これが、8パーセントを超える自己資本比率を有さない銀行は、国際業務から撤退しなければならないというＢＩＳ規制であった。

１９９１年2月に、日本のバブルが崩壊する。２００１年、含み資産を自己資本に計上していた日本の銀行は、時価会計という新たな会計基準の適用によって、自己資本比率を一気に悪化させることになり、合併による事業再編によって自己資本比率を上げる他はなかったのである。

１９９０年の英国『フィナンシャルタイムズ』発行の月刊銀行業界誌が、年度の銀行ランキングを発表している。

1位は住友銀行、2位は第一勧業銀行、3位富士銀行、5位三和銀行、6位三菱銀行、10位日本興業銀行と、ベスト3を独占し、6行がベスト10に名を連ねている。

それが、わずか20年後のトップ10には日本の銀行は一行も入っていない。

1990年から2010年までの間に、日本を取り巻く経済環境は一変したのである。銀行の背後で、この変化を後押ししたのは、一連の大企業群であったことは言うまでもない。この環境変化によって、国民国家の中で育まれた企業文化も変わらざるを得なかった。

絶頂だった日本経済は、グローバリズムの波に呑み込まれていった。同時に、株式会社のパワーが、国家のパワーに匹敵するほどに肥大化していく端緒になったのだった。

第Ⅰ部のまとめ

ここで、第Ⅰ部に書いてきたことをまとめて、ひとまず締めくくりにしたいと思う。序章で、私は「株式会社が何であり、何であり続けるのかについて、そのさなぎの時代、幼虫の時代、成虫の時代、そしておそらくは妖怪の時代の、外観とその内部で蠢いていた生命力についての考察を開始」すると書いた。

それぞれの時期は、東インド会社設立の１６００年前後、最初の会社バブルの１７００年前後、市民革命と産業革命の１８００年前後、大衆消費社会と戦争の１９００年前後、そして現在である２０００年代と、ほぼ１００年ごとに起きた出来事に対応している。

それぞれの時代に何が起きていたのかをまとめることで、株式会社の４００年を概観することができるだろう。そして、これから先の１００年を構想することで、株式会社の５００年が何であったのかの示唆を得ることができるだろう。最後の１００年に関しては、第Ⅱ部の最終章で詳細に論ずる。

鶴見俊輔は、アメリカの人類学者であるレッドフィールドの著作『ザ・リトル・コミュニティ』から示唆を得て、「回想の次元」と「期待の次元」についてしばしば言及し、次のように述べている。「回想の次元」とは、すでにその後の歴史の筋道が分かっているところで、過去を分析することであり、「期待の次元」とはこれから先、どのように歴史が

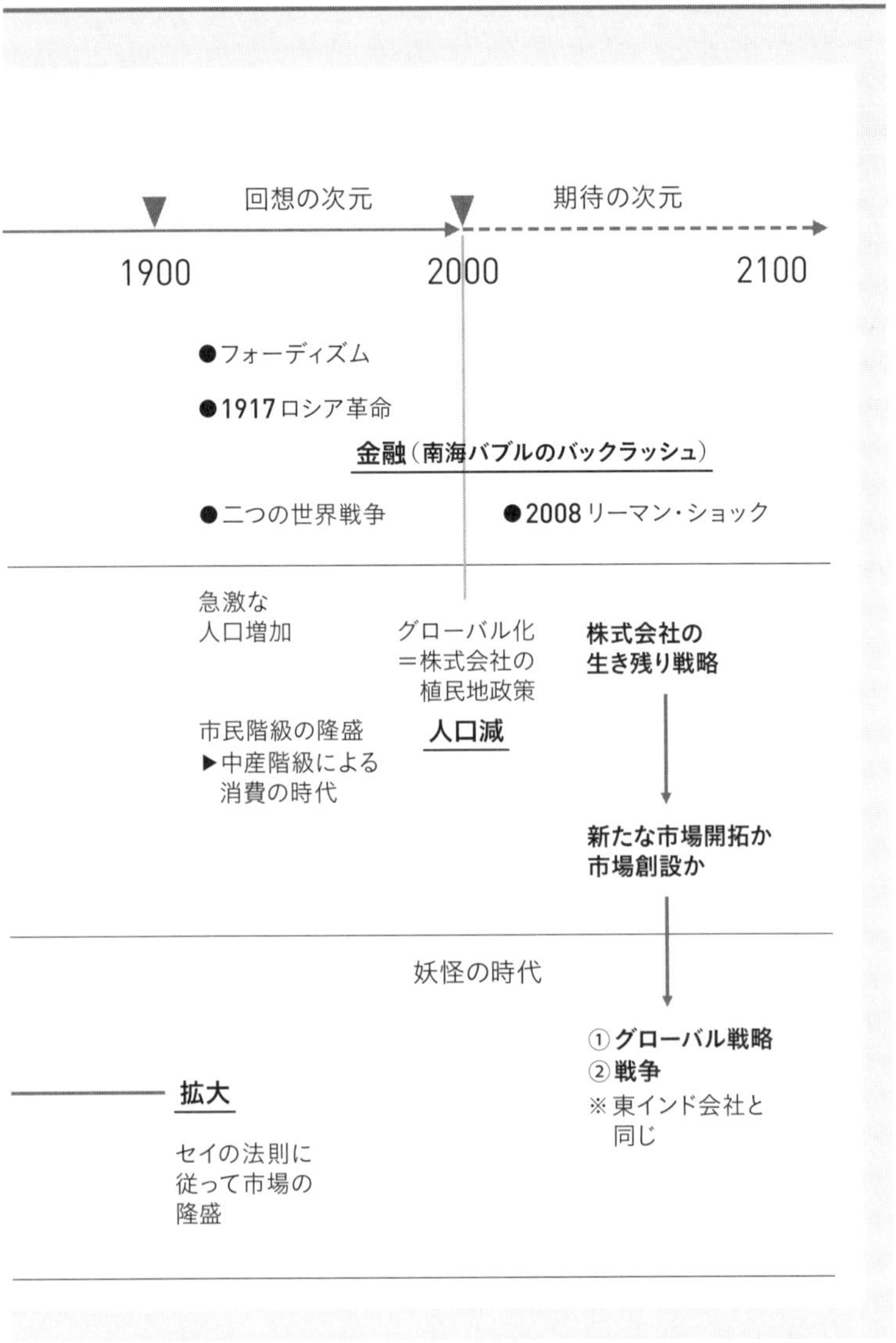
回想の次元
期待の次元
1900
2000
2100
●フォーディズム
●1917ロシア革命
金融（南海バブルのバックラッシュ）
●二つの世界戦争
●2008リーマン・ショック
急激な
人口増加
グローバル化
＝株式会社の
植民地政策
株式会社の
生き残り戦略
市民階級の隆盛
▶中産階級による
消費の時代
人口減
新たな市場開拓か
市場創設か
妖怪の時代
①グローバル戦略
②戦争
※東インド会社と
同じ
拡大
セイの法則に
従って市場の
隆盛

株式会社の500年を概観する

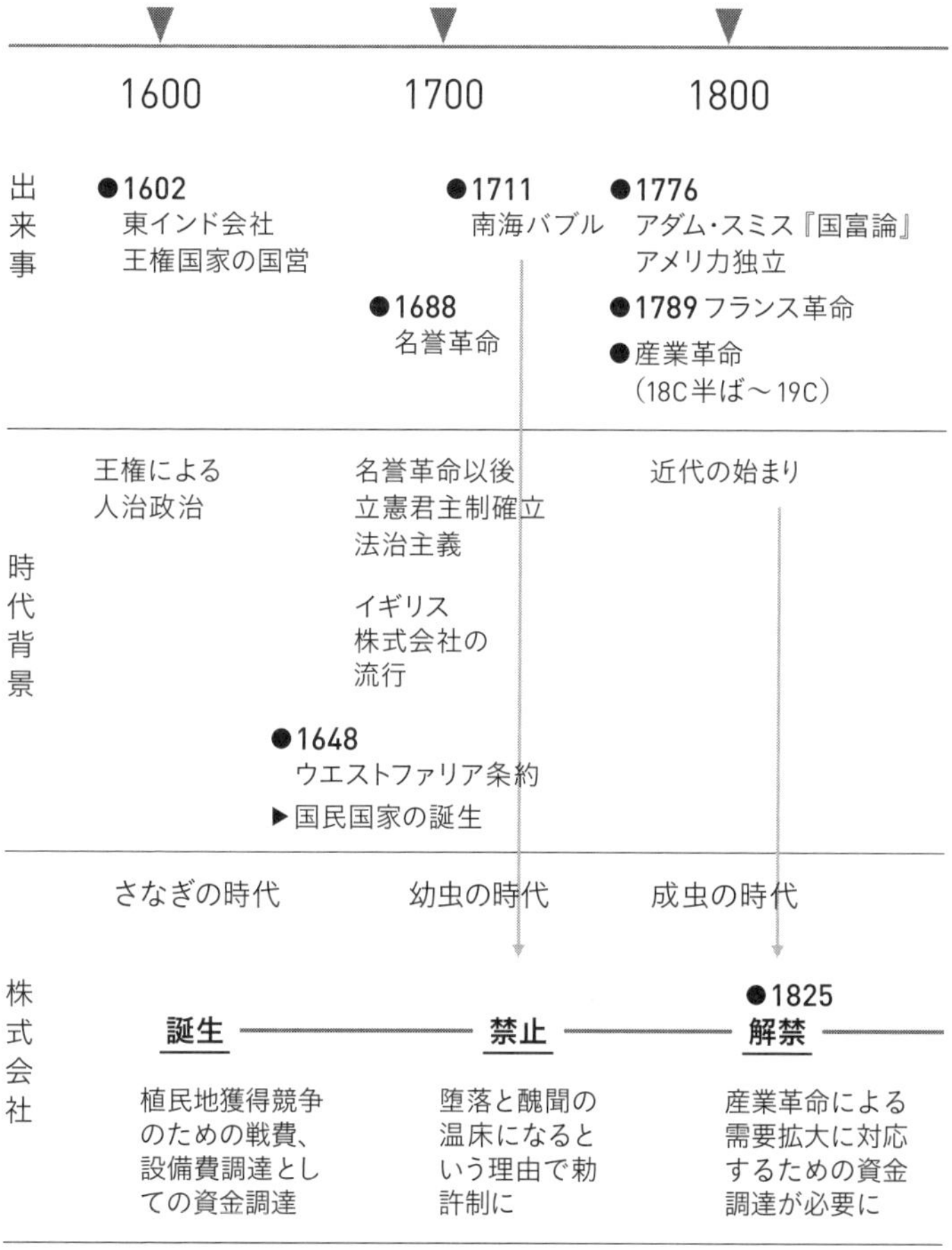

進んでいくのか予測できないところで、将来像を描き出すことである。そして、重要なことは、「当時の見方と、それを振り返る現在の見方をまぜこぜにしないで、一つを歴史の期待の次元、もう一つを歴史の回想の次元として区別する」[31] 必要性を説いたことである。鶴見俊輔のこの立ち位置に私は全面的な同意を与えたい。

これまで私が書いてきた、第Ⅰ部の方法論は、常に出来事が発生する場所まで降りていってその時代の人々の「期待の次元」を想像しながら、推論を重ねていくというものであったと思う。

それをうまく描き出せたかどうかは、読者の判断にお任せするしかないのだが、私としては、単に歴史的事件を羅列して分析するというよりは、自分がその時代に生きていたとすれば、何を考え、どう行動するかを常に念頭に置きながら、株式会社というものの歴史を書いてきたつもりである。

株式会社は、過去４００年にわたり、いくつもの冒険と試練に晒されながら、現代にまで生き延びてきた。１６００年、１７００年、１８００年、１９００年、２０００年という時代の節目は、いずれも、社会が大きく変化する出来事で彩られている。いずれの節目も、経済が一挙に拡大し、人口が増加し、価値観が変化する右肩上がりの時期に当たっているのである。そうした時代の転換期に、株式会社という、人間の欲望を実現するためのシステムもまた、大きな成長を遂げてきたと言えるだろう。

しかし、２０００年という節目以後は、株式会社が初めて遭遇する環境変化の時代に当たる。右肩上がりが終わった時代の中で、妖怪のように巨大化した株式会社が、これから先どのように生き残っていくのかが試される最大の試練に晒される局面に立たされているということである。

これまでの時代の転換期は、人口が増大し、新たな消費層が生まれ、いわば、商品を作れば作っただけ、市場で売ることができた時代であるとも言える。しかし、人口減少局面で、経済が停滞あるいは縮小する時代には、株式会社そのものの存在の根拠である大量の資金調達による大量の生産は、供給過剰（需要不足）という試練に立たされることになる。その結果、株主利益を確定するためには、会社は一方では極端なコスト削減、人件費という固定費の縮小を余儀なくされ、他方では新たな市場を求めて地球上にフロンティアを求めるか、市場そのものを商品市場とは別の金融空間に求めなければならなくなっていったのである。

第Ⅱ部

株式会社の「原理」と「病理」——コーポレート・フィロソフィー

第6章

経済的人間

❖株式会社とは誰のことか

第Ⅱ部では舞台の中心を日本国内に移すことになる。いや、それ以上に、株式会社を外部から観察していた視点を、内部からの視点へと切り替えて考察を進める。本稿は、２００７年出版の『株式会社という病』（ＮＴＴ出版、その後、文春文庫）をリライトしたものだが、株式会社の現在を考える上でもう一度俎上に載せた。もちろん、古くなった情報は書き直し、文章にも大幅に手を入れた。

第Ⅰ部で、私は株式会社がまさに生まれ出ようとする時代を素描し、その黎明期において株式会社内部に病根が孕まれていることを描き出そうと試みた。さらに、株式会社というものが、どのような条件のもとで、誰によって考案され、以後、株式会社を温床として、誰が資本主義の発展の原動力としてのテコの役割を果たしたのかをマックス・ウェーバーの著作を辿ることで分析してきた。

第Ⅱ部では、株式会社の現在について、自分の体験も踏まえて、株式会社の現場からの視点で、そのパワーの源泉と、危うさについて記述することになるだろう。

株式会社の今日的な問題について、会社の「内部」で生まれ、流通する考え方というものが、私たち個人の考え方や、渡世の常識と言われるものと齟齬をきたし、時には倒立したものとなっているということに、会社というものの本質的な問題があるのではないかという直感から出発してみよう。

別の言葉で言えば、私たちは自ら発明した「法人」についてあまりよくわかってはいないばかりでなく、時として私たち個人の規範まで、「法人」の規範によって上書きされてしまう危険性について知っておく必要がある。

幻想に過ぎない「法人」によって、個人が洗脳され、支配され、場合によっては生存を脅かされる事態にまで発展することがある。それはたとえば、オウム真理教のようなカルト的な宗教団体と信者の関係を見れば分かりやすい。

宗教団体ならずとも、「法人」とは幻想の共同体であり、その共同体をバインドしている共同幻想が、個人幻想と倒立して現れる様子は、かつて吉本隆明が『共同幻想論』で明らかにした論理であった。

吉本の論考を参考にしながら、しばらく株式会社というものの不思議な性格を探索してみよう。株式会社という法人格を持った存在は、一つの価値観を持っており、それは私たち個人個人の価値観を集合したものでもないし、代表しているわけでもない。

「会社の命令」という言葉があるが、それを発しているのは社長でも、人事部でもなく、まぎれもない「会社」という仮構された人格である。原理的に言えば、社長は、「株式会社」の所有者である株主によって経営を委託された存在であり、その意味では「会社」を代表しているとも言えない。「代表取締役」というのは、ただ、取締役という経営陣を代表している役称に過ぎないというわけである。

私たちは、会社についてよく知っていると思っている。それは、私たちがいつも通ってゆく場所であり、そこから生活の源泉を汲み上げている機関であり、私たちやその仲間が作ってきた共同体である。私たちは株式会社という共同体の内部で、従業員として、あるいは株主として、経営者として、その運営に加担し、影響力を行使できる立場に立っている、と。

しかし、本当にそうだろうか。たとえば、会社が人間に与える影響の大きさについて私たちはどれほどのことを知っているのだろうか。

本来的には、私たちこそがこの幻想の共同体の主人公であるにもかかわらず、共同体が私たちを支配しているような状況について、どのような説明が可能なのだろうか。

映画『2001年宇宙の旅』で、宇宙船を制御するコンピュータHAL9000が、暴走して人間に背いたように、人間が発明した会社が、人間を惑乱しようとしているようにさえ見えることがある。なにゆえそんなことが起こるのか。

会社とは、まず利益を創造する機関であり、その中ではなによりも経済原則が優先される。

確かに、会社は利益のための機関ではある。しかし、そこで働いているのは生身の人間であり、人間は必ずしも功利性だけで生きているわけではない。いや、もし功利一辺倒の人間と、利他的な人間の二種類の人間がいるのだとすれば、お互いは相容れることもなければ、共存することもできないだろう。だが、実際にはそんな人間というものは世界のどこにも存在していない。一人の人間とは、功利性に強く惹かれながらも、功利性だけでは生きられない、一見矛盾した生きものである。あるいは反対に、利他的で慈悲心にあふれていたとしても、どこかで功利的な計算がなければ、生きてはいけまい。会社とは、そうした人間が作り出した幻想共同体なのだ。だからこそ、会社には悲劇が生まれ、時にひとは喜劇的な行動を余儀なくされる。

✣ 跋扈する経済的人間

2000年に前後する頃、つまりはグローバリズム、新自由主義といった思想が世界を席巻し始めた時代、もの言う株主として、敵対的な株式買収で名を馳せ、証券取引法違反の疑いで逮捕されることになった村上ファンドの村上世彰氏が、逮捕直前の記者会見で、「皆さん、お金儲けは悪いことですか」と叫んだのをご記憶だろうか。

灘高、東大法学部、通産省というエリートコースを邁進した秀才にとって、お金儲けは自己の存在を証明するための手段であり、それが人生の目的になったということなのかもしれない。村上世彰のこの頃の行動を見ていると、戦後、闇金融で成り上がり、最後に自滅する光クラブの山崎晃嗣を連想する。

何か一つの目的を定め、ある意味でひたすら真面目に、その目的を達成するために合理的に行動する人物像である。大航海時代以来、いや、それ以前から、どんな時代にも、こうした人物は現れる。しかし、それが、現代という時代に現れたことにはまた別の意味がある。

ここには一つの現代の特徴が現れている。彼らの目的とは、ほとんど株式会社の目的と同じであり、株式会社そのものの性格を体現した人物類型だと言っていいかもしれない。

私はかつて、株式会社の目的は、利益を生み出すことであり、それは人間一般の目的と同じである。ただし、株式会社にとっては、利益を生み出すことは唯一の目的であるのに対して、人間にとってはそれは、数ある目的のうちの一つに過ぎないと書いたことがある。「現代の特徴」と私が言うのは、現代が、金銭合理性以外の他の多くの目的を見失い、ひたすら金銭一元的な価値観を追求する時代の様相を呈しているという意味である。

私の記憶違いでなければ、村上氏が会見で「お金儲けは悪いことか」と言った後、記者が小さな声で「いや別に悪くはないけれど」と呟いていたと思う。

これに対して私ならこう答える。「お金儲けは悪いことじゃない。しかし、お金儲けは悪いことですかと私に聞くのは良いことではない。それは問いではなく、お前だってお金儲けはしたいんじゃないのかという恫喝でしかないからだ」。

私は、村上世彰という人に何の恨みもないけれど、彼のような言葉遣いには違和感を覚える。誰だってお金儲けはしたい。だから、誰もがこうしたいと思うことを、悪いことだとは誰も言えない。誰だってお金儲けをしたいと思うことは自由である。しかし、そのことと、それを公言してお金儲けこそが正義だと思うこととは決定的に違っている。彼は自分がお金を儲けすぎたから、やっかみによって足をすくわれたと思いたがっているのかもしれないが、実際はそうではない。ひとは自らの才覚と努力によってどんなにお金儲けしようが、賞賛されこそすれ嫌悪とやっかみの対象になることはない。法の範囲の中でフェアな取引をしていれば、あらぬ嫌疑を受けることもまたないだろう。法すれすれのところでアンフェアな取引をするとなれば、それはまた別の話だ。もし彼が、グレーゾーンを駆け抜けて富を築いたということなら、世の人々はただ、彼を怪しげな人間だったと思うだけである。マックス・ウェーバーが『プロテスタンティズムの倫理と資本主義の精神』の最後の部分で描き出した、近代の資本主義の次に現れた資本主義の妖怪のような発展とは、このようなグレーゾーンの拡大によってなされてきたと言えるかもしれない。世の人々は彼をやっかんだのではない。法に照らして批判しているのでもない。札びらの威力によっては触れてはいけない部分を蹂躙されたと感じたから、彼を嫌悪したのだろう。「触れてはいけない部分」とは曖昧な言い方であるが、分かりやすく言えば本来商品でないものを、お金の威力によって売り買いするということである。お金とは本来、商品の前では万能であるが、もともと商品ではない人間の精神的な領域、つまりは矜持、義理や人情、友愛や意地の前では無力であるべきなのだ。人の精神の外部にも、商品でないものは、他にもいくらでもあるだろう。医療や、教育や、宗教は、商品なのだろうか。もちろん、それらが商品になる場合がある。しかし、社会的共通資本である医療や、教育を、商品経済とは別の文脈で語る必要があるのだ。

　村上氏が売り買いしたもの、つまり会社とは商品なのか。そこは議論が分かれるところだろう。ただ、経済用語である、「外部効果」あるいは「近隣効果」という言葉を使うなら、「商品としての会社」の売買は、人心に対して大きな効果を与えるだろうことは想像に難くない。多くの従業員にとっては、会社買収は単に会社の看板が掛け替えられるということではない。待っているのは、経済原則を最優先させるリストラや新たな企業文化の導入である。あるいは、自ら心血を注いできた仕事そのものも再編されるかも知れない。彼らにとっては、会社はいつでも交換可能な商品ではなく、自ら作り上げてきた環境であり、自らと家族を養う生活の場なのである。企業買収によって、生活の場が自らがあずかり知らぬ人間の手に支配されることになるかもしれない。「生活の場」としての会社は交換可能かもしれないが、商品のように等価交換の市場で取引できるものではない。「お前がお金儲けするのは勝手だが、俺の鼻先に札びらを積むのはやめて欲しい。俺はお前を仲間だとは思っていない」。従業員にはそう告げる権利があるのだ。

口先で何を言おうが、村上氏には、そうした生きて生活している人間に対する配慮が決定的に欠けていたと言わざるを得ないのである。

買収される側の「情」を描写すれば、こんな感じになるだろう。

ただ、この問題は本質的には「情」の問題ではない。株式会社そのものが持っている性格の中に存在する問題系なのである。

昨今は、教育の現場でも、医療や福祉の場においても、さらには家族の中でさえ、効率を追求する市場主義的な価値判断が必要以上に幅を利かせるようになっている。実学優先の風潮のまえで、学舎にも病院にもビジネスマンが闊歩し、お金儲けや立身出世の役に立たない文学部や哲学科は廃止されるか、残されたとしても大学の生き残り競争に寄与できないお荷物として肩身の狭い思いを甘受しなければならない。実際のところ、経済的な価値観が、これほどまでに強力に私たちの生活を支配するとは、考えてもみなかったことである。いまや人間とは、エドゥアルト・

シュプランガーが100年も前に言った経済的人間(homo oeconomicus)そのものになったと言えるほど経済的価値観が肥大化した動物になっている。その意味するところは、経済合理性が人間の行動を支配するようになったということである。人間は誰でもお金が好きであるが、お金のためだけに生きているわけではない。お金のために一所懸命働くことと、お金のためだけに働くことはまったく別なことである。前者は、お金は本来の目的物と交換するための媒介物であるが、後者はお金そのものが目的なのである。そして後者の場合、本当はお金のために働くのではなく、お金によって働かされているのだという、主客の転倒が起こっている。二つの立場の境界はお金の力が強くなればなるほど曖昧になり、実際のところ人間はお金のために生きよ、と告げられているかのようにさえ見えてくる。どこかで誰かが人間を回復させる処方を書かなければならない。

✣ 合理性の限界

株式会社の登場人物たち、すなわち株主、経営者、従業員、顧客は、それぞれ経済合理的に行動しようとしているかに見える。つまり、それぞれの欲望に従って自由に行動しているわけである。しかし、そのことが社会全体として合理的な結果を招来するとは限らない。

環境問題は、第I部で考察した株式会社が生まれた時代はもちろん、近代以降においても、問題ですらなかった。企業は、自らの経済合理性に従って、生産活動に邁進し、その活動によって生じる廃液や煤煙は企業活動の枠組みの外へ廃棄してきたのである。本来それらは、企業が自らの責任において、処理しなければならないコストであったが、当時は環境問題は企業の責任として認識すらされていなかった。

景気の動向いかんにかかわらず、日本の多くの大企業が史上最高益を出したという報道を目にする。しかし、その陰で、納入価格の切り下げに泣く下請け、中小・零細企業がどれほどあるかということには、関心を示すことはない。大企業は、企業の価値観という観点から見れば、それ自体が一つの自律した枠組みなのであって、コストを押し付けている外部には、関心がないのである。

組織労働者は、自らの生活の自衛のために賃金の値上げを要求する。しかし、その結果、失業者の数が有意に増大するということもありうる。いわゆる、「ケインズ的非自発的失業」の発生である。ミルトン・フリードマンは、最低賃金法があるために、その最低賃金以下の価値しか供給できないものは、必然的に失業すると述べて、政府による労働市場への介入を批判する。[32]「雇用者は、自らの経済合理性に従って、価値の差分を付け加えることをしないから」であると。最低賃金の定めがあるおかげで、それ以下の価値しか供給できない労働者は、失業を余儀なくされるという理屈である。

くだいて言えば、「使えない奴らに払う金などどこにもない」ということである。ビジネスの現場を見ている限り、フリードマンの言葉は現実を言い当てているかのように見える。

共産主義国家体制が崩壊して、プロレタリアートは事実上存在しなくなったが、階級的な対立とは別の形で人間の世界の分断が顕在化してきている。今日ではそれは、持てるものと持たざるもの、金持ちと貧乏人、命令するものと服従するもの、享受するものと給仕するものといった形で現れている。より端的に、それを格差の固定化と言ってもいい。一応両者の立ち位置は、交代可能であると信じられている。金持ちは貧乏人と、貧乏人は金持ちと、チャンスさえあればいつでも、どこでも交代が可能であると。それが民主的な社会なのだと。

しかし、そんなことはめったに起こらないことも、誰でもが知っている。会社は困っている人間に手を差し伸べるようなお人よしの機関ではないし、損を押し付ける場所や相手がいれば、情け容赦もなくそれを実行する。かくして、「生産性の悪い労働者」は切り捨てられ、会社の手前勝手な社会的コスト削減によって環境破壊が起こり、ルール違反が蔓延する。

こういった社会の矛盾の根は、それぞれの現象だけを捉えて合理的に対処しても、本質的な解決に至ることはない。解決法はいつも、その現象が起こっている枠組みの内部での解決であって、そこでの解決は、ただ矛盾を枠組みの外へはじき出しただけである場合が多いからである。

確かに、汚泥を池から取り除けば、池そのものはきれいにはなる。しかし、その汚泥は何処か別の場所に持っていかなくてはならない。

そもそも合理性とは、枠組みを設定しない限りは意味をなさない概念なのである。地球の存在、私たち自身の存在は、私たちが合理性ということを考え出す以前から、そこに存在してもいたのである。私たちがいつも遭遇するのは、部分最適、全体不適合の世界である。

個々人が自分の欲望を実現するように動くことによっても、世界は「見えざる手によって」最適化されるというアダム・スミスの描いた市場原理は、経済格差の拡大や、環境問題という現実を前にしても、有効に働いていると言えるのだろうか。

今日、株式会社は部分最適の限りを追求して、社会全体として不適格なものになってはいないのか。もし、そうだとするなら、なぜそんなことが起きてしまうのか。


さて、これから私は、いささか牽強付会の論を展開することになるだろう。私は、学校を卒業して以来、昼間の時間のほとんどを会社というものの中で過ごし、いくつかの会社を設立し、その中で多くのことを学んできたわけであるから、会社というものと自分との関係に焦点をあてて考えるのが、自然の成り行きであるのは当然かもしれない。重要なのは私の個人的体験自体ではなく、多くの会社で働くビジネスマンにとっても共有できる課題が、私自身の個人的な体験に含まれているということである。

第7章 株式会社の性格について

✣ 株式会社法人の人格

唐突に聞こえるかもしれないが、こんな「問い」から始めたいと思う。

お金が大好きで、お金を儲けることにしか興味が無く、無駄な出費は一切しない。利益にならない友人とは付き合わず、責任は極力他人に押し付ける。人には厳しく、相手を押しのけてでも自分を主張する。もしも、こんな人間が、あなたの周囲にいたとしたら、あなたはどうするだろうか。

私なら、できれば彼を避けて通りたいと思うだろう。彼とはなるべく付き合いたくないと思うだろうし、彼から何か頼まれたとしても、何か体の良い理由を見つけてお断りするだろう。間違っても一緒に飲もうなんていう気はおこさないはずだ。彼を説得して、この世にはお金以外の価値もあるのだということを判らせようなどと思うのは無謀なことだ。彼は、おそらくお金というものに執着するあまり、お金こそが人生の指標であるかのように思っている強度の金銭フェチであり、なりふり構わぬ上昇志向の持ち主である。つまりは人間としてのバランスを欠いた病的な人格の持ち主だと言うほかはないからである。彼に必要なのは説得ではなく、彼自身が、自分の選択は結局は引き合わなかったと、人生のどこかで自覚することである。いや、運よく財産と快適な生活を手に入れて、一族郎党に見守られ、幸福のうちに一生を終えるかもしれない。そういうこともあるだろう（そうなるという確率はあまり高いとは思えないのだが）。

現代の多くの人々が彼の生き方に共感を覚えたとしても、それはその人たちの自由である。また、彼が、お金だけを人生の価値であると思い込んで、裏切りと貯蓄にいそしむ生活を選ぶのも、彼の自由であり、誰もそれを公然と非難する権利もない。罪を犯さない限り、彼は市民社会の善良な一員であり、いかなる権力も、彼の選択を力で曲げることはできない。

それでも、私は、できれば彼のような人間が自分の周囲には現れて欲しくないと望むだろう。彼が自分の生き方について、どのような考え方を持つかは、彼の自由であると同時に、私が彼とは係わらないでいたいと思うのも、私の自由だからだ。しかし、彼が病んでいると考えることは、私の自由とは言えない。彼だけが病んでいて私は健康であると言える権利を私は持ってはいないからである。この場合、病とはあくまでも相対的なものだ。場合によっては彼のほうが健康で、病んでいるのは私のほうだということもありうる。

しかし、大切なのはどちらが健康で、どちらが病んでいるかということを見定めることではない。誤診や試行錯誤を繰り返しながら、病というものに対する耐性を身につけることなのだ。あるいは、病の効用といったものを見つけ出すことである。飲酒も喫煙も依存症の人間にとっては確かに害悪であるが、それらに過剰反応してパージする世界もまた一つの病と言うべきだろう。双方に求められているのは節度であり、全体として求められているのは少しずつの前進である。現実的に考えるとはそういうことだと思う。

不思議なことだが、法人という法律上に定められた人格に限って言うならば、ほとんどの法人は、あたかも生得の気質のように、上述した金銭フェチである、彼のような性格を最初から持っている。さらに不思議なのは、誰も、この法人というものの病的な性格に関して、根本的な疑いをさしはさむことがないということだ。しかも、私たちはこの法人（株式会社）というものと係わらずに生活するわけにはいかない。私たちは、私が病的と考える組織の中で、人生の多くの時間を過ごすことを宿命付けられている。これは、どう考えたらよいのだろう。今や、世界を駆動する最も重要な牽引力である会社が、実は先天的に病んでいて、私たちはそこに縛り付けられている。少なくとも、株主資本主義といった観点で、会社を捉えるとするならば、かくあるべしという会社の肖像は、限りなく、金銭フェチである前述の彼が持っている性格と似かよったものになる。

　そんなことはない、会社もまた人々が望む商品やサービスを社会に提供しており、雇用を確保して人々の生活に寄与しているとの反論があるかもしれない。確かに、そうである。しかし、それもどこかで利益として返ってくると信じているからこそ社会と和解しようと試みていると言える。とはいえ、リーマン・ショック後の大手企業のなりふり構わぬリストラは、それ以前の終身雇用、一人も首を切らないといった美風を、いとも簡単にかなぐり捨てたのである。会社とは、どこかで必ず自己の保身のために、人間を裏切る存在だと思った方がよい。それにもかかわらず、ひとは会社そのものの存在について疑いを持たない。

　仮に、これとは反対の性格の会社というものを思い描いてみればよいかもしれない。お金に執着心が無く、困っているものがいれば無駄と分かっていても相談にのってやり、貧窮しているものがあれば、救いの手を差し伸べる。他人の責任を自分の責任のように背負い、人には優しく、いつも控え目でありのままの現実を受け入れる。さて、これが会社だったとして、果たして、こんな会社に投資しようなどと思う投資家がいるだろうか。慈善家か、よほどの酔狂でないかぎり、こんな会社に投資をしても、回収の見込みはないと誰もが思うに違いない。むしろ、どこまでも貪欲で、競争相手を叩き潰すほどのパワーがあり、ちょっとした隙間があればそこに入り込んで金儲けのチャンスを広げ、自社のリスクに関しては二重三重に対策を講じる用心深さを持ち、自信に満ちた自己を演出できるような会社こそが、投資家にとっては魅力的なのではないだろうか。

だとすれば、株式会社とは、私たちが社会のメンバーとしては禁止されている自分勝手な横暴を合法的に成し遂げる、私たちの強欲が作り出した化身ということになる。そこに、株式会社というものを、原理的に考えてゆく端緒がある。

✣ フリードマンとスミス

ジョエル・ベイカンの『ザ・コーポレーション』によれば、市場原理主義の首魁であり、ノーベル賞受賞の世界的な経済学者であるミルトン・フリードマンは、株主の利益を最大化するために、あらゆる精力を注ぐことが企業の義務であり道徳でもある、と主張している。彼は慈善は非道徳であり、悪であると言うのである。

> 社会や環境上の目標を利益に優先する経営者——道徳的に振る舞おうとする経営者——は、実は非道徳的だ[33]。

フリードマンのマネタリストとしての経済学説がいかなるものであるのかについて、経済学の専門家ではない私が何か言うのは差し控えたいと思う。ただ、彼が一般人のために著した『選択の自由[34] 自立社会への挑戦』を読む限りは、フリードマンが市場というものの威力を信じ、アダム・スミスの「見えざる手」の効用以外にはいかなる市場の調整をも認めようとはしない市場原理主義者であり、人間の社会を駆動するものは、各人の利己的な振る舞いなのだと主張しているらしいことは、私にもよく判る。フリードマンが何より忌避するのは政府の市場への介入である。

彼の声は、私にはこう聞こえる。市場は健全であり、市場のプレイヤーである会社も消費者も健康であって、病んでいるのは、人間の果てしない欲望がもたらす効果を肯定できない似非平等主義者たちの方だ。

それは、いったいどんなロジックから導き出されたものなのか。

フリードマンが学んだ、市場主義の父祖であるアダム・スミスは、そもそも何と言っているのか。第I部でも引用した箇所を、フリードマンも引用している。

> 生産物が最大の価値をもつように産業を運営するのは、自分自身の利得のためなのである。だが、こうすることによって、かれは、他の多くの場合と同じく、この場合にも、見えざる手に導かれて、自分では意図してもいなかった一目的を促進することになる。かれがこの目的をまったく意図していなかったということは、その社会にとって、かれがこれを意図していた場合に比べて、かならずしも悪いことではない。社会の利益を増進しようと思い込んでいる場合よりも、自分自身の利益を追求するほうが、はるかに有効に社会の利益を増進することがしばしばある。社会のためにやるのだと称して商売をしている徒輩が、社会の福祉を

真に増進したというような話は、いまだかつて聞いたことがない。[35]

アダム・スミスのこの市場の分析を最初に読んだとき、私は目から鱗が落ちる思いがしたものである。人が相手に何かして欲しいと望むのであれば、それは相手の慈悲心に訴えるのではなく、相手の利己心に訴えなければならない。なぜなら、「人々の協同が真に自発的なものである限り、交換の当事者たちである双方が利益をえられないのであれば、どんな交換も行われない」からである。アダム・スミスの慧眼は、社会のシステムは、当為(何かをしなければならないということ)によって動いているのではなく、人間が本来的に持っている無目的な欲望によって駆動され、しかもその欲望は市場においては自動的に調整されるということを発見したことである。この発見によって、市場は初めて科学的に分析されることになったと、私は思った。市場は自ら成長し、自ら調整する能力を内在的に持っており、その必然性を探り出すことで経済学は科学になったと。

フリードマンは、人間の持っている本来的な欲望が何ものによっても制限されないことが「自由」の意味だと言っている。そしてスミスの言説(先の引用の最後のフレーズ)から、市場に公権力が介入することは、市場が持っている自動調整力や自然治癒力を捻じ曲げるというのである。さらに私欲が社会の利益に貢献するというスミスの逆説をもう一度反転させて、次のように述べる。

政府介入を促進して公共の利益に奉仕しようと意図する人びとは、「見えざる手に導かれて」、「自分でまったく意図していなかった」私益を「促進」することになる。（『選択の自由』）

実際のところ、アダム・スミスはそこまでは言っていない。反対である。『国富論』の中では、教育施設や公共事業に言及し、「個人または少数の個人では、いまだかつてそういう事業からの収益で費用を償うことができなかった」事業や施設の必要性を説いているのである。

私には、スミスの言葉は普通に納得がいくロジックとして自然に受け入れられる。分業の行き過ぎによる個人の人間性の喪失についての言及や、金持ちの怠惰と虚栄を貧者の救済に役立てるべきだという税の累進性についての言及など、現代の政治的・経済的状況においても十分な説得力を持っていると思う。

アダム・スミスにあって、フリードマンにないものは、自説の正しさが届く限界の自覚であるように思える。スミスは分業が社会を発展させることを説いたが、同時にそれが人間性を毀損することに十分に自覚的であった。そこでは、スミスは学者であると同時に啓蒙家としての顔をのぞかせている。これに対して、フリードマンは政治的選択の議論を優先しているように見える。政治的な選択とは、正しい選択よりも、損得勘定による選択が優先されるべきであると考えることである。

当たり前だが、フリードマンは自説の正しさの内部に陥穽があるとは思っていない。彼は対立する学説に対して、どこまでも弱みを見せずに相手を論破してゆく学者である。フリードマンの

『選択の自由』には、これでもかというように、政府の介入や、福祉政策、結果の平等主義がいかに社会に害悪を与えてきたかが列挙されている。

そして、その原理をそのまま企業に敷衍してゆけば、企業は自己の利益を最大化することにのみあらゆるリソースを傾注することが責務であるという結論が導き出される。現在の日本を含めた西側先進国の企業家たちは、フリードマンを読んでいなくとも、概ねフリードマンの説に沿った行動をしており、政府もまた経済発展を第一義として、彼ら企業家たちに支援をおくっているのである。なぜなら、今のところそれが最も実効的であり、競争優位、比較優位の戦略だと考えているからである。

病の両義的な効用

さて、株式会社の果てしない自己増殖への欲望という病は、社会という文脈の中に置いたときには常に、プラスとマイナスの両義的な効果として現れてくる。経済発展と環境破壊という構図はそのあまりに顕著な例であるが、人間の内面に与える影響の方は目に見えるような形では現れてこない。しかし、この目に見えてこない、影響の力を侮るべきではないだろう。とはいえ、人間が作り出したモンスターによって、当の人間の精神がコントロールされるなどということが本当に起きうるのだろうか。株式会社というものがその発生の当初より持っていた病根というものが、もともと人間に宿っていた欲得に起因するものだとして、その欲得に対するブレーキ装置を外したのもまた人間であるはずである。

会社の内側にいてもそれ（＝欲望という病）はよくは見えない。

会社の外側から見ればそれは単なる企業エゴにしか見えない。

ただ、時間という長い径庭を経過した後に、それが何であったかということが分かってくる。もし、今、株式会社の病というものが何であるのかを知ろうとするならば、その内側と外側の両方に足場を置くというアクロバットを演じなければならない。あるいは、遠い未来から現在を眺めるというイマジネーションを獲得しなければならない。いずれも容易なことではないが、時代を作っている枠組みそのものを考察するには、その枠組みの内と外、現在と未来の境界で思考する以外には方法がないのである。

ここで『国富論』の最後の部分をもう一度想起しておきたいと思う。アダム・スミスという人は、実際には、国家と国民との間の関係について、最もまっとうな形がどのようなものであるかを説明するために、政治的な独断や偏見、個人的な主観を排除した損得勘定という物差しを使ったのである。その国家と国民の間の関係について模索した成果が『国富論』であるということを、多くの人々が忘れているように思える。

彼は、英国の植民地支配と覇権主義を批判して、こう記している。

いまこそ、わが支配者たちは、国民ばかりか、どうやらみずからもふけってきたこの黄金の夢を実現してみせるか、それができないなら、率先この夢から醒め、国民を覚醒させるよう努めるかすべき秋《とき》である。計画を完遂できないのなら、計画そのものを捨てよ。そして、もし、大英帝国のどの領土にせよ、帝国全体を支えるために貢献させられないというのなら、いまこそ大ブリテンは、戦時にこれらの領土を防衛する経費、平時にその政治的・軍事的施設を維持する経費からみずからを解放し、未来への展望と構図とを、その国情の真にあるべき中庸に合致させるように努めるべき秋《とき》なのである。[36]

アダム・スミスは、黄金の夢を追った支配者たちから、国家を国民の手に取り戻すために『国富論』を書いたのだろうか。市場を国王から解放し、国富の概念を国王の所有物から国民の労働力へ転換したにもかかわらず、野望に取り憑かれた権力者に代わって登場した株式会社もまた、別のかたちで黄金の夢を追い続けているように、私には見える。

国王に帰依し、あるいは嫌々ながらも服従していた大衆は、株式会社の時代が到来した後でも、自らが自らの主人であることを選んだとは言えない状況が続いているのではないのか。大衆とは、国王の代わりに、株式会社と市場に容易に帰依してしまうものだからである。

利便性の尺度と異なる豊かさの尺度

具体的に、今日の会社の問題に対峙してみよう。問題はこうである。会社は利潤追求のために、情け容赦のない利益誘導を行い、一文の得にもならない道徳的な振る舞いをすべきではないと考えているとする。私たちはそのことに大いなる違和感を覚えることがあったとしても、まあ、しかし会社とはそういったものだと、同意を与えている。なにゆえ、私たちはそれを許し、どんな合理化をして会社というものの存在をみとめてきたのか。

それとも、それはとんでもない思い違いで、会社というものは社会に貢献し、人々の生活を豊かにするパワフルかつ合理的なシステムであるのか。あるいは会社とは、時と場合によって、善も悪もなすニュートラルな機関であるから、法的な配慮によって、企業の利己心というものが許される枠組みというものを設定すべきだと考えるべきなのだろうか。どれもそれなりの理があり、瑕疵がある議論に思えるのである。

もちろん、私は会社を悪者にして、この世から会社などなくなったほうがいいなどという主張をしたいわけではない。たとえそうしたくとも、会社というものがなくなることはない。ただ、会社は病を内に抱え込んだ存在であると言っているだけである。だから、問題はこう立てなくてはならない。会社の病とは何で、その内部で形成される習慣、価値、倫理と、その外部にあるものとの乖離や齟齬とどのように折り合いをつけることができるのだろうか。

フリードマンのような市場原理主義の理論家は別としても、利潤追求を目指して行う企業活動は、国民経済を発展させ、ひいては社会の発展に寄与し、不便を取り除き、貧困をなくし、豊かな社会を実現する原動力となっているということに対しては、誰でもが同意を与えてきているのである。

企業活動の成果によって、商品は市場にあふれ、人々は生活の糧をその企業から受け取り、確かに便利になって、平均的な生活水準は上がった。問題は、この豊かさが、同時に不正を覆い隠したり、環境問題や格差問題のような新たな社会問題を生み出していることにある。別の言い方をすれば、人間は経済的な発展によって必ずしも、幸福にはなれていないということである。もちろん、これが曖昧な言い方であり、実証できるようなものではないことは承知している。その上で、この問題を考えてみたいのである。

経済発展は必要であるし、これからも人間に欲望がある限りそれを追求することを止めることはないだろう。しかし、利便性を計る尺度と、豊かさを計測する尺度は、そもそものはじめから度量衡が異なっている。私個人の実感としても、これまでの人生の中でもっと豊かな時代は別のところにあったように思える。誰にとっても、いつでも回想は美化されるものであるということを差し引いても、自分と世界とが調和的であり、ヒューマンサイズの生活とでも言うべきものがあった時代というものを思い浮かべることが出来る。会社の内部に貫徹しているあくなき成長への欲求と、それが結果として実現する功利的、利便的な世界に対する違和感は、最初は個人の内部にある豊かさとの差異として実感される。経済は発展しても、ちっとも俺の生活は豊かになってはいない、と。しかし、経済発展はひとを幸せにするのかと問うても、ひとは自らの欲望を捨てきれず、社会は総体としては発展を望み、政府もまた経済発展こそが全ての問題を解決すると考えているようだ。

卑近なところで言えば、第一次安倍政権のスローガンは、「成長なくして日本の未来なし」であった。世界中のいたるところで、経済発展こそは国家の最大目標であり、全てを解決する鍵であるかのように言われ続けてきた。それは貧困を無くし、国力を増強し、利便性を向上させ、国民に活力を与え、犯罪を抑制し、人々を幸福にすると。社会にとってそれは、平和や人権といったものと同様に、いやそれ以上に絶対的な正義であるのだ。

しかし、アダム・スミスが生きていた時代から1世紀経て、ジョン・スチュアート・ミルが描いた理想的な社会は、経済発展も人口増加もないが、活発な人間的活動が行われ、新しい文化が創造されるといった社会であった。ミルはこれを定常状態(stationary state)と呼んだ。発展する必要のなくなった社会という意味である。そこでは、人々は経済発展のために使ってきた自分の持つリソースを、芸術や、学習や、自分の生活の質を高めるために使うことができるようになると。

しかし、歴史上、この定常状態が実現されることはなかった。歴史は常に、経済発展を呪文のように唱えながら進んできた。しかし、ミルはなにゆえこんなことを考えたのだろうかと、考えてみることは意味のないことではない。ミルはただ理想を述べたに過ぎず、現実はその理想とはかけ離れた方向に進んでいるということだろうか。私はそうは思わない。私には、今日にまで引き続いている経済発展という呪文が一つの文明の病であり、普遍性を持たないイデオロギーに過ぎないということを、ジョン・スチュアート・ミルという一人の文明人は最初から予感していたように思える。人間は経済的な発展を望み、その実現によって貧困から解放されるというのは一つの常識である。しかし、経済的な発展が新たな格差社会を作り上げ、社会の不平等を拡大しているのが現実ではないのか。こうした現実を前にして、ジョン・スチュアート・ミルが描き出した理想には、どこか私たちを納得させ、安心させてくれるものが含まれている。人間の社会には限界があり、どこまでも無際限に経済発展し続けられるわけではないというのもまたもう一つの常識だからである。

私は、会社は最初から病を抱え込んだ存在なのだと書いた。何度でも繰り返すが、会社というものをあえて偽悪的に描いて、それが悪であり、悪の芽は摘まなければならないとか、会社そのものを矯正して良きものにすべきだと、主張したいわけではない。反対である。会社の病は生得のものであり、これがなければ、そもそも会社というものが成り立たない。会社とはそういうものだと言っているだけである。

自分でもいくつかの会社をつくり、数多くとは言えないが、いくつかの会社に係わってきた経験に照らしても、この考えは変わらないのである。もし、変わらなければならないとすれば、それは会社に対する人間の考え方の方だ。欲望がなければ、人間は成長してゆくことができないだろうが、人間が生きていくということは、必ずしも欲望を満足させるためだけではない。年齢とともに、欲望は小さくなり、活動の幅も小さくなって、日に日を継ぐという静かな晩年を迎えるのが生きるものの摂理である。経済発展といい、会社のあくなき成長への欲求といい、そこにはこの生きるものの摂理にどこかで相反する驕心のようなものがある。それを私はさしあたり「病」と呼んでいるのである。「病」は時に人を生かすためのアラーム（＝効用）であり、時にそれによって人を死に至らしめる原因でもあるという意味である。

所有と経営の分離の起源

会社というものはどういうものなのか、会社で働くということはどういうことなのか、つまりは、会社と人間の関係についてすこし、長いスパンをとって、本質的に考察してゆこうとするならば、会社の存在そのものについて考えてみる必要がある。奇異に聞こえるかもしれないが、会社を存在論的に考えるということが必要になる。

さきに述べた『ザ・コーポレーション』の中には、株式会社の出自に関して述べた次のような印象的な箇所がある。

　エンロンが醜聞にまみれて崩壊したはるか昔から、株式会社という生まれたての機関は、不正と欺瞞にまみれていた。十七世紀後半から十八世紀始めにかけて、「ジョバー」とよばれていた株の仲買人たちは、ロンドンのエクスチェンジアレイ（ロンバード、コーンヒル、バーチンの三本の通りに囲まれた一角）に立ち並ぶ悪名高いコーヒーショップを根城に徘徊し、インチキ企業の株を売りつけるためにお人よしの投資家をさがしていた。こうした企業は投機熱にあおられてしばらく持てはやされてはすぐに倒産して姿を消した。一六九〇年から一六九五年にかけて、そんな九十三社の株が取り引きされたが、一六九八年に残っていたのはわずか二〇社だった。一六九六年、英国の通商委員会は、株式会社という形態は「まったく腐敗している」と報告したが、これは「繁盛しているとの偽りの風評を故意に撒き散らして事情に疎い人々を引きつけ、一枚噛みたいという熱意をあおり立てて株を売りつける」からだった[37]。

この部分は、第Ⅰ部ですでに検証したことではあるが、会社の出自を考える上で重要な部分なので、ここでもう一度取り上げてみたい。同書によれば、エクスチェンジアレイでの株式取引の騒ぎに業を煮やした英国議会は、１７２０年には、株式会社の自由設立を不法として禁じたとある。

　では、それまでの会社とはどんなものだったのか。株式会社が生まれた頃の一般的な会社形態は、家族経営か、あるいは共同経営事業（パートナーシップ）で、創業者たちが元手を出し合って会社を所有すると同時に経営もするというスタイルであった。日本における歴史的な中小・零細企業群の多くは、この頃の共同経営事業とほとんど同じだろう。株式会社というものと、それまでの共同事業経営との際立った違いは、会社の所有と経営の分離というところにある。これは今日の株主主権論にそのまま引き継がれていると言ってもよいだろう。そしてまさに、所有と経営の分離こそが、当時の英国において、堕落と醜聞の温床となると懸念されていたわけである。所有者は、出資金に関しては責任を持つが、会社が何をして、どのように事業を運営するかということには興味がない。雇われ経営者は、株主の顔色をうかがうことに熱心で、事業に対して本来持つべき責任感は希薄になる。所有と経営の分離。これこそが、株式会社というものの、今日に至るまで続く問題の根っこにあるものである。会社は誰のものかという議論が出てくるのも、株式会社というものが株主によって所有され、株主に雇われた経営者によって経営されるという形態に由来する（第Ⅰ部では、所有と経営の分離以上に、株主の有限責任制こそが株式会社を発展させ、病的なものにする要因であることを説明しているが、ここではその議論はひとまず措くことにする）。

それでも、事業機会を逃さず（いつでも資金を調達でき）、余剰資本を効率的に回転させることに長けた株式会社というシステムは、散らばっていた資金を次々に連結させて、より大きな事業を形成することができるという、これ以前には考えられないようなメリットを持っていた。資本家メリットだけでなく、労働者に対しても労働機会の拡大という形で多大な寄与をすることになった。株式会社という形態が、禁止されていた英国においても、１世紀を経て産業革命の時に復活し、いまや世界の経済を牽引しうる中心的な存在となっている。ところで、一つの法人であるにもかかわらず、所有と経営が分離している状態とは、これもまた一人の人間にたとえるならば、一種、解離性同一性障害の様相である。私たちは自分の身体を所有し、同時に経営している。もし、自分の身体を誰か他の人間が所有しているのだとしたら、「私」が「私」である根底が揺らいでしまう。

株式会社というものは、当初より、自己同一性の根拠が揺らいでいる存在なのだ。自己同一性がなければ、責任というものもまた問うことができなくなる。

なおかつ、株式会社の所有者は、株主だということになっており、この株主は有限責任というかたちで、出資の範囲以外での責任を最初から免れた存在である。

食欲も、性欲も、人間が人間として生きていくためには必要な欲望だろう。そこに、金銭欲や、支配欲や、独占欲というものを付け加えてもよいかもしれない。ただし、こうした欲望は、無際限に発露することを身体それ自体が制御している。その理由は、もし、それが無際限に発露し続ければ、身体そのものを壊してしまうからである。欲望は、生きるための必要条件ではあるが、同時に生きることを阻害する要因にもなりうるということだ。

自然人の場合に身体に備わっている制御機構は、法人の場合、特に株式会社の場合は当初より解除されており、それを解除することで（つまりは有限責任制を組み込むことで）株式会社として離陸したわけである。したがって、株式会社には、内発的に欲望の無際限な発露を制御する機制は存在していない。だからこそ、それが会社の外部に及ぼす影響を制御するためには、外的な規制を作り、第三者的な目配りのできる監査制度を作る必要があったのだ。

ところで、アダム・スミスが、国民経済の全体像というものをどのようにしてとらえたらよいのかという遠大な野心を、分業の分析から始めたのは大変興味深い。分業がなければ人間は自分一人を養う以上の富を生産してゆくことはできなかった。また、所有と経営の分離というシステムが発明されなければ、会社はいまも、小規模な家内制の生産か、せいぜい資金を持ち寄って作ったパートナーシップによる小規模事業の形態を超えてゆくことはできなかった。

ロンドン・スクール・オブ・エコノミクスの教授、ジョン・ケイの著作『市場の真実』によれば、アダム・スミスの最も偉大な洞察は、「見えざる手」を発見したこと以上に、分業の効果と限界について分析を行ったことであるという[38]。というのも、スミスは、分業を進めることは人間にとって致命的とも言える現象を増大させることにも目配りを怠ってはいないからである。

　精神が麻痺してしまうため、理性的な会話を味わったり、その仲間に加わったりすることができなくなるばかりか、寛大で高尚な、あるいはやさしい感情をなに一つ抱くこともできなくなる[39]

うっかりすると、読み飛ばしてしまいそうなところだが、スミスのこの指摘は重要である。ある意味で、これは当たり前といえば当たり前のことであるが、分業の発明が人間を他の動物から隔てた理由であると同時に、その分業が人間を疎外してゆくことにもなる。この分業の両義性に、スミスが十分に自覚的であったということが重要なのである。

経営と所有の分離、株主の有限責任制は、企業の社会性、秩序、職業倫理を顧慮するよりも、できるだけ早く、できるだけ大きな利潤を求めることを優先させることになった。それは社会総体から見れば、リスク増大の可能性が増したということでもある。つまり、多少のルール違反や、環境や人権の毀損があっても、利益が上がればよいと思う株式会社関係者が増えるというリスクである。いや、それはリスクではなく必然と言ってもよいかもしれない。

✣ 所有者の利害と経営者の利害

会社の所有者である株主と雇われた経営者との間の利害は、一致することもあれば、相反することもある。たとえば、一つの事業を起こした場合、経営者はこれを、時間をかけてじっくり育ててゆきたいと思っても、所有者である株主はできるだけ早い収穫を望む。このジレンマを解決しようとしたのが、経営者に対するストックオプションの導入である。ストックオプションとは、経営者が、市場での株式価値を上げることに成功したならば、その報奨として会社の所有権の一部（＝金銭的インセンティブ）を経営者（あるいは貢献のあった従業員）に与えるというものである。分かり易く言うなら、たとえば現在の株価で、５年後の株価が10倍になった株を買う権利を与えるというものである。つまり、５万円で将来の50万円を手にする権利を与えるのである。経営者は自分の経営信念と、金銭的インセンティブとの間で引き裂かれることになる。しかし、もともとが自分の所有している会社ではないという理由によって、経営的な信条、信念よりは、金銭的なインセンティブを選ぶということになるのである（もちろん、ここではオーナー経営者の場合は除外している。オーナー経営者の場合は、もともと経営と資本は分離していないからである）。そして、この制度の導入によって、会社の所有者（＝株主）たちは、経営者と株主の利害が一致すると考えたのである。

実際には、経営者と株主の利害が一致したわけではない。経営者を株主として再定義しただけである。なぜなら、ストックオプション制度は、株主を経営者にするための制度ではなく、経営者を株主にするための制度に他ならないからである。

結果として、確かに株主と経営者は、同じ目的を持つことになる。それは、会社の現在価値の最大化というものである。しかし、それにより経営者の倫理というものは、大きなダメージを受ける結果になった。経営者は長期的な視野に立って会社を運営するよりも、株主と同じように短期的な利益を優先させるようになるからである。

これは株式会社の健全性にとって、大きな陥穽でもあった。長期的な存続を目指す経営者目線というものと、短期的な利益を目論む株主目線というものの差異がもたらす緊張感こそが、株式会社というものの健全性を担保する重要な鍵だったからだ。

　このシステムは、畢竟するところ人間の欲望が、それを実現するために考え出したものである。人間の欲望はいったん点火されると限りなく増殖するという趨向性を持つ。そして、そのこともまたアダム・スミスは最初から承知しており、同時にこの病的な形態こそが、経済を発展させる原動力にもなりうることを発見したわけなのだが。つまりは、人間の欲望とは社会にとって諸刃の剣だということだ。


　さて、そろそろ、この章を締めくくりたいと思う。

　私は、ここでは歴史の中の会社を論じたかったわけではない。あくまでも現在の差し迫った問題を、論じたいと思っているのである。述べてきたように、私は株式会社というものは、そもそもの出自から、病根を持った一つの共同体であるという仮説の意味を考えてきた。そして、その株式会社で働く社員とは、一体何を意味するのか、どうやって振る舞えばよいのかということについて、これから考えてみたいと思う。

　今日、アダム・スミスが生きていた時代に比べれば、地球ははるかに小さなものになっており、会社がそこにあたえる恩恵も、会社が撒き散らす害毒も、その影響力は比較にならぬほど大きなものになっている。しかし、そこで働く人間の方はスミスの時代から今日に至るまでなに一つ変わっていないように見える。

会社の成長は、確かに社会全体の富の蓄積に貢献し、社会の豊かさを増進し、人々の利便性を向上させてきただろう。しかし同時に、会社というものが胚胎していた病も、以前には考えられないほどその病状を昂進させているように私には思える。その病状が生み出したのは、環境破壊、極端な給与格差、非正規労働の恒常化、不正な取引、詐欺まがいのビジネスモデルなどである。経済発展と社会的な歪みという両義的な出来事を背景にして、私たちは、なお成長の夢を追い続け、その結果、目先の金銭と人間の特性とを交換し、本来あるべき人間の姿や、社会というものを忘れてしまっているかのようである。

人間は自らが帰属する会社というものに対して影響力を行使することができるが、同時にその会社によって影響を受けている。もし、株式会社というシステムが、その内に病を抱え込んでいるとするならば、それは人間の病でもあるわけである。そして、どちらの病も、その効果によって、つまりは生産活動の効果としての利益の享受や、生活の利便性の向上によって、隠蔽されている。もし、私たちが病の自覚というものを失ったとすれば、それは病それ自体が癒えたのでも、消失したのでもなく、私たちの全体が病に侵されて、病の力によって支配されてしまったということなのかもしれない。病を内に抱え込んでいることそれ自体は、会社にとっても人間にとっても自然なことであり、必要なことでもある。私はそう考えている。しかし、病を持っていることと、それに無自覚であるということはまったく別の文脈で考えるべきだろう。

第8章　彼らが会社を愛した理由

✣ 会社が輝いていた時代

私たちは、それが当然のように、日々会社に通っている。

学生時代に朝7時になると、鞄に教科書を詰め込んで、トーストを齧りながら学校へ通ったのと同じように、決まった時間にバスに乗り、混雑した電車を乗り継いで会社へ通う。9時には会社が始まる。その前に会社にたどり着いて、タイムレコーダにカードを挿入しなければならない。

会社に着けばデスクに座り、今日一日のスケジュールを確認して、夕刻までそこで仕事をして過ごす。会社には上司がおり、同僚がおり、後輩がいて、それぞれが仕事を分担しながら、あるいは連携しながら業務を行い、その労働の時間が商品に変わり、市場へと出てゆく。市場では不特定多数の客によって、その商品やサービスと貨幣が交換される。そして、会社の手元に残った貨幣のうちの一部が、私たちの手元に戻される。そうやって、私たちの労働と、不特定多数の他者のお金が、商品やサービス、会社という場、取引の時間を迂回して交換される。私たちの労働は、商品に化身して、それが市場で売買されて再び貨幣に化身し、会社は利潤を蓄積することになる。

しかし、ほとんどの場合、私たちはこの迂回的な交換プロセスを意識していない。

カール・マルクスは、『資本論』の第2編で、この交換プロセスを、資本蓄積のプロセスとして明らかにしようとした。有名なG―W―G′（Gは貨幣、Wは商品）という式によって貨幣と商品、商品と貨幣の等価交換過程の内部に、労働力搾取という不等価交換が存在していることを明らかにしようとしたのだった。

ここでは、こうした会社が、現在に生きる私たちにとってどのような意味を持つ存在だったのかということを確認しておきたいと思う。抽象的な株式会社ではなく、具体的な会社について、私たちはどんな実感を持って付き合ってきたのか。

私たちは、学校を卒業して以来、昼間のほとんどの活動している時間を、何十年にもわたって、会社で過ごしてきた。自営業者や自由業、第一次産業従事者を除けば、多くの人間が人生の最も活動的な時期の多くの時間を会社の中で過ごしているわけである。それは、一人の人間の生涯という視点から見れば、驚くべきことかもしれない。いったい、何が彼の背中を押して、これほど長期の会社通いに駆り立てたのか。もし、労働が苦役だとして、ひとは自ら志願して、何十年にもわたって、この苦役を続けるなどということができるだろうか。もし、会社というものが一つの歴史的な制度だとして、国内のみならず、世界の都市部に同時多発的に発生したこの制度を支える力の源泉はどこにあったのか。それは、制度以上の何か、たとえば人々の心理的な拠り所になるような「共同体」だったのか。

「サラリーマンは気楽な稼業ときたもんだ[40]」と植木等が歌ったのが１９６２年。彼が属していたコミックバンド、クレージーキャッツの歌は、サラリーマン生活の悲哀と自嘲を響かせていたが、油にまみれた零細工場の中で育った私から見れば、スーツにネクタイのサラリーマンはそれだけですでに輝かしい存在であった。ホワイトカラーという響きは、清潔さ、まぶしさのイメージと結びついていた。サラリーマンは、日本の経済発展の尖兵として国民経済を牽引し、奇跡的な高度経済成長を支えてきたのである。そしてその結果、１９６４年の東京オリンピックが終わったわずか4年後には、国民総生産が、資本主義国の中で世界第2位になっていた。国土が焦土と化した敗戦から数えてわずか、二十数年の間の出来事である。

ちなみに、１９６２年は、原田政彦という19歳の青年が、シャムの貴公子といわれた完成されたボクサー、ポーン・キングピッチに80発もの連打を叩き込んで、日本人２人目の世界チャンピオンになった年でもある。この青年、ファイティング原田に日本中が熱狂したことを、私は昨日のことのように、思い出す。これも、戦後という時代がはっきりと終結し、日本人が、世界と争ってゆくという自信をとりもどしたことを象徴する出来事であった。

消えた国民的時間

ある新聞の連載で、私はこの時代を「国民的時間」を共有できた時代であったと回想したことがあった。それは、こんな文章である。すこし長いが、戦後の経済成長期の日本人の生活、日本を覆っていた空気を思い起こしていただきたい。

> 忘年会の後で、タクシーに乗った。妙にフレンドリーなドライバー氏と年々季節感がなくなるという話をした。かつて師走は、誰もがそわそわと忙しく立ち働いていた。一年の締めくくりということで、何となく切羽詰った感じがあった。今年のことは、今年で終わらせて、新しい年は、まっさらな気持ちで迎えたいと誰もが思っていたからである。だから、年の瀬にはやらねばならぬことがたくさんあった。積み残した仕事の整理、年賀状書き、大掃除、おせち料理の支度。大晦日には、それらを全て片付けて、家族のそれぞれが茶の間の炬燵に集まってくる。最後に炬燵に入るのは決まって、エプロンをはずしながらの母親である。そ

して、どこの家庭でもＮＨＫの紅白歌合戦を見た。炬燵に入って、蜜柑をむきながら。

この光景は、戦後家庭にテレビが入り始めた昭和30年代から、世の中に24時間営業のコンビニエンスストアが出現する昭和50年頃までの約20年間続いた。そして、この20年は、日本が高度成長といわれる経済発展を遂げていく右肩上がりの時代と重なる。

今から見れば、まだまだ豊かな時代とはいえなかったが、安定した幸福な時代だった。

その、幸福の象徴が、一家団欒、茶の間で見る紅白歌合戦だった。美空ひばり、三橋美智也、島倉千代子、春日八郎。彼らは国民的なアイドルで、誰もが彼らの歌を口ずさんだ経験を共有していた。私の記憶違いでなければ、視聴率は七十パーセントを超え、それはひとつのテレビプログラムであるというよりは、国民的な行事であった。

大晦日の晩は、いくらかの例外を除けば、どこの家の窓にも同じ灯がともされ、同じ音が流れ、同じ会話が交わされていたわけである。いま考えてみれば、あの一体感は何だったのだろうかと思う。同時に、日本人が失った国民的な時間の共有というものが、懐かしくもあり、貴重なものにも思えるのである。

護送船団方式とか、親方日の丸、終身雇用、年功序列といった、後に批判されることになるビジネス慣習も、この国民的な一体感と無関係には存在しなかっただろう。なぜなら、これらの慣習を支えていたのは、誰もが同じ船に乗っているという共同体意識であり、同時に同じ時間を共有しているものに対する信頼感であったと思えるからである。

時代は変わった。何を境に変わったのかは定かではない。ただ、自己責任、自己決定、個人の自由の拡大といった現代の風潮の兆しが、この国民的な時間の共有の終わりに始まったとはいえるだろう。コンビニエンスストアの出現は、生活時間のリズムを、集団のそれから、個人のものへと変えていった。都市化にともなう住宅事情によって、家庭から茶の間が消えた。子供には個室が与えられ、いまや電話もテレビもひとりひとりが占有する時代になったのである。それは、同時に日本人が同じ船から降りて、ひとりひとり別々の船を漕ぎ出したということである。収入の格差が生まれ、成功者と失敗者がくっきりと分別され、会社の同僚は運命を共にするものから、ライバルへと代わっていった。昔はよかったといいたいのではない。誰かが策略を施して、集団を個人へと分断したわけでもない。みんな自分たちが選択してきた結果である。全体としてみれば、生活の水準は、かつてとは比べようもないほど向上している。ただ、過ぎ来し方を振り返って、得たものと失ったものを思い浮かべて見るとき、確かに時代は変化したが、進歩したとは言いたくはない気がするのである[41]。

株式会社は、日本の高度経済成長、所得倍増を支えただけではない。戦後の荒廃から立ち直ってゆく過程で、雇用を創造し、産業を発展させ、都市化の促進をすることで、日本人の多くが、中流意識を持つことを可能にした。そのことは、たとえ幻想ではあっても、日本人が共通の目標に向かっており、同じ時間を共有しており、同じ船に乗っているかのような気持ちにさせたのである。その中心には、勃興するホワイトカラーの存在があり、会社があったと私には思える。ソニー、ホンダ、松下という会社は、まさに戦後の働く日本人が持っていた技術立国、「ものづくり共同体」的な幻想の中心に位置していた。会社というものが、日本人の経済だけではなく、倫理観や、考え方、ライフスタイルにも大きな影響を与えていたのである。

繰り返すが、この頃から以後、現在に至るまで、都市生活者のうちの、かなりの人々がサラリーマンとして会社で働き、そこから俸給をもらい、自分と家族を養っている。

別の言い方をするなら、私たちは、会社に帰属して生きていたということでもある。会社に帰属していることが、同時に社会にも帰属しているという幻想を共有していたと言っても同じである。

会社に勤めていないもの、たとえば自営業者も、学生も、主婦も、この会社生活者が作っているリズムであるワーキングアワーに合わせて生活することを余儀なくされていたと言ってもいいだろう。会社で生活するものは生産者であり、同時に都市の消費者でもあるから、彼らの生活のリズムを無視しては自営の商店やコンビニエンスストアもまた成り立たないからである。会社生活者とその家族は、経済発展のもう一方の原動力である、拡大する消費市場の裾野を形成していったのである。

会社は、都市生活の経済の支え手であると同時に、多くの都市生活者の昼間の生活の場でもあった。雨が降ろうが、風が吹こうが、会社に着いてデスクに座りさえすれば、一日が始まり、このリズムを守っていれば社会の一員としてのポジションは揺るがなかった。

この生活様式にあまりに慣れ親しんだために、私たちは、会社というものが山川の自然や公園の景観のように、いつでもそこにあり、そこにあり続ける存在であるかのような錯覚に陥ることになるのかもしれない。しかし、株式会社という形態は人間の歴史から見れば古いものではないし、人間にとって、会社で働くということは、それほど自然なことでも、普通のことでもないと言える。歴史をすこし遡れば、会社というものが存在しない社会のほうが、遥かに長い歴史を持っていたことに気づくのである。時間のスパンを長くとれば、会社もまた異なった相貌をあらわす。

✣

もしも会社が無かったら

もしも、会社が無かったら、私たちはどのような生活をしていたのだろうか。

名匠溝口健二監督の『雨月物語』を見ると、中世・近世の日本人の生活というものが、いかに現代とかけ離れたものであったかをあらためて思い知らされる。『雨月物語』の原典は、上田秋成が１７７６年に成稿した全５巻の小説である。ちなみに、この年はアダム・スミスの『国富論』が出版された年でもある。『雨月物語』の映画化は１９５３年。物語の背景となった時代は、天正11年（１５８３年）。乱世の時代である。今から４００年余り前の日本である。時代考証に厳格な溝口の作品であるから、そこに描かれた人々の生活は、かなりの程度正確なものだと考えてもよいだろう。この時代の庶民の生活は、草木の家に住み、川に水を汲むといったものであり、会社どころか近代文明の萌芽さえ見出すのは困難なほど困窮しているように見える。

　しかし、まさに、この時代がヨーロッパでは大航海時代の全盛期であり、各国の覇権争いの中から、株式会社という歴史上類を見ない会社形態が生まれ出たのであった。

　歴史書をひもとくと、日本の中世・近世は贈与・互酬の経済から貨幣経済へとまだら模様に推移してゆく時代であったことが判る。貨幣が貨幣として認められ、流通しなければ、会社もまたありえない。組織としての会社が日本に現れたのは坂本龍馬が作った亀山社中が最初と言われており、その設立は１８６５年のことである。この物語の舞台は、その時点から遡ることおよそ３００年ということになる。会社は世の中にその影すらない時代である。では、交易はほとんど行われていないのかと言われれば、そうではない。中世史の卓越した解読者である網野善彦は、中世後期の室町期には、すでに「商工業者や金融業者は、貨幣流通の発展、活発化に伴って、その活動は著しく発展」したと述べている[42]。これらの経済を支えたのは、もちろん会社ではありえない。それは、もっぱら個人であり、あるいは辺境を彷徨する職能集団であった。

　会社というものが無ければ、私たちは、『雨月物語』の源十郎のように、轆轤を廻し、陶器を焼き、それを街へ売りに行かなくてはならない。城下、都市部と農村の境界である「無縁の場」

（網野善彦）に市が立ち、そこには周辺諸国の産物、手工芸品、装飾品が並べられた。それからやや時代が下っても、庶民の生活は良くはなったが、定収を得るのは難しい。

ずっと、時代が下って近世になっても、生活のためには、たとえば落語「芝浜」の魚勝さんのように、河岸に魚を仕入れに行き、それを担いでお得意さんを回らなければならなかったのである。

日本において、ほんの数世代を遡れば、このような土俗的、互酬的、あるいは生産者と消費者の直接交換の生活があったということに、いまさらながら驚くのである。同時に、現代と生活様式のまったく異なった中世・近世の物語を見て、なお私たちがその物語に心動かされるということにも驚かざるを得ない。それは二重の驚きである。人間の生活というものは、かくも短期間で変化してゆくものかということへの驚きと、人間の精神とは、かくも変わらないものなのかという驚きである。

毎日を自己の才覚と、幸運を拾って生きていくことは、ある意味では、自由であると言えるかも知れない。今から見れば確かに不自由な生活ではあったが、それを現代の生活から推して不幸であったと断定することはできないだろう。当時も今も、人々は同じような浮世のしがらみの中で泣き笑いし、憎悪し、嫉妬し、愛し合っていたのである。人の幸、不幸は、利便性という尺度で推し量ることはできない。それはむしろ、同時代の他者の生活との間の差異によって測られると言った方が、近いだろう。人間の幸、不幸とは共時的、相対的なところに生まれる差異がつくる価値観なのである。

いまの時代にあっても、晴耕雨読の生活を選ぼうとするならば、会社というものとは直接にはかかわりの無い人生を送ることができるかもしれない。それは貧しく不便ではあったが、ある意味では自由であるかもしれない。しかし、今日の日本において、都市部に生活するもののほとんどは、(いまや、地方の山間地や、海辺の街にも都市化が進み、あえて都市部と言わなくともいいかもしれないが)自分の足で商品を仕入れ、自分の手で食材を育てるというような自由はあらかじめ奪われている。それに代わって、会社というものがあり、そこに通いさえすれば毎月何がしかのお給金がいただけ、そのお金を使って、必要なものは近所の商店やコンビニエンスストアからいつでも買い入れることができるようになった。

近代化の過程で、都市生活者は、生産者としての位置から、しだいに消費者としての役割を拡大していった。特に、週休二日制が導入された１９８０年代頃からは、彼らの精神的な軸足は、どこでどのように働いて生計を立てるかということから、どこで、どうやって時間を消費するかというところに移っていったのである。

✣ 渦中には見えない時代の変換

会社があり、人が集まり、都市は膨張を続ける。都市生活者にとって、会社とは生活の糧をそこから汲み上げるだけの場所ではない。現代というものの生活様式全般は、会社の存在によって確立し、現代人の価値観もまた会社とは切り離せないところで醸成されていると言ってもいいだろう。

それにしても、私たちは忘れやすいものだと思う。父親の時代のことすら、歴史の中の出来事であるかのように思ってしまう。そして、今と同じような社会があったと錯覚するのである。

ほんの70年前に遡っただけでも、社会の構造は今と随分違っていた。サラリーマンはむしろ特権的な職業であり、サラリーマンが日々通う巨大企業というものも、まだ今ほど社会の中心的な存在ではなかったのである。

たとえば１９５０年の産業従事者統計によれば、約45パーセントが農林水産の第一次産業従事者で、工場労働者の第二次産業従事者をあわせれば、70パーセントを超える。いわゆる会社で働くホワイトカラーは、２割に満たなかった。これに販売・サービス業従事者を加えても、３割に満たない。それが、今は完全に逆転したかたちになっている。

１９５０年代、60年代、都市で生活すること、ホワイトカラーになることは、日本が近代化するプロセスの中で、人々の憧れであった。つまり、ホワイトカラーは社会のエリートであったわけだ。

これがつい昨日の日本の姿である。

１９６３年に山田洋次によって制作された映画『下町の太陽』には、「つい昨日」の日本人が何を考えていたのかがよく描かれている。下町向島の石鹸工場の工員であるヒロイン役の倍賞千恵子の恋人である早川保は、同じ会社の労働者であったが、早く正社員になって本社勤務のホワイトカラーになることを夢見ている。彼はそのために、人情よりは自己利益を優先させて「経済合理的」に行動し、ライバルである仕事仲間を裏切る。そして出世の階梯を上ってゆくことになる。彼はヒロインにプロポーズする。しかし、ヒロインの倍賞千恵子は、最終的には、快適で合理的な生活よりも、貧しく不便だが人情味溢れる下町に留まることを選ぶ。映画はあまりに図式的で、共産主義プロパガンダ風であったが、当時の日本人の多くが、一方では経済合理主義的な生き方に羨望のまなざしを向け、もう一方では互助互酬的な共同体への愛情を併せ持っていたのだということがよく判る。映画のヒロインは、経済合理主義者である恋人のプロポーズを断って、下町の共同体的な生活を選ぶ（彼女は『男はつらいよ』のさくらの原型でもある）。

　幸せとはあいまいな概念である。時代が変われば幸せの概念も変化する。この時期、都市部においても、土地と因習に縛り付けられた微温的、共同体的な生き方と、新たに生まれた中産階級としての個人主義的、目的合理的な生き方の相克があったわけである。会社に関して言えば前者は、町工場に象徴される下請企業の文化であり、後者を育んだのは丸の内や大手町あたりの、大企業の文化であったと言えるだろう。町で言うなら前者は場末、あるいは下町であり、後者は小田急線、東急線沿線に延びていったような新興ベッドタウンということになるのかも知れない。

　ひとことで言えば、それは、いつの時代にも共通する新しいものと古いものとの対立であり、確執である。しかし、その確執の本当の意味を知るためには、一つの時代を相対化できるまでの息の長い時間が必要である。一つの時代を相対化できるためには、もう一つの新しい時代が始まる必要があるのだ。

私が、本稿を書いている理由の一つは、現在こそが一つの時代の大きな変わり目にあるという予感があるからである。銀行が倒産し、構造改革が叫ばれ、グローバリズム、市場主義という新しい市場の価値観が、それまでの安定した互酬的、因習的、地域的な価値観と激しく交錯している。どちらの価値観が正しいかなどとは誰にも言うことはできないし、また言ったところで何も始まらない。ただ、一つの時代の変化というものを認識できなければ、その時代に生きていることの意味も知ることはできない。

ともあれ、都市化がもたらしたものの一つは、個人生活においては何よりも、将来の見通しを得られる環境の獲得であった。終身雇用、年功序列といったシステムによって、とにかく会社に入りさえすれば、生活の安定を手にすることができたのである。しかし、それ以上に注目すべきことは、会社に帰属してホワイトカラーになることが、日本人にとっては一つのステータスであり、憧れでもあったということだ。日本人の潜在意識のなかに、この新しい階級に対する期待と憧憬が伏流していた。サラリーマンは、時代の旗手でもあったのである。

日本は１９５０年代から70年代まで、高度経済成長を遂げ、国民の生活は劇的に変化した。その大きな役割を果たしたのが株式会社であった。高度経済成長の時代を支えたのは、昭和20年代初頭のベビーブーマー、いわゆる団塊の世代であり、この世代のエリート層の多くは、大学卒業後に大手株式会社の門をくぐっていったのであった。

✣ 商品となった会社

景気の低迷が続いた「失われた10年」の90年代を経て、日本にグローバリズムの波が押し寄せて来る。そこには、それまでの会社の統治観を根底的に覆す「経済思想」が含まれていた。それは、革新的な思想ではあったが、同時に、あたかも、アダム・スミスの時代に逆行するかのような、復古的な市場礼賛の思想でもあった。グローバリズムの思想的な中核には、新自由主義と呼ばれた市場原理主義的なイデオロギーがある。

しかし、アダム・スミスの時代と現代では、市場の意味は大きく異なってきている。アダム・スミスの市場とは、まさに商品と貨幣が交換される市場であり、重商主義的な王の統治からの独立を意味していたが、金融経済が実体経済を大きく上回るような経済システムの中では、市場とは商品市場以上に、金で金を売買する金融市場を意味するようになっており、国家の統治システムと市場原理主義が手を携えてグローバリズムを推進しているかのようである。国家は、本来の役目である富の再分配や、貧富格差の解消という責任を放棄し、もっぱら私企業に国家事業を丸投げし、そのことによって国家自らの責任を回避している。ところが、私企業の実態は第Ⅰ部で詳しく論じてきたように、有限責任制という名の無責任の体系なのである。

では、市場原理の需要サイドはどうなのか。かつて、経済システムの主人公は、商品を生産する生産者であった。先進工業国における資本主義の進展にともない、生産者は経済の表舞台から裏方へ回り、代わって消費者が経済の表舞台に登場する。消費者は当初、生活必需品を求めて、市場へ殺到したが、需要が一巡すると、消費者の欲望は、次第に贅沢品に、そして形のないサービスやステータス、知識といったものへ向かった。同時に、消費者の有り余ったお金が、商品を迂回せずに株や債券といった「もう一つの」貨幣と直接売買される金融市場へ流れ込んでいくことになった。

以前は、機関投資家の運用の場であった株式市場には、インターネットの普及も手伝って、個人が参入し、株価に一喜一憂するようになっていった。そこで売買されるのは株式会社の株式である。株式の売買とは個人的には資金の運用だろうが、会社から見れば、その「所有権」が売買されるということでもある。それは、株式会社というものが商品を生産する場であると同時に、自分自身が商品になったということを意味している。こういった市場の変化を背景にして、会社は誰のものかというコーポレートガバナンスをめぐる議論が盛んになっていった。以来、株主という存在が大きくクローズアップされることになる。「会社は株主のものである」という考え方が、さも革新的な経済思想でもあるかのように喧伝されるようになった。

私は70年間この日本に生きてきて、株を売り買いする投機的な個人というものをうまく想像できない。果たして、彼らは株主と呼ぶべき存在なのだろうかとも思う。私の父親は株式会社の工場経営者であったから、当然会社の株主であり、母親もまた名義上ではあっても株主の一人であっただろう。しかし、彼らには自分たちが株主であるという意識などなかったと断言することができる。戦後昭和の初期に起業した多くのオーナー経営者にとっても、同じだっただろう。彼らはただ、会社を始めるための元手をかき集めただけであり、名義上の株主であるに過ぎない。多くの場合には、他者からの出資をあてにするよりは、自らが蓄えてきたなけなしの金を工場の設備資金として拠出したはずである。

「株なんかに手を出してはいけない」と母親はよく言っていた。東京に隣接した県で生まれた母親の実家は、藍染工場を経営して羽振りよい地方の名士であった（やがて、事業は失敗し、没落することになったのだが）。当時としても大家族の部類に入るだろうその家の親類縁者の中には、株で身上を潰したものがあったのかも知れない。株は、彼らのような地方都市における商家や工場経営者にとっても、まっとうな人間が手を染めてはいけない投機の世界であり、博打の一種のように忌み嫌われるものであった。景気がどうの、経済がどうのと言う前に、株で儲けるということ自体が倫理的、心情的には肯定されるべきことではなかったのである。その空気が、90年代の後半から急激に変化しはじめた。そこには欧米の企業による要請が大きく作用した。

欧米、特にアメリカにおいては、70～80年代の、経済の停滞の打開策として、自由競争、小さな政府、関税障壁の撤廃、福祉の削減といった経済成長のダイナミクスを取り戻すための施策としての市場原理主義が見直されることになった。それは、戦後福祉国家的な経済を推進してきたヨーロッパやアメリカにとっては、大きな転換だった。

サッチャリズム、レーガノミクスと言われる市場原理主義的な政策は、景気の浮揚に一定の成果を現した。その中で、株式会社は厳しい競争の場に晒されることになった。弱い会社は潰れるか、他の会社によって吸収された。会社合併、吸収はこれまでにないほど活発になり、様々な金融テクニックが開発されてきた。名実ともに会社は商品になっていくのである。

長い目で見れば、市場原理主義も、経済政策が実体経済を後追いする形で現れてくる、試行錯誤の一つのようにも思える。しかし、その思想は、90年代に沈んでいた日本の経済を浮揚させうる唯一の経済思想として、グローバル標準という錦の御旗の下に急速に流入してくることになった。新自由主義の思想は、日本の株式会社の存在そのものを一撃しただけでなく、日本の会社に色濃く残っていた家族共同体的な規範と、それに伴う倫理を破壊していった。次の節で見ていくことになるが、そもそもの会社発生の起源の異なる日本においては、新自由主義は、まさに突然やってきた黒船であったのである。

職人のエートスとロイヤリティ

日本においては、１９９０年代以前は株主の存在は目立つものではなかった。親族、閨閥が会社を支配する同族的な経営がむしろ主流であったわけである。そのことは、会社の所有と経営の分離というものがまだ未分化であったということを意味している。そして、その分だけ会社には共同体的な規範ができやすい素地があったと言うべきだろう。旧財閥系の会社運営の中身を調べてみると、それはほとんどが「家制度」の拡大版と言うべき特徴を多く備えていることが判る。これは、アムステルダムやロンドンの株取引の中心地に、最初から投資―回収モデルが組み込まれた収益装置として生まれ育ってきた欧米の会社システムとは、かなり趣を異にしている。この発生と成長の歴史の違いは、そこに関係する人々の考え方にも大きな相違をもたらしただろうことは想像に難くない。

「家制度」を特徴づける戸主による統率権、家族に対する扶養義務、家督相続、分家システムなどを見ると、発足当初の日本の会社というものが、いかにこの家制度をモデルとして運営されてきたかがよく判って興味深い。日本国憲法の制定を機に、「家制度」自体は廃止され、日本の近代化にともなって、この制度は形式的にも、実質的にも瓦解してゆく。同じ時期に、財閥という企業形態もまた占領軍の意向もあって解体の方向へ向かう。

しかし、制度は消えても、そのエートスはお家への忠誠から会社への忠誠に形を変えて、会社の中に残り続けたとも言うべきだろう。吉本隆明が言う日本封建制の「優性遺伝子」である。この封建制の優性遺伝子は日本にだけ、独特のエートスだったのか。日本と同型の家族システムを持つドイツ、スウェーデン、あるいは韓国における会社観は、日本のそれとよく似ている。このことからも、家族システムという血縁共同体の規範こそが、会社という幻想共同体の規範の祖型の役割を果たしたと推測できるのではないかと思う。

社長を「おやじ」と呼ぶ社員、会社の先輩・後輩・同僚は命運を共にする仲間であるといった空気は、つい先頃までの日本の会社のごく一般的な風土であった。会社もまた、社員を家族と同様に遇し、年功序列、終身雇用というシステムを採用していたのである。そのような企業風土を背景として、メインバンクシステム、下請けシステムといったものが機能し、総体としては安定的に活動を続けてきたのである。そして、そうしたシステムが少なくとも１９８０年代前半までは、国際的な競争力の原動力になっていたのも確かなことに思える。

私自身の体験を語るなら、わが家は大田区の外れに位置する、従業員数名の町工場であった。私の家の１００メートル圏内に、同じような工場が４～５軒はあったと思う。プレス工場、スプリング工場、ベアリング工場などである。朝の８時ともなれば、それぞれの会社の電源にスイッチが入り、機械が回転する音が響いてくる。１９５０年に勃発した朝鮮戦争による戦争特需の恩恵もあって、これらの工場はフル操業を続けていた。その結果、それぞれの工場も次第に規模を拡張し、零細事業主たちの生活も順調に向上していった。私はこの年に生まれ、物心がつく頃には、工場の経営も安定し、従業員も数十名ほどに増えていた。それは、周囲にあった零細企業にも一様に訪れた「僥倖」であった。小学校にあがった頃、私はよく、これらの工場に出入りし、グラインダー（電動研削盤）を使わせてもらってベイゴマを削ったり、シャーリングマシン（裁断機）

を使って鉄板を切断して遊び道具を作っていた。

　これらの工場に発注してくる企業は、近隣の中小企業である。そして、それら中小企業の上に、三菱重工やキヤノンといった大手株式会社が君臨していた。この大企業、中小企業、零細企業という生産のヒエラルキーは、全体として一つの運命共同体的な靭帯で繋がれており、それ故に安定的でもあった。もし、現在のように、効率重視の企業選別が行われていれば、いくつかの零細企業はまたたくまに姿を消していただろう。確かに、効率は重要な要素ではあったが、それ以上に、下請けシステムを温存させながら機能させることは重要であると考えられていたのだろう。下請けシステムは多忙期にはフル稼働し、不景気の時には生産縮小のしわ寄せのバッファとして機能していたのかもしれない。大企業に雇用調整といった意識が、今のように明確にあったかどうかは判然とはしないけれども、零細企業は精度の高い廉価な部品を供給する部門として、生産体制全体の中にビルトインされていた。当然のことながら、賃金の体系は、大企業、中小企業、零細企業の順番で低くなっていた。それでも、当時、わが零細工場労働者たちは、自らの賃金を、大企業のそれと比較して、羨望の感情に訴えるということはあまりなかったように思う。大企業である株式会社の社員と、形式的な株式会社である中小零細オーナー企業の社員は、ほとんど別世界の住人であり、妙な言い方かもしれないが、ここには「安定した格差」があったのである。

　彼らにとって、あちらはあちらであった。こちらの世界（＝零細企業）とあちらの世界（＝大企業）は、一つのシステムの中にあって、別の世界観を生きていた。二つの世界観を繋ぐようなものは何処にも見出すことはできなかった。町工場の工員たちは、働き場所を中心とした半径１キロメートルの世界の中で、家計を営み、映画を見、パチンコをして遊んでいたように見える。この頃、わが家の近隣の工場には、なにゆえかどこにも卓球台があった。工員たちは暇さえあればよく、ピンポンをして歓声を上げていた。確かに、生活は貧しいが、矩を踰えずといった安定的な貧しさの中に、多くの人たちが安住していたのである。

もちろん、これを今風に、因習的な旧弊だとか、格差の固定化などと批判することはできる。しかし、当時の零細企業の経営者や労働者たちが、奴隷のような負け犬根性で、隷属意識から抜け出せなかったなどと言って批判するとすれば、それはまったく的外れな批判になるだろう。彼らは、今日のような自己実現の夢を育もうとはしなかったかもしれないし、格差社会を意識するといったことはなかったかもしれないが、それ以上に、彼らの世界には安定した倫理観と、生活上の慰安があったというべきだろう。

私は、自分の家と工場が一体となった場所に生まれ、そこに住み込みで働く、地方出身の若い労働者たちと寝食を共にする生活の中で、彼らが一種の職人意識を持った誇り高い人たちであることを実感し、同時に、彼らから多くのことを学んだと思う。

彼らの生活の中に息づいていたものは、落語や講談の世界の中に生きている職人の矜持であり、勧善懲悪、互助互酬、意地とやせ我慢のエートスであったと思えるのである。当時も優秀な職人に対する大手企業からの引き抜きがあったり、より賃金の高い職場へと移ってゆくものはいた。師走に、手形の不渡りをくらって、近隣縁者に借金に歩き、ため息に沈む社長の姿はそれほど珍しくもなかった（それはいつの時代でも、どこにでもある光景だろう）。しかし、多くの場合（すくなくとも私が見聞きしてきた範囲の中では）ほとんどの労働者は、「おやじ」の下で技術を学び、その恩に報いるという形で力を発揮していた。そして、「おやじ」は、若者が一人前になったと見極めたところで、独立を勧めたり、転身を世話したりするというような親身の配慮をする存在であった（しかし、見果てぬ夢としての独立は滅多に実現しなかったことも事実である）。

擬似的な「家制度」としての株式会社の歴史は、特殊日本的なものであったが、この、ギルド的、職人的なエートスは何も日本だけの固有のものではない。職人の排他的な協同組合であるギルドは、中世ヨーロッパの都市に、その起源を有しているし、中国にも、アメリカにも、職人が産業の発展の原動力であった時代があった。しかし、最も禁欲的なプロテスタントの労働倫理が資本主義の精神を生み出していったというマックス・ウェーバーの卓見は、日本には当てはまらない。日本の零細企業の技術者たちを支えたのは、信仰ではなかったからである（第Ⅰ部第5章「ウェーバーの資本主義論と労働倫理」で分析しているので参照していただきたい）。

日本の零細企業の技術者たちを支えた「倫理」は、一言で言えば「恥ずかしくない仕事をする」というところにあっただろう。誰に対して「恥ずかしくない仕事」なのかといえば、それは過去の職人（先人）や、いつか自分たちの仕事を査定することになるだろう将来の職人に対してである。つまり、過去の御先祖や将来の子どもたちに対して「恥ずかしくない仕事」をしておくことが重要なことだったと言えるのではないだろうか。それは、中世ヨーロッパにおけるギルド的なエートスと似ているのかもしれない。しかし、この極めて職人的なエートスはまた、封建制の遺制として、近代化とともに、姿を消してゆく運命にあった。

確かに徒弟制度と、排他的な共同意識を特徴とする職人制度は、属人的な技術中心であった時代から、機械化を中心とした大量生産システムに移り変わる段階で、制度としては消えてゆく運命にあった。生産の効率化は、個人の職人的能力に依存しない「技術の標準化」を要求したからである。しかし、制度が消えてしまえば、職人的なエートスだけが、産業資本主義の進展、そして高度消費資本主義の時代になって生き残ることはできない。

制度を失ったエートスは形を変えざるを得なかったとも言える。職人の持つ職業への忠誠、矜持、倫理観は、行き場を失い、残ったのは、職業に対する忠誠（それは会社に対する忠誠とほとんど同義である）であり、厳格な上下関係であり、因習的な慣習の墨守であった。それらは職人的エートスの抜け殻として、今も日本の企業社会の中に生き続けているのかもしれない。おそらくは、そのことが、日本の会社が近代化に後れをとるという結果に繋がっていったとも言えるだろう。

❖

残り続けたお家の風土

団塊の世代の先行世代は、実によく働いた。毎日毎日、残業に次ぐ残業。高度経済成長期には、日曜日も祝日も無いということが普通だった。家族を養うためにという名目で働いて、家族との時間を犠牲にしたのである。彼らは企業戦士と呼ばれた。会社は縦型の組織であり、軍隊と似ていなくもなかった。集団が最も効率的に行動する規範としては、軍隊以外には思い浮かばなかったと言えるのかもしれない。会社の中では、戦略、戦術といった軍隊用語が用いられた。そこには常に競争があり、市場もまた激しい競争の場であった。その競争の場を戦った彼らの働きが無ければ、現在の日本の繁栄もまた無かっただろうことは、想像に難くない。彼らとて、嬉々として企業戦士になったわけではない。将来の安定と、定収入を確保するには、それ以外の選択肢が見つけられなかったのである。それとも、それ以外の選択肢よりも魅力的な何かが会社にはあったということなのだろうか。

　それを正確に言うのは難しい。定量的なデータはどこにもないからである。ただ、高度経済成長が終わり、安定成長の時代に入ると、日本全体に余裕のようなものが生まれてきた。さすがに、日曜日まで働くものはいなくなり、エンゲル係数も目に見えて改善した。日本人の総体としての可処分所得が増大するにつれて、食うために働いているというよりは、剰余収入をどのように使うかに生活の重心が移っていった。週休二日制が採用される頃には、多くの日本人は労働者としての意識よりは、消費者としての意識で生活し、行動することが普通になっていった。それ以前は、家族は、生き延びていくよすがであり、セーフティーネットの役割も果たしていたが、金に余裕ができるようになれば、家族に頼らなくとも生きていける時代になっていった。それはたとえば、年老いた父母と同居するよりは、施設に預けた方が、お互いに快適で、安全な生活ができるし、合理的であるというような考え方が、冷酷でも、突飛なものでもなくなったということである。

戦後の家族システムの変化をグラフで眺めてみれば、この変化は一目瞭然である。1980年には一つの屋根の下に5～6人が暮らしている三世代同居世帯が大半（50・1パーセント）だったが、2015年には老人が子夫婦と同居しているのはわずかに12・2パーセントである。

戦後、日本の家族は、紆余曲折を経て核家族化したのではなく、一方的に核家族へ向かって進んでいったのである。

確かに、家族は権威主義的な大家族から核家族へと解体していったが、会社には、グローバリズムの時代が訪れるまでの数十年の間、家族解体の代償のように集団主義、権威主義が残り続けたのであった。

会社に行けば自分の場所があり、自分を理解してくれる仲間がおり、情熱を注ぎ込める仕事がある。会社はある意味で、失われた家族の代償として権威主義的な風土を保持し続けてきた。

そして、職人的なエートスは会社の中にはすでに失われていたけれども、サラリーマンは、自分たちが日本の経済発展にどこかで寄与しているという矜持を持つことはできた。すくなくとも、会社では誰もが、自分が必要とされているのだと実感できたはずである。

その意味では、終身雇用の時代の会社とは、彼らにとってはもう一つの「家」であり、「お家」

戦後家族形態の推移

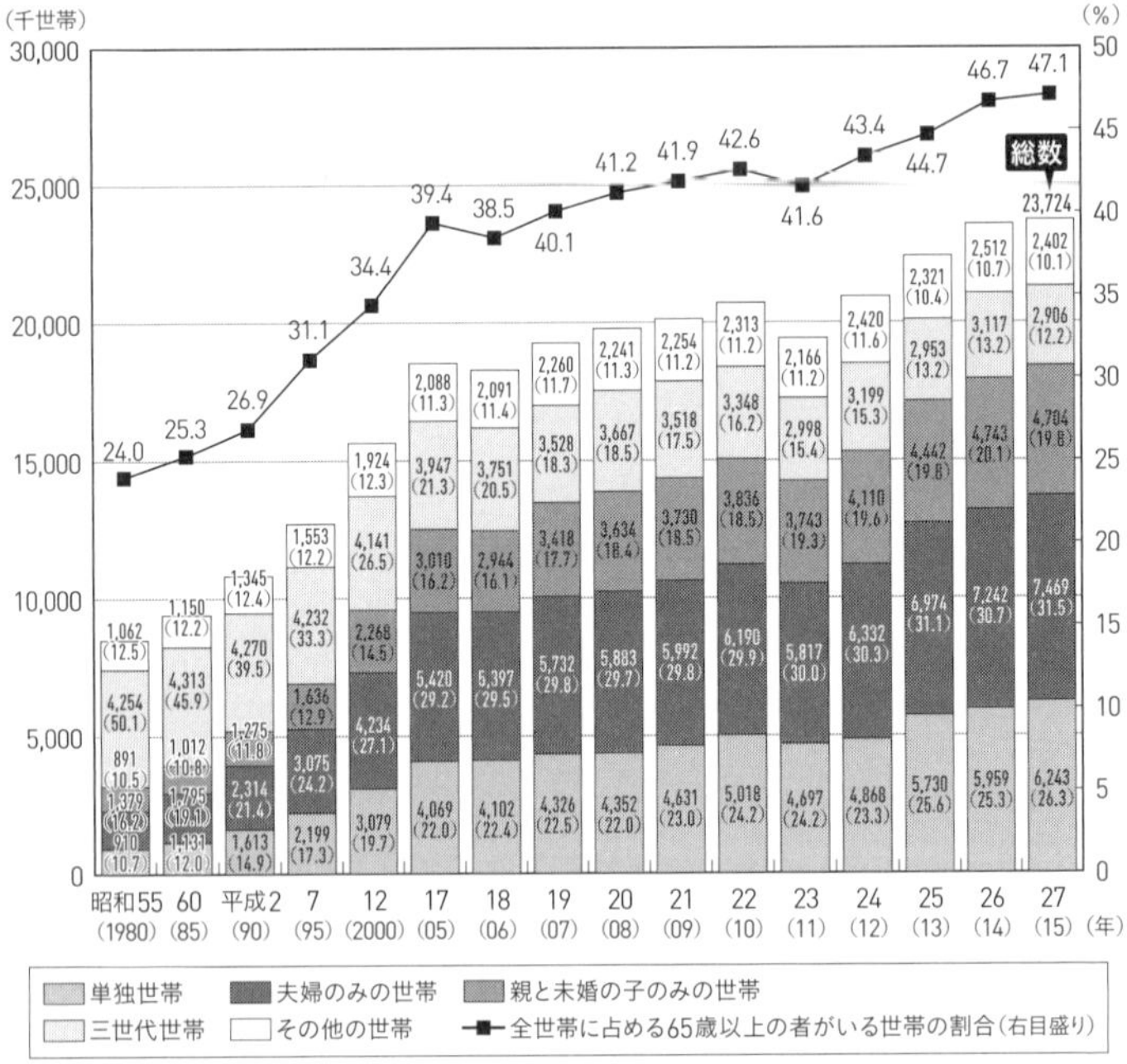

(注1) 平成7年の数値は兵庫県を除いたもの、平成23年の数値は岩手県、宮城県および福島県を除いたもの、平成24年の数値は福島県を除いたものである。
(注2) ( )内の数字は、65歳以上の者のいる世帯総数に占める割合(%)。
(注3) 四捨五入のため合計は必ずしも一致しない。
(資料) 昭和60年以前の数値は厚生省「厚生行政基礎調査」、昭和61年以降の数値は厚生労働省「国民生活基礎調査」による

出典:内閣府「平成29年版高齢社会白書」
https://www8.cao.go.jp/kourei/whitepaper/w-2017/html/zenbun/s1_2_1.html

の存続は彼らにとっては、個人の生活の上位に位置づけられるものであったのかもしれない。会社は彼らに滅私奉公を要求したが、同時に家族のようによく社員の面倒を見たのである。敗戦から立ち直った日本の成長と、彼ら自身の成長、そして会社の成長というものが、パラレルに進行する時代においては、会社で働くことは、必要にせまられてというよりも、時代がもたらした一つの機縁と呼ぶべきものだったと思う。

ひとも会社も成長することで、よりよいものになると誰もが信じていた時代が、少なくとも1980年代の半ばまでは続いた。その間、高等学校や大学は、よりよい職に就くための手段であり、会社もまた彼らの要求に応えるための制度を用意していた。彼らはよく働いたが、それ以上に会社を信じたのである。

信仰にはご利益が必要である。会社を信じてこつこつと努力を続けていれば、必ず会社は報いてくれるという暗黙の了解が、経営者、従業員双方で共有されていたのだろうか。頑張っていればいつかは報われる。報われて高い位置にいる人間は、頑張ったからそうなれたのだ。この無根拠だが力強い信仰があったからこそ、会社とは、そこにかかわる人々の生活全体を束ねている労働の共同体たりえたのである。このことは、日本における会社というものを考える上で大変重要なことのように思える。

会社は、日々の生活の糧を稼ぐ手段であると同時に、自らの価値観を形成する場であり、自らの立ち位置を確認する指標でもあったということである。定年で退職しても、「元〇〇商事の山田です」と自己紹介する様子が、ジョークとして語られるが、それはジョークではなく、現在の団塊の世代に漂う空気そのものであり、現実なのである。彼らにとって、会社は投資家が、資金を増やすためという目的で設立した、投機的な機関ではなく、累々と継続し、自らの人生を捧げても惜しくはない信仰の対象のようなものであった。会社は、設立の目的を遂げればそれで清算するような場ではなく、会社で働くということが職人や農民とおなじような一つの職業として、永劫に続くものとして、存在していた。

1. 互酬的な人間関係
2. 運命共同体としての「お家」に対する忠誠と信仰
3. 右肩上がりの経済成長

こういったものが、三位一体となって会社というシステムを支え、それは同時に日本社会全体に浸透する価値観を形成していた。少なくとも、1980年代半ばまでは。

✣ 互酬的共同体の崩壊

先の節で述べた『下町の太陽』のヒロインの恋人が、自らの立身出世への欲望を合理化した理由は、これからは世間のしがらみに囚われて生きていく時代ではない、知恵と実力でライバルと競争して自らの幸せを摑み取る時代であると考えたからである。彼にとって自らがその中で成長し、生活してきた過去は生きにくいしがらみの世界であり、未来は明るい透明感のある世界に見えている。彼が思い描く未来の中では、出身も、血縁も、情実も無縁の、実力さえあれば、あるいは要領さえよければ、それにふさわしい地位と収入が約束される世界である。

しかし、この時代の株式会社の内部には、良くも悪しくも、互酬的、共同体的なものがまだまだ息づいていた。当時の会社を平均的に眺めてみれば、会社の上司は部下に対してオーバーワークを強要することはあったが、それは株主の圧力によるというよりは、自分たちの組織を拡大することへの使命感や、職業に対する倫理観によるところのほうが大きかった。銀行や関連会社で構成される株主もまた彼らの職業意識に期待していた。その意味では、株式会社とはいえ、会社を投資―回収のモデルで考えている会社の所有権を主張するような株主は、まだ存在していなかったと言えるのかも知れない。現実には、会社同士で株式を持ち合っており、それが会社と、会社をめぐる社会全体を安定的なものにすることに何分かの貢献をしていたわけである。そして、この安定的ではあるが後に非効率的で閉鎖的と批判されることになる日本の会社システムは、『下町の太陽』の時代から、30年間も続くのである。それは、ちょうど一つのジェネレーションが始まって終わるまでの時間であった。

長い時間をかけて形作られた共同体意識はまた、長い時間をかけて崩壊してゆくはずであった。

しかし、共同体意識が崩壊する前に、日本的と言われた経営システムそのものが、あっけなく崩壊するのを私たちは目撃することになったわけである。それが、なにゆえ、何によって崩壊していったのかについては様々な解釈があり得るだろう。鳥瞰図的に状況を眺めてみれば次のような説明が出来るかもしれない。

90年代に入って、アジアに通貨危機が起こり、日本でもバブルの崩壊、実質的な経済のマイナス成長、デフレ傾向の経済状況の中で、日本経済は戦後最大の危機的な状況に遭遇することになった。老舗の証券会社である山一證券が倒産（1997年）し、これまで潰れることがないと思われてきた大手銀行が相次いで倒産する。このような金融不安の中で、当時の橋本内閣は、日本の伝統的な経営システム全体を「改革」することになる。掲げられたスローガンは、フリー（市場原理に基づく自由な市場）、フェア（透明で公正な市場）、グローバル（国際的に開放された市場）というもので、それは日本版の金融ビッグバンと呼称された。しかし、それは、フリー、フェア、グローバルに行動すれば成功が約束されるということを意味していない。

私には、これらの言葉は、ただ、愚直にやっていても成功は覚束ない。フリー、フェア、グローバルという考え方に精通しているものだけが、チャンスを独占できるのだというように響いてくる。

それは、かつての「頑張っていればいつかは報われる。報われて高い位置にいる人間は、頑張ったからそうなれたのだ」という「信仰」を覆すものであった。

会社信仰の黄昏

アジアの通貨危機の原因の一つには、莫大な資金を操る巨大ヘッジファンドの存在があった。アジアの通貨危機が何によって引き起こされたか、日本のバブルがいかにして起こり、何が原因で崩壊したか、大手金融機関はどうして倒産したかということについては、専門家の分析に任せたいと思う。

実際のところは、単一の原因を探ることにはあまり意味があるとは思えない。様々な要素が、絡み合い複雑に相互に影響しあって、連鎖的な混乱が起きたと言う外はないような気がする。ただ、資本主義の経済というものが、産業資本主義の段階から消費資本主義、金融資本主義と呼ばれるような段階へと高度化し変質してゆくプロセスで、日本的経営システムは、その初期に持っていた賞味期限が切れつつあったとは言えそうな気がする。フリーも、フェアも、グローバルも、それまでの日本の会社内部から出てきた改革要請ではなかった。これらを推し進めたのはもっぱら、投資サイドの要請であった。世界的な経済の混乱を背景にして、急速に勃興してくる株主主権者は、従来の安定的だが競争的でない会社形態とは異なる、経済合理性を徹底的に追求する機関としての会社を求めたのである。

この間に起こったことは、外形的には、古い会社システムが新しいシステムに敗北していったかのように見える。しかし、実際のところ、会社の内部において起こっていたことは、相容れない価値観の相克のなかで、企業統治のシステムが揺らぎ、経営者がぶれのない戦略指針を出せなくなっていたということではないだろうか。私の実感としても、当時は、儲かりさえすれば、自社のドメインから外れようが、何でもやるといった安易な風潮が瀰漫していたと思う。かつての労働共同体の信奉者の群れが、分断されたのである。団塊の世代とポスト団塊の世代の分断である。判りやすく言えば、労働共同体を支えた団塊の世代にとっては「どうも今の若者はよく判らない」ということになる。そして、この価値観の分断がさらに企業の体力を殺ぎ、経営破綻へと追い込んでいくという悪循環に陥っていった。

話を、『下町の太陽』の時代に戻すならば、当時は日本経済全体が右肩上がりの成長を続けており、会社には確乎とした統治システムが機能していた。いや、正確にはそれが機能していると信じられていたということだ。統治システムが揺るがないためには、それが将来にわたっても永劫に揺るがないという信仰が必要だったということであり、その信仰が生きていたということである。この時代を支えた団塊世代のヒーローである長嶋茂雄は、引退の挨拶で、「巨人軍は永遠に不滅です」と言って喝采されたが、長嶋に喝采を送った人々の心の中には「会社は永遠に不滅」であるべきだという強い気持ちがあったのだと思う。長嶋茂雄に、多くの団塊の世代は自己を投影し、「会社は永遠に不滅です」と叫んだのだろうか。それはよくわからない。しかし、ことさら、自らの属する共同体の不滅を意識するということは、それがすでに変質しはじめていることのあらわれであろう。事実、この後巨人軍の常勝神話は脆くも崩壊し、絶対に倒産しないと思っていた大手の銀行や証券会社が相次いで倒産したのである。そしてこの頃を境にして、会社を信仰する時代が終わりを告げることになる。

第9章 欲望が作り上げた幻想

不条理な会社の命令

たとえば、あるとき会社は経理担当社員に二重帳簿の作成を命ずる。営業担当に取引先の役所に、賄賂の金を届けることを命ずる。ひどい場合には、敵対する企業に潜り込んで機密情報を奪ってくることを命ずる。いずれも犯罪的な行為であり、時には法律に抵触する。しかし、これは会社の命令である。それに逆らっては、出世の階梯を上ることはできない。いや、明日の自分の席が保障されないとも限らない。会社は何でこんな不条理な命令を俺に下すのかと思う。それでも、社員はなかなかこれを拒むことはできない。会社の命令は絶対だからである。本当は、会社の中の誰かがそれを命じたはずである。それでも、命じられた社員は、これを会社の命令として受け取ったのである。

岩井克人は、『会社はこれからどうなるのか』の中で、株式会社というものの基本構造は、株主が法人としての会社を所有し、その法人としての会社が会社資産を所有しているという「二重の所有関係」であるとし、会社とはモノに対してはヒトとしての役割をはたし、ヒトに対してはモノとしての役割をはたすと語っている[43]。卓見だと思う。しかし、不条理な「会社の命令」になにゆえひとが従ってしまうのかについては、法人という擬人格と、株主・従業員との間の錯綜した所有関係からだけで説明するのは難しいように思える。それは岩井が分析したような会社のシステムの問題ではないからである。ひとが、本意に反しながらも「会社の命令」に従う理由を説明するためには、心理の中に起こる劇というものを見なければならない。この命令に従わなければ自分が出世の階梯からはじき出されるという恐怖は、その一つの理由ではあるだろう。しかし、もし恐怖というのなら、この命令に従って法を犯すリスクを勘案すれば、会社の命令に背くことのリスクよりも、不条理な命令に従うことのほうが大きな恐怖であるべきなのだ。だが、ほとんどの場合、ひとはこの二つのリスクを冷静に比較考量することができない。

実際には様々な選択肢があるにもかかわらず、ひとはしばしばそれが違法であることを知りながらも、ヘビににらまれたカエルのように逃げ道はないと観念してしまう。

一体、これをどう考えればよいのだろうか。その鍵を開けるために、この章では、会社というものが持つ「空気」と、その「空気」を吸って生きる人間との関係についての見取り図を作らなくてはならない。

✣ 会社が会社である理由

　個人が会社を裏切るのには理由がある。上司が気に食わない。同僚と反りが合わない。仕事に誇りが持てない。思ったほど給料をもらえない。これでは生活できない。だから会社を辞める。しかし、それは個人が会社そのものを裏切ったのではなく、別の会社に乗り換える理由でしかない。ここでは会社そのものに対する信頼は揺らいではいない。給料がどんなによかろうが、それが自分にとって引き合わないと考えれば、ひとは会社を辞めて新しい場所を見つけることができる。引き合わないと考える理由は、合理的なものばかりとは限らない。

　しかし、会社は断固とした合理的な理由によって、個人を裏切るのである。合理的な理由とは、ただ人件費コストと生産のバランスを最適化して収益の最大化目的を達成するという、会社内部だけを貫徹する合理性ということである。その最適化に見合わなければ、余剰人員は直ちに切り捨てられることになる。この場合、社会的公正や、個人の倫理は勘定に入ってこない。

　一体、会社とは何なのか。

　おそらく、この問いはこれまでにも様々な場面で、多くの会社生活者によってなされてきた問いであるだろう。しかし、この問いに答える前に、会社というものの持つ性格について、岩井克人の分析も踏まえながら、すこし立ち入って考察してみたいと思う。それは、会社で働くことの意味を問うということではない。会社そのものの意味、自明と思われている会社というものを人間はどうして発明し、それがどんな効果をもたらしたのかということについて問うてみたいのである。

　人間が百人いれば、百通りの生き方があり、百通りの性格がある。だから、会社が百社あれば、百通りの経営があり、百通りの会社の風土というものがある。しかし、異なる会社が百社あっても、会社が会社であることの根本的な性格は変わらないように見える。会社の性格は多様ではない。根本的には一つの性格しか持っていないのだ。しかし、何が根本的な性格なのかと考えると、それに答えるのは意外と難しいことがわかる。

　確かに、よく考えてみれば、会社とは不思議な存在である。

　岩井克人は、株主が法人としての会社を所有し、その法人としての会社が会社資産を所有するという「二重の所有関係」を、「法人とは、モノに対してはヒトとしての役割をはたし、ヒトに対してはモノとしての役割をはたしている」と述べた。

　しかし、岩井の思想（と言ってもよいかと思う）は、ただ単に会社というものの二重性について言及しているだけではない。岩井の着想の卓越性は、貨幣、法、国家というものの発生を論理的に訴追してゆくなかで、会社というものの存在の秘密に触れたところにある。

　つまり、貨幣や、法、国家が貨幣、法、国家であるのは、それらに内在している価値によるのではなく、皆がそれを貨幣、法、国家であると認めているからであり、まさに流通しているというそのことが、これらの存在を保証しているということを「発見」したということである。貨幣論に関しては、この流通していることだけが貨幣の根拠であるということは、ある意味で多くの研究者が指摘していることではあるが、それを法や、国家にまで拡張し、幻想の制度というものを解き明かす岩井の手際は際立っている。

貨幣が貨幣になり、法が法になり、国家が国家になるための基盤は、貨幣が貨幣として流通しているからであり、法が法として機能しているからであり、国家が国家として権力を保持しているからだという自己循環論法の中にあるのであって、それ以外に存立の根拠が存在しているわけではない、と岩井は言う。自己循環論法の中にしか根拠を持たないシステムとは、それが信憑のシステムであるということである。物神はひとがそれを神と信じている限りにおいて神なのであって、信仰がなくなればそれは直ちにもとの鰯の頭や、木偶人形に変わってしまう。

岩井の貨幣に対する着想に基づくなら、会社も同じである。会社が会社であるのは、皆がそれを会社として認めているからであり、まさに社会の中で会社として機能しているからであって、もし誰も会社というものを信じていなければ、毎日律儀に会社に通って、忠誠をつくすなどということもなくなる。

あるいは、こういった言説は机上でなされた血の通わない理屈に過ぎないと思われるかもしれない。しかし、私の少ない経験から推しても、これが空論ではないことが実感されるのである。

私は、何度か倒産寸前の会社に関わったことがある。昨日まで社長として社員から畏敬の念で見られていた人間が、ただの無能な禁治産者予備軍のように落魄した姿に変貌し、社員は誰も会社とともに心中しようなどとは思わないという修羅場である。こんなとき、会社とは、ただ債権者によって切り刻まれるだけの無残なモノに変わっていく以外に方途がない。会社における役職のヒエラルキー、規則、モチベーションのシステム、価値観は、それらに対する信仰がなくなった瞬間にまったく意味のない記号に変わってしまうのである。

会社が、会社であるためには、それが見かけ上、永遠に存在する不滅のものであるかのような、呪力を持っている必要があるのであり、それを支えているのは、皆が会社が会社として永続してゆくと信じているという信仰である。第I部では、株式会社存立の根拠の一つとして、自然人を超える永続性（ゴーイング・コンサーン）が必要であったという説明をしたと思う。そして、その永続性の呪力が消えたとき、会社は死に体となる。会社が、会社であるためには、この組織はヒトのように「生きて」いなければならない。また同時に、ヒトの寿命を超えて「生き続ける」ものでなければならない。そうでなければ、会社は会社として存在することができないのである。

利益共同体としての会社

二つのステップで、会社とは何かということを考えてみたいと思う。

①岩井克人が述べた株式会社の二重の所有関係とそれがもたらした株式会社の特異な性格という構造的な側面について

②それが病的であると知りながら、なにゆえひとは株式会社の価値観から逃れることができないのかという心理的な側面について

①に関しては次の章で詳しく述べることになるので、ここでは簡単に触れておきたいと思う。言うまでもなく、株式会社というシステムに二重の所有関係が生まれた理由は、株式会社というシステムが所有と経営の分離という「離れ業」によって作られたことに由来している。なにゆえ、所有と経営は分離されなければならなかったのか。それにはいくつかの理由が考えられるだろうが、最も大きな理由は、それが資金調達を最大化できるシステムであったということ、それが関係者の利潤を最大化するのに最も効率的かつ好都合であると推論されたということだろう。もし、所有と経営が同一であった場合には、その会社は経営者の資本の範囲でしか活動することができないために、規模の経済がもたらす恩恵を得ることができない。資本と経営を分離することにより、有望なビジネスにはいくらでも資本を集めてそれを連結することができるようになったのである。

ここで重要な点は、このシステムの中に、労働―生産―販売―資本回収といったプロセスとは

別の、投資―リターンという投機的な要素が仕込まれたことである。これにより、このシステムの全体が、欲望という強力なエンジンを内蔵することになった。なぜなら、労働―生産―販売―資本回収というシステムは単なる再生産のサイクルに過ぎないが、リターンに対する欲望は限りなく拡大再生産されるものであり、その拡大への欲求こそが企業を発展させる原動力になっていったと言えるからである。

ただ、当然のことながら、そこに株主と経営者という二組の、思惑を異にする人間（たち）が登場することになる。株主はただ自らの持分資本が増加することにしか興味を示さず、経営者は自らの経営理念とは別に、株主からの無言の命令に従うことが課せられることになる。ここで重要なことは、所有と経営が分離されたことにより、経営者の倫理観もまた分離・分断されることだ。この事実がもたらす弊害に関しては、株式会社発生の当時から問題視され、現在においても多くの株式会社による不祥事の遠因になっていると指摘されている。それにもかかわらず、このシステムが存続する理由は、これ以外にこれ以上効率的な利潤追求システムが見当たらないからではない。確かに株式会社発生の当時は、このシステムほど効率的かつ有効なシステムは存在しないと思われていたかもしれない。しかし、今はそうとばかりは言えない。

むしろ、多くの人間が、このシステムの欠陥を知りながらも、このシステムが作り出している価値観といったものに心理的な同意を与えている。

それが、②の問題である。そして、なにゆえそのようなことが起こるのかということに関して理解するためには、岩井克人が言う株主と株式会社、株式会社と会社資産とのあいだの二重の所有関係に言及するだけでは足りない。株式会社というものが、その関係者全体を参加者とした幻想の共同体という性格を持ち、それ故にそこに共同体の掟と言うべき暗黙のルールが作られるということに着目する必要がある。特に、日本においては戦後から今日に至るまで、株式会社はそこで働くものにとっては、一つの運命共同体的な役割を演じてきた。それは、まだ株主と経営者が今ほど明確には分離していなかった時代の名残りなのかもしれない。しかしそれでも、そのときに生まれたものは、コーポレートガバナンスの在りようが変わった今日の会社の中にも残り続けている。

システムの欠陥を知りつつなにゆえそこから抜け出せないのかということに関して考えるためには、人間というものは、自らがつくり、支配しているはずの共同体に影響され、依存し、その共同体の目的や、共同体を存続させるための論理によって逆に支配されるという、不思議な倒錯関係が生まれることに注目する必要がある。

❖ ひとは自ら設定した枠組みの中で思考する

「会社の命令」が不条理であるのは、その命令を聞くものの価値観と、会社の価値観が逆転しているということに他ならない。会社の価値観とは、端的に言って企業利益の最大化であり、株主利益の最大化である。このことは、会社は誰のものか、会社の統治権は誰に存するのかといった所有、統治システム上の問題とは直接関係が無い。誰のものであっても、誰が統治していても、会社は利益の最大化を自己目的化する共同体なのだ。フィランソロフィーに熱心な会社もあれば、環境問題に真摯に取り組む会社もある。社員を奴隷のようにこき使う会社もあれば、人を大切に育てている会社もある。株主主権を前面に押し立てて、現在価値の最大化を戦略としている会社もあれば、長期的な視野に立って企業文化や人的資本の充実に力を入れている会社もある。しかし、会社の戦略や哲学といったものは、経営者が代われば容易に変更されるし、一旦危機に陥れば背に腹は替えられないといった方策が採られる。どのような経営スタイルをとるかは、経営者の資質や、そのときの資産状況、外部環境によって変化する。それでも、利益を最大化するという会社の本来的な目的だけは、変わりようがない。もし違いがあるとすれば、それは短期でそれを達成するのか、それとも長期的な視野で考えるのかの違いだけである。

どこまでいっても会社の目的とは、利益を最大化するということになる。本質的には会社にはそれ以外の目的は存在していない。そして、その目的は私たち人間の目的でもある。ただし重要なことは、会社にとっては、それは唯一の目的であるが、人間にとってはいくつかある目的のうちの一つでしかないということである。

別の言い方をするなら、会社の本来的な目的は、会社で働く人間の目的とも、社会全体の目的とも一致してはいない。正確には、一致することもあれば一致しないこともある。

ひとが、不条理と知りつつこの「会社の命令」に従うのは、利益の最大化をどのようにして合理的に最短距離で達成してゆくのかという会社の命題に、不思議なことにほとんどの場合、喜々として従うからである。それは、人間というものが一つの目的のために、いくつかある他の目的を見ないようにしているということである。

もちろん、自らの保身のために面従腹背するということも多いだろう。しかし、往々にして、不条理ではあっても、会社の命令は絶対であるという「天の声」には従わざるを得ないと考えてしまうこともあるだろう。場合によっては、違法な行為でさえ倫理的な痛みなしに、実行するということすらありうるのである。会社は、利益を最大化するという目的の下で、一貫した合理性のある行動規範に従うことを社員に要求する。この規範は、もし利益の最大化という目的を除外した場合には、ほとんど何ら意味のない規律や命令によって組み立てられている。しかし、目的を達成することを至上の命題とするならば、それらは規律や命令以上の、価値観となりうるのである。ここでは、個人の主体的な価値観があって、会社の目的がつくられるのではなく、会社の目的が社員の価値観を生み出すのである。社員の規範は、社員自らの内的な動機によって形成されるのではなく、会社が社員に押し付ける価値観から導き出されるのだ。

会社に対するロイヤリティの強い社員ほど、この価値観に従順であるのは言うまでもないことだろう。個人にとっては理不尽で、不条理な命令ほど、社員の会社に対するロイヤリティを高進させるということが起きる。こうなると、全ては、ひっくり返しになる。会社にとって有用なことは、個人にとっても有用であり、会社にとっての不利益は個人にとっても不利益であると考えてしまう。社員という言い方は不正確かもしれない。正確には、経営者・従業員を含む会社内のフルメンバーのことである。これに対して、個人とは会社内メンバーとは違う、共同体のメンバー規範外の一個の独立した人格のことである。つまり、一つの身体の中に、会社内メンバーと個人が棲みついているということである。

会社の価値観と個人の価値観は、ほとんどの場合、倒立した関係としてあらわれる。「銀行とは晴れの日に傘を貸し付け、雨の日にそれを取り上げる」とはよく言ったものである。担当者も支店長も、資金繰りに苦しんでいる経営者に対しては、何とかしたいという気持ちがあったとしても、組織の論理はそれを許しはしないのである。一つの組織の内部でも、個人的な価値観と会社の価値観はしばしば激しく対立する。会社とは、まさにアダム・スミスが「相手に何か望むなら、慈悲心よりは利己心に訴える方が効果的である」と言った意味での「利己心をくすぐられたものたち」の集合体でもある。さらに言えば、利己心のありようもまた色々である。

会社において、本来、個々に利益が相反する複数の人間が、一つの利益共同体として機能するためには、どうしても個々の価値観を一旦括弧に入れる必要がある。したがって会社の価値観とは、あくまでも会社という共同体を存続させるための、限定された価値観だということになる。そうであるにもかかわらず、それがあたかも社会全体の価値観であり、自分の価値観でもあるかのように考えるようになってしまう。ひとはなぜ、自分のものではない、組織限定的な価値観によって支配されてしまうのか。

それには理由がある。

ひとは、自分が一人で作った規則は容易に、破ることができる。禁煙だろうが、断酒だろうが、何度でもそれを破ることができる。それは、他人が作った規則に関しても同じである。ところが、共同体が作った習慣や規則は、簡単には破ることができない。それは単なる規則違反であるに留まらず、その言葉の真の意味での（つまりは宗教的な意味での）共同体への「背信」であるからである。規則という言葉を、価値観と言い換えても事情は変わらない。共同体の価値観が、自分個人の価値観と明らかに異なっている場合においても、自分がそこに帰属している限りは、その価値観から自由になれない。人間は一つのフレームの中にいるとき、そのフレームが作った言葉で思考し、そのフレームが作った価値観でものごとを判断している。そのとき、フレームそれ自体は見えてはいないのである。人間が組織の価値観に支配されるとは、こういうことだ。

もし、この価値観を避けようとするならば、ひとは会社というフレームからスピンアウトする以外に方法がないように見える。

✣ 会社には人間の欲望が刻印されている

当今、会社はモノとして売買される存在でもある。

それゆえ、会社にとっての価値観も拡張される。利益の最大化という目的に加えて、会社それ自体の現在価値の最大化という目的が加わってくる。現在価値の最大化とは、端的に株価の最大化ということである。

　ほんとうのところ、会社は、目に見える資産だけではなく、信用、ブランドといった目に見えない資産まで含めて様々な資産の所有者として位置づけられている。しかし、会社の現在価値を決めるのは株価である。そしてその会社は、株主によって売買されたり、株主の意思によって動かされる存在でもあるということだ。所有すると同時に、所有される存在なのである。

　この不思議な二重性を持った会社について、それがあまりに日常的な存在になっているために、私たちは普段の生活の中では疑いを持つことがなくなっている。そして、会社は人間の歴史の中で、人間の歴史と同じだけ古い、自然に生まれ出た存在であるかのように錯覚するのである。しかし、すでに述べてきたように、歴史をひも解いてみると、株式会社は人間と同じ起源を持つほど古くはないし、自然にこの世界に生まれてきたわけでもないことがわかる。株式会社は17世紀初頭に人間の欲望が作り上げた構築物なのである。

　欲望は一方では見果てぬ幻影を作り上げ、もう一方では欲望を満たす装置を作り上げる。この幻影と装置が一つのものになったとき、株式会社は完成する。

　会社には、法人という、法律上の人格が与えられているが、あくまでもこれは人間が便宜上与えた人格であって、会社そのものに人格が備わっているわけではないことは言うまでもないことだ。しかし、それにもかかわらず、この人間が便宜上与えた人格は、あたかもフランケンシュタインが造ったモンスターのように一人歩きし、社員の生活を支配し、社会に影響を与え、その暴走を人間が容易に止められなくなるといった事態が起きるのである。

なぜ、会社による不正、隠蔽、脱法、違反行為は繰り返されるのか。

一番分かりやすいのは、不正や脱法行為をしてでも利得を得たいと考える倫理観の薄い経営者がいるからだという答えである。しかし、彼らによる不正のほとんどは、もし会社というものを舞台にしなければ起こりえない不正であったというのも事実だろう。もし、不正をしても、それが摘発されずに済み、大きな利益をもたらすことが明確であるなら、誰にとってもこの不正に対する誘惑には抗し難いと言うべきかもしれない。会社がらみの不正の原因を、経営者個人の倫理的な資質に求めても問題は何も明らかにならない。むしろ、会社が不正を犯す全ての因子は、会社そのものの性格の中に潜んでいると考えるべきなのだ。会社は、自らの経済合理性によって、不正を犯すのである。そう考える以外には説明のできない事態が世界中で生起している。

２００１年に世界を驚かせたアメリカの巨大企業エンロンの倒産と、それに続く大手企業の不正の発覚は、会社が暴走し、それを誰も止めることができないという、会社の持つ負の側面を如実に示す事件であった。同じ頃、日本においても、ライブドアによる粉飾、建設業界に蔓延した耐震偽装問題など、企業が法の一線を越えてゆく事例が頻発する。

エンロン事件では、創業者レイが逮捕され、日本でも堀江貴文ら経営陣が証券取引法違反で逮捕されるという事態に発展した。

ここでは、エンロンの経営者やライブドアの経営者たちに、どこまで違法性の認識があったか、あるいは、現在の法律に照らして、彼らの罪状が妥当なものであるかどうかということを検討するつもりはない。それは法律家の専管事項である。また、彼らの倫理的な側面についてあれこれと詮索するつもりもない。それは道徳家や宗教家の仕事である。

私は、これらの事件が、こういった一部経営者による個人的な野心のみによって引き起こされたわけではないということについて論じてみたいと思う。

個人的な野心家が、その野心を満たすために、法の一線を踏み越えるということはありうる。しかし、そんなことは日常的に、どの世界でも起こりうるし、これまでもいくらでも起こってきた事実である。会社を舞台にして起こったエンロンやライブドアの事件は、しかしこれらの個人的な犯罪とは根本的に位相を異にしている。これらの会社の経営陣は最初から犯意を持って会社に就いたわけではない。報道されているような、明らかな個人的な利益誘導を別にすれば、彼らが共同して行った粉飾は、「会社のために」良かれと思って仕組まれたことである。そして、それが反社会的であり、司法判断としては違法であったとしても、会社の中では「正義」ですらあったということに、注目すべきだろう。個人の価値観と会社の価値観が倒立して現れるように、会社の論理と倫理は、社会のそれとは、もう一度逆転して現れるのである。それはあたかも、オウム真理教内部での論理と倫理が、俗世のそれと逆転していたということと本質的にはまったく同じ理由による。あるいは、山岳ベースで陰惨なリンチを繰り返した連合赤軍派の場合も同じである。そのメンバーたちは、共同幻想を解かれてしまえば、ごく普通の、むしろ倫理的で心優しい人々であったに違いない。彼らを鬼畜の所業に就かせたのは、彼らの内部にあった個人的な性格ではない。いや、誰でもが、共同体の内部にいれば、同じことを行う可能性がある。吉本隆明が『共同幻想論』を通して分析したこの問題は、何度繰り返しても足りない重要な視点だろう。

陰惨な事件ではないが、株式会社による不正も、同じ構造を持っている。今世紀に入ってから建築偽装、食品偽装、不正経理処理など一連の企業不祥事（第10章で詳しく述べる）は、経営者や担当者個人のパーソナリティーには無関係に、これからも様々に時と場所を変えながら起こりうるだろう。

なぜなら、それは会社という幻想共同体が本来持っている病に起因しているからである。

✣ もともと反社会的だった株式会社

「企業とは病的な機関であり、人間と社会に対して大きな影響力を持つ危険な存在である」[44]

これは、長年企業の中で闘ってきた労働運動家や、搾取に苦しめられた貧困労働者の呪詛が言わしめた言葉ではない。本書の中で何度か言及してきている、ジョエル・ベイカンの『ザ・コーポレーション』の中の言葉である。著者はブリティッシュ・コロンビア大学の法学教授であり、オックスフォード、ハーバードなどの大学の学位を持つ研究者である。彼が株式会社から、他人以上に特段のひどい仕打ちを受けてきたということは無いだろう。あるいはまた、現体制打倒を唱える左翼革命家でも、現世を憂えるカルト宗教家でもない。民主主義の世界で、大学で教鞭をとる普通の研究者である。それでも、彼は「企業とは病的な機関」であるという意見を持つに至った。

　この著作を読み進めるうちに、私は、この言葉の中には株式会社を考える上で、私たちが看過してきた、会社というものの持つ本質的な性格が隠されていると感じるようになったのである。そして会社の持っている、その本質的な性格の中に、様々な不祥事を捲き起こし、長い目で見ればそれが引き合わないことを知りながらも何度も同じような犯罪的な振る舞いに手を出してしまう誘因があるように思えたのである。

　あらゆる経営学、経済学は、一つの前提の上に成り立っているように見えることがある。

　その前提とは、会社が利益を上げ、経済が右肩上がりに成長してゆくことは、人間を幸せにするということである。このもっともらしい前提は、厳密に考証された「理論」というよりは、むしろ人間の欲望や希望が言わせている言葉のように響く。経営学も経済学も、私は素人なのだが、経済発展を前提としていない経済学というものがあってもいいはずだと思う。ところが、経営学は会社が利益を上げるための学であり、経済学が経済発展のための学であるとするならば、それらは確かに「実学」には違いないが、人類全体のための学識というよりは、特定の利害関係者のための「学」だと言うべきだろう。本来の意味での経済学、普遍的な経済について考えるならば、人類学的なアプローチも必要になるだろう。贈与と交換の長い歴史の変遷を紐解く必要があるからだ。

さて、会社とは、本来ニュートラルな価値観の所有者として世に生まれ出るものであると考えてみる。そして、主には経営者の価値観によって、さらには株主やステークホルダーの価値観の総和によって、会社の性格が事後的に決定されると考えてみる。強欲な価値観に支配された経営者によって牽引された会社は、強欲を実現する機関となり、時に社会に害毒を垂れ流す。汚職であり、詐欺であり、公害でありといったように。しかし、純良な経営者によって会社の価値観は浄化され、社会に有効な価値を提供する公器となる。

この考え方は、半分は正しい。そういうことは、経験上も、実際の世の中にはままあるからである。

しかし、それでは会社が反社会的なふるまいを何度も繰り返し行うことを説明することはできないのである。ある場合には、会社自らの信用を失い、長期的に見ればそれが引き合わないとわかっても、反社会的な行動を繰り返す。あるいは、純良な経営者によって牽引されていたはずの会社が思わぬ犯罪に踏み込むこともある。経営者個人の意思とは別の力が「株式会社」に内在していると考えるほかはないのだ。

つまり、経営者の人格によってだけでは、「株式会社」の行動を説明することはできない。会社は、時として害毒を流すが、全体としてみれば社会に価値を提供し、人間の進歩に寄与してきたというのは、会社を説明する言葉ではなく、会社がみずからの存在理由を誇示しているに過ぎない。

『ザ・コーポレーション』には、会社が人間に与える影響について次のような示唆深い記述がなされている。

> 「自分探しについては、企業は事実上、教会に成り代わっています」と、エジソン・スクールズに投資するマイケル・モーは言う。企業は、教会と同じもの——従順さ——を要求し、「払うものを払って教義に従いなさい」と求めている、と言うのだ。人間の在り方は不変でも普遍でもなく、社会の秩序を反映している。歴史を通じて、支配的な機関は、自らの機関としての性格、ニーズ、利害にあったアイデンティティを構成員に与えてきた。教会は信者たちに神への畏れを抱くことを求めたし、封建時代には領主と農奴の関係が成立した。そして民主社会には、市民がいる。[45]

教会が呪術的な力を持つように、会社もまた呪術的な力を持っている。人間は自分たちが作り出し、支配していると思っているものによって支配されるというパラドクスの秘密が、ここにある。自分たちが作り出したものとは、すなわち貨幣、法、国家、そして、株式会社といったものである。一言で言えば、それらを駆動する内在的なパワーの源泉は「共同幻想」そのものの内部に起因している。第Ⅰ部で、今日の株式会社の祖型が、教会法的コンメンダに遡れることを検討したことを、もう一度思い起こして欲しいと思う。

第10章 株式会社という幻想共同体と個人の欲望

✣ 欲望を駆動する他者

子どもの養育費と家賃の支払いに追われるサラリーマンが、ある日突然会社から、業績不振のためのリストラで「辞めてくれないか」と言われる。会社で働く個人にとって、これほど不条理なことはない。彼は会社から永久に給与を支払われるといった契約に基づいて就職したわけではないと知ってはいる。しかし、彼にも生活上の都合があり、養わなければならない家族がある。会社もまた人員を整理して、コストカットをしなければ存続してゆくことすら覚束ないほどに経営が悪化している。彼は、会社のマネジメントやビジネス戦略の失敗によって収益性を失ったと思っているが、会社は彼のような、生産性の悪い社員に支払わなければならないコストが、経営の首を絞めていると考えている。会社の所有者である株主もまた、リストラを断行して業績を回復せよと迫っている。一体何が原因でこのような理不尽な対立に至ってしまったのだろうか。サラリーマンには、同じ年代の仲間がそうしているように、いつか一戸建ての家を構えたいという欲望があった。会社は彼の欲望を支えてくれる場であるはずであった。しかし彼には、会社の向こう側にいる株主というもの、会社の利益配分を求めているもう一方の欲望の持ち主について考える余裕はない。会社は、利潤を生んでそれを関係者間に分配する機関であるが、関係者間の欲望は時に共同し、時に著しく相反する。あるいは、株式会社というものの性格上、社員とは株主のことであり、従業員である彼は、デスクやパソコンといった消耗品と同じような人材という材料に過ぎない存在になってしまう。非正規社員であれば、その傾向はさらに強くなるだろう。経営側から見れば、非正規とはまさに、景気が良いときに仕入れ、景気が悪くなったときには仕入れを控えることのできる変動費扱いの労働力だからである。しかし、正社員という名の従業員は、本来的には会社を動かしてゆく中核的な動力であり、だからこそ固定費として一定の給与が保証されてきたわけだ。

会社は、私たちが否応なく巻き込まれている経済生活の中心に在って、そこから分配される賃金が私たちの生活をつくり、そこから召し上げられる税金によって公共的な資産が形成される。会社の総体が生み出す大きなお金が国力を表現し、会社に流入する金の流れが詰まれば国家間の紛争にまで発展する。人間が考えたシステムに個人も国家も振り回される。そこに悲劇が起こり、喜劇が起こる。悲劇も、喜劇も国家的な事件として起こる場合もあれば、個人個人の生活上のささやかな出来事に過ぎない場合もある。いずれの場合も、もし欲望というものが存在しなければ起こりようの無い事件であり、出来事である。それは私益を求める個人の欲望であり、国益を求める国家の欲望である。

しかし人間はもともと、所有や金銭的欲望を持って生まれてくるわけではない。

それは、あらゆる地球上の動物を観察してみればよく判ることだろう。勿論、腹をすかせた二頭の犬の前に肉片を投ずれば、この二頭は争ってこれを奪いあうだろう。しかし、有り余る肉片を与えてあげれば、この二頭が永久に争い続けることはない。食欲という身体的な欲求が満たされれば、この欲求は消えてゆくに違いない。数時間か、数日が過ぎれば、またこの身体的な欲求が戻ってくる。身体的な欲求は、身体を維持するために、絶えず再生産される。しかし、この欲求はいつも、一定の量の食料や睡眠によって消失し、拡大してゆくことはない。身体的な欲求とは、身体がその生存を維持してゆくために遺伝子の中に組み込まれた生存のための機構なのだ。もし、この欲求がなかったならば、飲まず食わずに遊び続けたり、飽くことなく活動し続けることで、ひとはやがて衰弱し、死んでしまうだろう。反対に、この欲望が満たされることなく、一方的に亢進し続ければ、肥満や栄養過多になって身体そのものが破壊されてしまうことになるだろう。過剰な欲望は肉体を毀損してゆくことになる。

私が「人間の欲望」と呼ぶものは、この種の身体的欲求のことではない。心的な領域にある欲望のことである。

一定の富を手にすれば、それを蕩尽するまでは、欲望が消失するというようなことにはならない。一つの欲望の成就が、さらに次の欲望を掻き立てる。ぼろアパートに暮らすものは、いつかは近代的なマンションに住みたいと思うだろう。マンションに住むものは、いつかは一戸建ての庭付きの家を持ちたいと思う。小さな中古車のオーナーは、新車のセダンに乗りたいと思うだろう。国産の中型セダンに乗っていると、いつかは大きなエンジンを積んだ革シートの外国車に乗ってみたいと思うかもしれない。必ずそうなるとは言えないかもしれないが、一般的には欲望はこのようにグレードアップしていくことになる。

なにゆえ、欲望はこのようにグレードアップしてゆくのか。目の前に、より美しく、より便利で、より快適なものが現れれば、それを欲しいと思うのが人情だと言われるかもしれない。確かにそうである。この場合、人間の欲望を駆動しているのは、モノの方であって、人間の欲望がより便利なモノを欲しいと、絶えずその欲望自体を更新しているわけではない。しかし、もう少し注意深く自分の欲望を見つめていると、別のものが見えてくる。

もしも、「私」が絶海の孤島に住むロビンソンのような生活をしているとするならば、「私」は単に利便性が高いからという理由によってそれらのものを欲しいと思うだろうか。山海の食べ物を確保するための利便性ということを考えると、ほとんどの文明の利器は無用の長物になる可能性の方が高いのではないだろうか。「私」がマンションに住みたいのは、「私」以外の誰かがすでにマンションに住んでいるからである。「私」が大型外車に乗りたいと思うのは、「私」の友人がすでにそれを所有しているからである。「私」の欲望は、「私」の内奥から湧き上がってくる利便性や効率性への欲求だけによって駆動されているわけではなく、「他者」がすでにそれを所有しているということによって激しく駆り立てられるのである。どうして、こういうことが起こるのか。

かつて私は、「人間は自分を確認するために他者を必要とするわけです。この場合、他者は自分と同じでなければならず、同時に自分は他者と異なっていなければならないという奇妙な二重性[46]」があると書いたことがある。

欲望の最終的な行き先は、貨幣へと向かう。貨幣こそは「私」と他者を隔てる最も明確で分かり易い指標だからである。私たちは社会の中で、自分が生きていくうえで必要なものと交換するのに必要な貨幣だけを欲しがっているわけではない。他者が所有していると同じだけの、あるいは他者と自らを隔てる象徴としての貨幣を所有したいと欲望する。この関係を模倣＝擬態の理論をつくった人類学者ルネ・ジラールは「人間は、他者の欲望を欲望する」と、的確に表現した。

貨幣に対するこの過剰な欲望は、他者が存在しなければ、存在しえないものである。その意味では、欲望と他者とはいつも共犯関係を構成することになる。「私」の欲望は他者を求めており、他者は「私」の欲望に意味を与えている。この関係は、「私」と他者を入れ替えても同じである。

こうやって、「私」と他者は相互に欲望を拡大し続けることになる。その意味では、「私」の欲望の原因は、他者が作っているとも言える。そうだとするならば、他者の欲望の原因もまた「私」が作っていることになる。

ウロボロスの輪のような原因と結果

企業の不祥事はいつの時代にも起きている。過重労働や過剰な罰則に起因する脱線事故や、原子力発電所における作業ミスの隠蔽や、会社の倫理低下を象徴するようなルール違反、法律違反は後を絶たない。こういった不祥事や事故の原因は一体何処にあるのかということに対して、マスコミは犯人捜しに余念がない。犯人は、モラルのない経営者だったり、過酷な労働条件だったり、機器の誤作動だったり、ということになる。原因を探し出して、それを改善すれば、この種の不祥事や事故は無くなるのだろうか。しかし、この種の不祥事も事故も、無くなることはなく、むしろ社会が高度化し、複雑化するにしたがって増え続けているように見える。

勿論、会社が時の法律や社会のルールに反することをすれば、その行為は弾劾されてしかるべきである。法律違反は法律によって、ルール違反はルールによって裁かれるべきである。しかし、そのことが会社の行動に対して、教育的な効果をもたらすと考えるのは楽観的すぎるだろう。事実、企業犯罪や不祥事の増加は、この考え方の正当性を軽々と否定している。しかし、企業犯罪や不祥事の原因を追求し、それを取り除き、違反に関しては罰則を設けて、二度と同じような事例が起こらないように努めているにもかかわらず、一向に事態が改善されないというのは、どういう理由によるのだろうか。

考えられることは一つしかない。私たちが原因と考えているところのものが、実はほんとうの原因ではないということである。あるいは、原因があって結果があるという因果律は、私たちが考えているほど単純なものではなく、不可解かつ不確定なものであるということかもしれない。

実際、ほとんどの原因と見られるものは、実は原因ではなく歴史の結果であったり、せいぜいその効果でしかない。人間はいつも、原因と結果の順逆を取り違える。いや、取り違えたがるのである。

奇矯な喩えで申し訳ないが、誰でもいいから一人の天才的なスポーツ選手というものを思い浮かべていただきたい。たとえば、タイガー・ウッズのような不世出の天才。誰にもまねのできないような激しいトレーニングと合理的な精神が、タイガー・ウッズのような名プレイヤーを生んだと言ったほうが、タイガー・ウッズだからそのような修練が可能になったと言うよりも、分かり易い。しかし、激しいトレーニングと合理的な思考をすれば、誰もがタイガー・ウッズになれるわけではないことは明白であり誰でもが知っている。激しいトレーニングと合理的な思考は、名選手を生むための無数にある条件のうちのただ一つに過ぎない。いや、それは条件の一つでもないのかも知れない。私が言いたいのはこういうことだ。タイガー・ウッズは数十年に一人現れる天才だろう。しかし、この天才が現れるためには、無数の挫折した天才候補者が必要なのだということについては、あまり顧みられることはない。一人の天才が現れるためには、彼と直接は関係のない無数の人間の、欲望の協力が必要なのである。それは、直接的な因果関係はないが、どこかで繋がっている一続きの出来事である。もし、この関係のない無数の人間の欲望がなければ、タイガー・ウッズという人間はゴルフというスポーツに出会ったかどうかさえ疑わしい。たとえ、出会ったとしても、これほど打ち込むことはなかったかもしれない。努力と結果という因果関係は語り易い作り話である。しかし、彼をゴルフの練習へと駆り立てた欲望の劇に関しては、それをつまびらかにするよすがない。あるいは、タイガー自身でさえ、それをうまくは説明することができないだろう。

✣ 事故の「内部化」

何が言いたくてこんなややこしいことを言っているのかと、問われるであろう。

私が言いたいことは、原因と結果を繋いでいるものは、因果関係というようなロジックでは説明することができないということである。そして、一つの結果に対して、誰かがその原因を追求する場合に、実は自分もまたどこかでこの結果の加担者であるかもしれないということに思い至ることはないということだ。

ほとんどの場合、原因とは失敗した結果が作り上げた物語であり、事実のように見えるかもしれないが、その意味付けはフィクショナルなものだと言わなければならない。すくなくとも、そこには語り手の、バイアスがかかっている。本当のことは、誰も判らない。

JR福知山線脱線事故は、運転手の不用意な超過スピードが引き起こしたとされている。確かにそうである。全ての事故は、当事者による、直接の事故要因の見落とし、見過ごし、誤作動から引き起こされる。しかし、超過スピードは事故を誘発する因子の一つかもしれないが、車体の設計はこのような人間の過誤に対するフェイルセーフの機構を含んでいたはずである。そうなると、直接の原因は線路設計にあるのか、あるいは車体のメカニズムにあるのか、ブレーキシステムにあるのかというような犯人捜しの様相を呈することになる。しかし、システムに瑕疵があれば必ず事故になるのかといえば、そうは言えまい。このように、原因追求の方法は、事故全体を構成している様々な要件を分解し、その要件ごとのアリバイを探し出して、捜査の範囲の外部へと排除してゆくことになる。

しかし、どこまでいっても、確証というものは得られない。はっきりしているのは事故は確かに起こったということであり、それを起こした人間がいたということだけである。運転手はなにゆえ、通常より速度を上げて事故区間を走ったのか。後に、この運転手が、直前の伊丹駅でオーバーランしていたことが分かり、その遅れを取り戻そうと区間スピードを上げたらしいことが伝えられた。さらには、過去にオーバーランした人間に対して、会社は日勤教育という過酷な罰則を科していたということが暴露される。そして、最終的には民営化の行き過ぎというところに議論が収斂してくる。ＪＲ西日本は、利益確保のために、顧客の安全よりコストダウンを重視したのだと。あるいは、他の民営化されたＪＲ各社との苛烈な競争があった。それが、事故の根本の原因であると。

　私はそういうふうには考えない。

　民営化と事故との間には、確かに相関関係はあるだろう。しかし、そこに直接的な因果関係があると言うのは無理がある。もし、この悲惨な事故から、何か私たちにとって重要な教訓を導き出そうとするのなら、それは因果関係を探って原因を名指すということではない。それは、この事故から何かを学ぶということではなく、この事故にラベルを貼り付けて終わらせるということに過ぎないからである。大切なのは、ここにある相関関係というものに、リアリティを吹き込むことができるかどうかということだろう。

　なぜなら、それだけが事件を単に終わらせるのではなく、この事故を風化させずに生きさせるということになるからである。そのためには、私たちはこの事故を起こした運転手の内面にまで降りてゆかなくてはならない。そして、その内面を覗き込むことで、彼の焦慮や欲望と同じものが、自分たちの内部にもあることを確認する必要がある。あるいはまた、この会社のトップの頭の中に何が見えていて何が見えていなかったのかを、自分の問題としてイメージしてみる必要がある。そんなことは無理だ。それは、文学だと言われるかもしれない。しかし事故を回避してゆくには、事故が、誰かのせいで起きたのではなく、何かの瑕疵で起きたのでもないということを、どこかで、誰もが自分に認めさせることが必要なのである。自分を含めた社会の中に、あるいは社会の中に生きている自分の中にある病巣というものを見つめるということである。私はそれを、事故の「内部化」と呼びたいと思う。

起こってしまったこと。これは歴史が抽出した一つの、揺るがない事実である。そして、それが揺るがない事実であるがゆえに、無数の原因が考えられ、どのような説明も可能である。百人の人間が百通りの原因を数え上げることも可能だろう。しかし、それは百通りの原因があったということを意味しないし、そのうちの九十九通りは間違いで、どこかに一つだけ真実があるというようなことも意味していない。確かなことは、ここに百通りの原因を考えた人間がいたというもう一つの事実である。なにゆえ彼は、それを原因と考えずに、あれを原因と考えたのか。

他者が誘発する欲望

この章は、株式会社についての論考ではあるが、その軸足はどちらかと言えば、株式会社そのものについてというよりは、株式会社というものを、どのように論じることが可能かというところにあった。株式会社というシステムの周囲で巻き起こる様々な問題を、原因を究明して整理棚にファイルするというのではなく、それこそがまさに私の問題であり、あなたの問題であるというように「内部化」するための扉の鍵を開けるように語りたいと思ってきたのである。

その鍵の一つが、人間の欲望ということであった。私が本書で病と呼んでいるものは、この欲望の異名である。以下、しばらくこの欲望をめぐって、原因が結果を生み、結果が原因をつくりだす複雑な様相を描写してゆきたいと思う。

すでに述べてきたように、株式会社のそもそもの発生は、イギリスのエクスチェンジアレイを徘徊していた、いかがわしい株の仲買人が工作したジョイント・ストック・カンパニーであった。彼らは、自分たちで事業を興して、商品をつくり、商品市場を迂回して利益を得るよりは、誰か有望な人間を探し出してきて彼に金を与えたほうが話が早いというふうに考えた。彼らの着想は、株の仲買で培ったノウハウで、元手の金もまた、誰かさらに金を増やしたいと思っている投機家から集めてきて、利益のさやを抜くということであった。自ら事業を興して、製品をつくり、それを市場に投入してお金に換えるのがビジネスであるとすれば、彼らは、ビジネスの本質とは異なるところに自らのリソースを投入しているように見える。ビジネスの本質とは、それが目に見えようが、インビジブルなものであろうが、商品というものを媒介として他者と交通することである。商品を迂回しないお金のやり取りをビジネスとは言わない。その意味では、金融とは、まさにビジネスの終わったところから始まるビジネスであり、ビジネスの辺境に生まれたものだと言えるのかもしれない。

ところで、孤島に漂流した自給自足のロビンソンは、作りすぎたものを何処にも持っていきようがない。自分を養うためには、魚を獲り、獣を追い、収穫のための種子を植えなければならない。そこには、労働はあるがビジネスはないのである。同時に彼は、自分の身体の欲求以外には、欲望といったものから無縁の存在とならざるを得ない。欲望とは、身体的欲求が満たされた後にも生き続ける一つの「過剰」であるからである。孤島での生活に「過剰」は生まれない。そこには、「過剰」を分け与える他者がいないからである。

通常考えられているように、交換が起こるのは、一方に「欠乏」があり、他方に「過剰」があるからではない。岩井克人は、ジェヴォンズの言う「欲望の二重の一致」の不可能性を次のように説明している。

> 共同体的な規制や中央集権的な強制でもないかぎり、Aという商品を手放したい人間がBという商品を欲しているとき、そのBという商品を手放したい人間がちょうどAという商品を欲していなければ交換は成立しない[47]。

貨幣の存在が、この欲望の二重の一致がなくとも交換を成立させる仲介者の役割を果たしていると説明することは可能だろう。貨幣は、確かに交換を促進する手段であり、同時に触媒でもあった。しかし、貨幣が存在する以前から、あるいは貨幣が存在していても、「沈黙交易」のような非貨幣的な交換は行われていた。また、部族社会などの閉鎖的な社会においては、贈与―返礼という形式の全体給付的な交換が行われていたし、現在も行われている。

人間は、もともと返礼を期待して贈与を行ったわけではない。自分の「過剰」を一方的に他者に贈与したのである。ロビンソンには他者がいない。ロビンソンには「過剰」の届け先がない。他者がいなければビジネスはそもそも起動しない。ロビンソンは商品とは無縁のところで生活しているのである。

さて、エクスチェンジアレイの仲買人たちは、他者さえいれば商品などなくともビジネスは可能であると考えた。それは通りすがりの他者ではない。働かずに、自らのお金を増やしたいという欲望を持ったものと、元手さえあれば何がしかの成功を手に入れることができ、それによって自分が何者であるかを証明したいという自己実現の欲望を持つ他者である。そして、それを実現するには、一つの舞台が必要であったのである。右肩上がりの経済、人々の旺盛な需要、今日より幸福な明日が必ず来るという希望。そうした時代的な背景こそが、仲買人たちにぼろ儲けのアイデアを思い付かせた。株式会社という形式がそのアイデアであった。

ここには3通りの欲望の持ち主がまず登場する。

一、自らのお金を人に預けて、働かずにそれを増やそうと考えるもの。

二、それを斡旋するもの。

三、他人のお金で、自らの事業を創造したいと考えているもの。

そして、そこに第四の欲望の持ち主が現れる。

自分の欲望を満たすために、労働力と貨幣を交換しようとするものである。

そして、さらにそこに第五の欲望の持ち主が現れるのである。

それは、この会社から市場に投入される商品のなかに、自らの欲望の対象を発見する消費者である。

彼らを、投資家、銀行家、経営者、労働者、消費者と言い換えてもよい。

株式会社というものが成立するためには、これだけのプレイヤーが出揃う必要があったのだ。

逆に、このうちの誰かが抜ければ、株式会社を作ることは可能であっても、存続させていくことができない。彼らは、それぞれが、自分の欲望に突き動かされて一つの舞台に導かれてきたものたちである。舞台上では、それぞれの登場人物が勝手気ままに動いているようでもあり、大きなシステムのようにお互いがお互いに働きかけ一つの目的に向かって進行しているようにも見える。

利息の起源

このシステムが存続するための触媒の一つが、お金というものに付与された利息という性格であり、それが無ければこの劇は単調なつまらないものになり、終わってしまう。つまり、利息というものが無ければ、第一の登場人物である「自らのお金を人に預けて、働かずにそれを増やす」機会そのものが消滅してしまうからである。イスラム教徒は、聖書の中で利息をとってはならないという記述に出会うはずである。キリスト教徒もまた利息に対しては警戒的である。同じイスラム教徒同士では利息を取ることを禁じている。にもかかわらず、西欧世界においても、世俗化された社会においては、利息をとらない貸付は行われない。

いったい、利息とはどこで、誰が考えたシステムなのだろう。おそらくは、地域ごとに利息の概念が生まれてきた経緯は異なるだろうが、西欧世界においても、イスラム圏内でも、そして日本でも貨幣に利息をつけて返済するという習慣が定着してきたのは大変興味深いことだ。

網野善彦は、日本列島における利息の起源について言及して次のように書いている。

> 日本社会の場合、金融の起源を古くさかのぼってみますと、出挙《すいこ》に帰着します。出挙は、稲作と結びついており、最初に穫れた初穂は神に捧げられますが、それは神聖な蔵に貯蔵される。日本列島の社会では、それを管理したのは共同体の首長だと思いますが、この蔵の初

穂は、次の年、神聖な種籾として農民に貸し出される。収穫期が来ると、農民は蔵から借りた種籾に、若干の神へのお礼の利稲（利息の稲）をつけて蔵へ戻す。この循環が出挙の基本的な原理だと思うのです。[48]

大変に興味深い考察である。利息の起源と、その効果について、一つの謎が解けたような思いがする。利稲は神へのお礼であったという発見も見事だが、それ以上に重要なのは、この出挙というシステムが、共同体を維持してゆくための原理であり、それは神からの貸与、神への返礼という循環によって行われていたというところである。そして、網野は、この事実から推して次のような興味深い見解を寄せている。

交易にせよ金融にせよ、俗界をこえた聖なる世界、神仏の世界とかかわることによってはじめて可能であったのですから、交易、金融にたずさわる商人、金融業者は、俗人にはたやすくできなかったのです。それ故、中世では商人、金融業者は、いずれも神や仏の直属民という立場で姿を現しています。（同前）

網野善彦のこの見解は次のような意想外な洞察を含んでいる。つまり交易、金融といったビジネスは、その発生期においては、神仏を迂回することでのみ許される行為だったということである。なぜなら、俗界における金品のやり取りは必ず、労働を迂回することで行われており、労せずして得るという行為を正当化するためには、それが神仏による恩寵であると考える必要があったからである。つまり、労せずして得たものとは、神仏の贈与であったと考えたのである。

贈与・互酬の取引システムが、市場経済のシステムに変換されるためには「命がけの飛躍」があった。それは、人間の倫理を統御する唯一の権威である「神」を、一旦その神座から引きずり降ろす必要があったということである。いや、ここでも原因と結果は入れ替え可能で、神仏の権威の低下とともに、欲望の交換に自由度が生まれ、市場経済というものが発展してきたということなのかもしれない。

ともあれ、日本中世の市場取引の黎明期における交易センター、金融センターと言える場所、すなわち市庭《いちば》とは、もともと神仏が管轄する場であったということは興味深い事実である。そして、この神仏が管轄する場で特権をあたえられていた神仏の直属民が交易業者であり、金融業者であったのだ。日本において、この独特の金融システムが急激に世俗化し、ただ利息を取るためだけの貸付が行われるようになるのは13世紀後半の頃からで、15~16世紀にはこの習慣は完全に定着してくる。それはまた、国家システム自体が天皇および神仏の支配から、俗世の権力闘争の時代へと急変してゆく時期に重なっている。南北朝期のこの動乱の中で、商品貨幣経済の推進者であったかつての天皇および神仏の直属民は、新たな権力の庇護を求めて動き、守護大名や戦国大名といった世俗の権力と結びついて富を蓄え、同時にこのことが中世の都市を形成してゆく。

網野は、ここに天皇制の凋落とそれにともなう神仏の権威の凋落による日本列島全体の構造変化、地殻変動に着目している。そしてさらに、神仏の直属民、あるいは神聖な場に出入りしていた俗世から区別されていた人々が、差別されることになる萌芽が、このとき生まれたと推理するのである。

まことに、説得力に富む興味深い考察だが、これ以上深入りすると、本書のテーマからますます離れてしまう。ただ、商業と神聖なるものとの結びつきは、マックス・ウェーバーが『プロテスタンティズムの倫理と資本主義の精神』を書いたように、ヨーロッパにおいても、アメリカにおいても、さらには世界史の中の古代インカなどにも見てとれることであり、普遍的な現象であるのかもしれない。

話を戻そう。英国、エクスチェンジアレイに現れた投資仲介者は、もはや神聖なるものとは何らかかわりのない俗世の人間である。それを自由な人間と言ってもよい。彼らは、自らの欲望に従って、利息というシステムを考え出したものたちではない。利息というものがまずあり、それによって欲望が点火したのである。彼らこそ、自らの欲望とはお金のことだと最初に意識したものたちであったのかもしれない。その出自が何であれ、配当利息というものは人々の欲望を喚起する力を内蔵していたということだ。そして、配当利息というシステムが生きるためには、投下した現在の資本が、将来必ず増殖して戻ってくるという時代背景の力を借りる必要があった。

✣ 欲望の共同体と無償の贈与

エクスチェンジアレイに現れた5種類の欲望の持ち主たちの中心に、株式会社があった。それまで一般的であった会社システム、パートナーシップ（＝共同経営事業）との際立った違いは、株式会社においては所有と経営が分離しているということであった。

投資家、銀行家、経営者、労働者、消費者といった役割を担った人々は、自らの欲望の赴くところによって、その欲望の象徴であるお金を、いかにして最も効率的に肥え太らせることができるのか、と考えたのである。いや、ここでもまた原因と結果は入れ替えて考えることができる。株式会社というものがあったので、その機能を強化するために、投資家が利ざやを得ることを発見し、銀行家がそれを斡旋することで手数料を得ることを考え出し、経営者は他人資本で自らの野望を実現できると考え、労働者はそこに行けば仕事が拾えると考えたとも言えるだろう。事実、エクスチェンジアレイの仲買人たちは、株式会社というものがなければ、短期的な利ざやや稼ぎや詐欺師的な手数料稼ぎは思いつかなかっただろう。

しかし、どちらが先かは、問題ではない。もし、彼らが、自らの資金を増やすことや、野望の実現といった欲望を持っていなければ、原理的には、株式会社という形態もまた存在しえなかったということが重要なのである。

さて、欲望に憑かれた人々が集まって一つの収益機関をつくったとする。しかし、この収益機関は単に、各々の欲望を満たすだけの装置としてとどまっていることはできないだろう。アダム・スミスも言っているように、人間とは自分で思っていることと違うことを実現してしまうものだからである。

　個人の利己的な利益の追求が、経済を動かし、社会に対して利便性や新しい文化的な富までも作り上げてしまうように、株式会社という収益機関もまたその発起人たちの個人的な欲望を超えた、予期せぬ価値を作り上げる。

　経営者は、会社の所有者に雇われ、賃金をもらい、会社を使って利潤を得るために働く。しかし、同時に、彼は自らの個人的な欲望とは別に、会社の「育ての親」という役割を担ってしまうのである。親が子に無償の愛情を注ぐように、経営者もまた自らの会社に対して愛情を注ぐ。

　もしも所有と経営の分離という原則に沿って、経営者が経済合理的に行動するならば、この経営者の会社に対する愛情は合理的なものだろうか。無償の愛情などというものが経営者に芽生えるなどということがあるのだろうか。しかし、実際には、経営者が従業員を雇い入れ、チームを作り、共同作業を行い、商品を創造していくというプロセスの中で、そこには換金できない贈与が、経営者からも、従業員からも会社に対して必ず行われている。それは、目に見えるものである場合もあるし、見えないものである場合もある。チームのメンバーやチームで作り上げた商品に対する愛情は目には見えないが、資金繰りの急場をしのぐための資金投入や、手形の保証といったものはよく見える。経営者は、自己の負担で急場の資金繰りをし、見返りのない手形保証をするのである。
所有と経営の分離という原理から言えば、こういったことは経営者が負うべき責任からは除外されるべきものである。しかし、それでも会社というものは実際には、こうした無償の贈与が共同体の成立のプロセスのなかで、必然的に行われることになるのである。経営者は、この無償の贈与によって、単なる利益創造のための雇われ人から、会社という共同幻想の中心的存在になる。

従業員の場合はどうだろうか。労働と報酬の等価交換、自己決定、自己実現といったスキームだけで従業員が行動した場合には、そこにロイヤリティといったものは入り込む余地はない。ロイヤリティのないところには、組織としての団結力も生まれなければ、団結力がなければ生み出せない組織的な力も発揮できない。集団を組織し、その組織が維持され、組織が一つの全体として力を発揮できるためには、その組織を統合している幻想の統合軸が必要なのである。

もし、そんなものはいらないというなら、この組織はどのようにして、本来自由な個人を組織に引き付けておくことができるだろうか。その場合には、彼らを引き付ける理由は、一つしかない。それは、アダム・スミスが言ったように、「彼らの利己心に訴える」しかないのである。会社の場合、この利己心が意味することは極めて明白である。それは、金銭に対する欲望に他ならない。

しかし、金銭で集められた人間は、必ず金銭で去ってゆく。

もし、人材市場というものがあるとして（現代の会社論も戦略論もこれを前提としている）、その市場が有効に機能したとするならば、労働力は常に流動化という事態にさらされることになる。従業員は、自らの仕事に精力を注ぐよりは、株のトレーダーが株価に一喜一憂するように、より高い賃金を支払ってくれそうな会社を探すことが一義的な目的となるだろう。

私は、90年代の終わりにアメリカで起業するための準備をしていたが、そのとき、シリコンバレーにおける労働者の定着率の悪さということが盛んに問題とされていたのを覚えている。記憶に間違いがなければ、ＩＴ系エンジニアのジョブホッピング（＝企業から企業へと渡り歩く）によって、一企業への平均滞在期間は、1年に満たない状態であった。誰もが、より高い報酬を求めて企業から企業へと渡り歩いたのである。こんなことが続くはずはないと多くの企業人は考えていたが、ＩＴバブルが崩壊するまでは、誰もそれを止めることができなかったのである。しかし、そのようなことが続いていけば、技術やノウハウの伝承や蓄積は覚束なくなり、結局のところ、共同的な英知というものは痩せ細ってしまうだろう。

そして、もう一方の当事者である経営側も、この時期、短期の収益確保のために、リストラにつぐリストラを行っていた。

ペンシルベニア大学の人材研修センター所長であるピーター・キャペリによれば、米国企業経営者の最大の課題とは、80年代以降の度重なるダウンサイジングとリストラによって、企業の方から切り崩してしまった従業員の会社に対する忠誠心を、再びどのようにして回復するかということであった。[49]

経営者も、従業員も、もし個々の経済合理性だけで行動してゆけば、企業そのものを存続させてゆくためにどうしても必要な、モチベーションを維持することができない。金銭モチベーションは瞬間的には効果的だが、景気の後退局面になれば経営側はすぐに金銭モチベーションの供給を停止するだろう。

私が言いたいのはこういうことである。つまり、何かが生まれるということ、それが育つということが可能になるのは、そこに等価交換ではない別の原理が働いているからである。家族のような血縁共同体であればそれは親の子に対する無償の愛ということになるだろう。会社の場合だって同じだ。経営者や従業員による、会社に対する無償の贈与がなければ、会社もまた育つことはない。

多くの従業員が継続して会社で働くこと、その結果生まれる仕事に対するモチベーションを担保するものに対して名前をつけるのは難しいが、あえて言えばそれは共同体への信頼といったものであると言えるのではないだろうか。そうした信頼の上にしか、共同体の倫理というものが生まれないこともまた確かである。

経営者も、労働者も、ただ自らの仕事に情熱を注ぐということで、自分では予期していなかった倫理創造を結果として行うことになる。そして、同時にその結果がまた、共同体のエートス（＝倫理）を強固にする。それは企業ブランドといったものとは別のものである。ここで言うエートスとは、もっと根底的な組織体の幻想の統合軸のことである。共同体のエートスは、世間一般が暗黙の了解として共有している倫理とは異なっている。企業には、善悪の価値観という倫理ではなく、どれだけ強くその共同体と結びついているのかというロイヤリティの価値観と言うべきものがある。それは、あえて曖昧な言葉を使えば（曖昧な言葉でしか言えないのだが）、自分が属している共同体に対する愛とか誇りというものだろう。

２０００年代、グローバリズムが日本を席巻してゆく中で、雪印乳業、不二家、三菱自動車工業といった会社が、次々と不祥事を起こし、世間の信用を失った理由は、ブランドイメージが落ちて経営不振に陥ったからではないだろう。それ以前に、経営者たちが会社を育てていくという「親の情熱」を失って、短期の利益確保といったような等価交換のスキームに陥り、それを肌で感じた「現場」のモチベーションが落ち込み、現場の人間もまたその会社で働くことの誇りを失った結果、会社の方針と争うよりは、波風を立てずに時間を稼ぐといった諦めに近い精神になっていたのではないだろうか。

✣

病の発症——不二家の場合

具体的に見ていこう。お菓子メーカーとして私の世代が子どもの時分には、夢のような憧れの存在であった不二家の場合を考えてみたい。

『朝日新聞』のＷＥＢページが２００７年1月12日に伝えたのは次のような記事である。

大手菓子メーカー「不二家」(本社・東京)の埼玉工場が昨年10月から11月にかけて消費期限が切れた牛乳を使ってシュークリーム約１万６０００個を製造、出荷していた問題にからみ、同社は11日に開いた記者会見で、昨年6月に同工場で作った洋菓子「シューロール」から基準を超える細菌を検出しながら、そのまま出荷していたことを明らかにした。

同社によると、昨年6月8日に製造したシューロールの細菌検査で、食品衛生法が定める基準の約10倍、同社の自主基準の約１００倍にあたる細菌数を検出した。本来は再検査のあと廃棄しなければならなかったが、検査結果の社内での連絡が不徹底だったため、１１３本が出荷されたという。同社はほかにも、アップルパイ製造の際に賞味期限が過ぎた材料を使ったことなども明らかにした。

ここにあるのは、経営者も従業員も、会社は必ず右肩上がりに成長し、利益を最大化しなければならないという幻想がつくる枠組みから、自由になれなかったという、共同体の呪縛である。彼らが、自社の不手際に対して適切に対応することができなかったのは、彼らに倫理観が欠如していたからではない。彼らの育てた共同体の倫理そのものが、社会の倫理とは倒立していたということである。この事件が明るみに出たとき、誰もが「いったい、不二家の経営陣は何と馬鹿なのだろう。期限切れの材料を使って浮かしたコストメリットと、それが発覚したときのリスクとの簡単な計算ができないなんて」と思ったことだろう。私も最初はそのように思った。ここにあるのは、長い間、同族経営という「甘さ」の中で育った、経営陣のリスクに対する感度の悪さであると。そして、２００７年１月の続報を見る限りでも、マスコミも評論家も概ねそのような評価を下していたのである。同族経営という古い体質が、現在の不二家をつくってしまったと。

しかしすでに述べてきたように、私はこの事件はそのような「質の悪い」経営者によって引き起こされた不祥事という解釈は、根本的に間違っていると思っている。そうではなくて、これこそが株式会社というシステムが持っている病が発症した一つの顕著な例であると考えるのである。事情は、雪印乳業の場合も、三菱自動車の場合も、パロマガス湯沸かし器の場合も、日興コーディアル証券の場合も、そして、この「事件」から10年以上経過した後にも繰り返されることになった神戸製鋼の点検・補修・原材料に関するデータ偽装の場合も同じである。

不二家の場合には、時代の変化に伴う消費者の嗜好の変化、あるいは嗜好選択の多様化といったマーケットの構造変化によって、長期的な営業不振あるいは、伸び悩みといったことが背景にあったことは事実だろう。賞味期限切れをおこしていたのは原材料ではなく、この会社の経営者たちの時代感覚であったのかもしれない。しかし、だからといって、時代遅れの経営者は必ず消費者をなめきった行動をとるとは限らない。

私がこの会社を知った時代は、60年代、テレビで力道山が活躍していた時代である。当時、金曜日の夜8時だったと記憶しているが、ディズニーの漫画とプロレスが隔週で交互に放映されていた。そのときのコマーシャルで、画面には不二家のケーキが映し出された。当時の子どもたちにとっては、画面の中に映し出されたモンブランケーキやイチゴパフェはまさに、垂涎の貴重品であった。それは、特別な日にしか食すことのできない「ハレ」のときの食べ物であった。だからこそ誰もが不二家のケーキに憧れていたのである。今日、ケーキやパフェは、コンビニでも買えるし、ファミリー・レストランでも食べられる、日常的な食べ物の一つに過ぎない。街角には、様々な彩り、かたち、味わいを競って、ケーキショップが並ぶ。消費者の行動は、どこの店の、どのパティシエが作った、どのケーキが欲しいというほどに、多様化・個別化している。こういった、市場の構造変化に対して、不二家の経営者たちは、かつての「一般大衆がこぞって求めている不二家ブランド」という幻想を捨てることができなかった。いや、頭では判っていても、ハンドルを切り替えるための組織的な柔軟性もまた失われていたのかもしれない。しかし、それでも会社として、利益を確保し続けなくてはならない。会社にとって、正確には株主と、株主に経営を委託された経営陣にとって、利益を確保することは、他のどのような課題にも優先する事項であるからである。

　従来のように、売り上げを伸ばすことができなくなった会社が、利益を確保する手段は一つしかない。コストカットである。そこまでは、どんな経営者でも考える。本当はもっと別の選択肢もあっただろう。市場変化に合わせて、商品自体を作り変える、あるいは会社自体のサイズダウンをはかる、流通を変える、サービスを変えるなどなどである。しかし、利益確保の最も確実かつ手っ取り早い方法は、コストカットであることは誰でもが知っている。コストカットの対象になるのは、宣伝費、交際費、研究開発費、人件費、原材料費といったものだろう。不二家はそのどれに対しても努力をしていたに違いない。しかし、自分たちの努力が果たして、それがやるに値するのかどうかという原理的な問いに向き合うという努力はしていなかったようである。問題は、原材料費をカットするために、期限切れの在庫を使用するという商業倫理にもとる禁じ手を使ったことである。しかし、原理的には、株式会社において、利益を損なっても守らなければならない倫理というものは、存在していないのである。

この事件以来、CSR（＝企業の社会的責任）ということが盛んに言われるようになった。コンプライアンス（＝法令遵守）という言葉も企業の中に定着してきている。しかし、CSRといい、コンプライアンスといい、それが会社の課題となるには、会社が利益を出しているということが前提である。損失を出してまで、社会的責任を全うしようなどという会社は、そもそも会社設立の目的に反した自己矛盾なのである。CSRといいコンプライアンスといい、それが無いよりはあったほうがいいに決まっているが、それがアリバイ的に使われている限りは、企業が持つ本質的な病を解決することにはならない。

不二家の経営者を、無能だと言って責めることは、企業人であれば本当は誰もできないはずである。ただ、彼らに足りなかったものが一つだけあるとすれば、それは会社にとって、利益を出すことは目的であるに違いないが、その上位に、会社が存続していなければ利益もまたあり得ないという大前提があることは見えなくなっていたということである。会社の現実はよく見えていたが、会社が立っている枠組みは見えていないということである。会社が一時的に利益を失うというリスクを避けるために、違法なコストカットをすることが、会社自体の存続にかかわるリスクであることは見えなかったのである。それを見えなくさせたものこそが、病の根元にある。株主圧力こそその正体なのだ。株主とは、会社に「愛情」を注ぎ込む経営者と従業員が共同で作り上げてきた幻想の統合軸を共有していない存在であり、共同体の外部で欲望を満たそうとするものたちである。彼らは会社の業績が悪ければ、すぐに株式を手放し、自分の欲望を満たしてくれそうな宿主のもとへ移動してゆく。

株式会社は常に、会社の存続という長期的な目的と、利益の最大化という短期的な目的という互いに矛盾する目的をどのように調整しながら意思決定するかという課題を持っている。もし、経営トップが本当の意味での中長期の視野を持ち、株主圧力に抗しても会社の存続と安定的な成長こそが最も重要なプライオリティであるという経営者目線に立っていれば、ＣＳＲやコンプライアンスというものは、利益確保のための長期的戦略であることを理解したに違いない。

それを許さなかったのは、ひとえに株主という会社の所有者であり、かつ短期の利益を確保することだけを目的としているものであることは言うまでもない。いや、会社の現在価値の最大化を使命と感じている経営者もまた、株主目線で会社を経営するようになってきている。

そして、（直接の株主であるかどうかは別にして）株主とは、現代の法人資本主義の時代においては、

「私たちの欲望」を具現化した存在であるだろう。欲望とは、いつの場合にも、常に、今ここで実現されることを求めて増殖し続けるものであり、目の前に欲望充足の機会があれば誰にとってもそれを無視して通り過ぎてゆくことは難しい。たまたま私は不祥事を起こした会社の株主ではなかったかもしれないが、もし株主としてこの会社と関わっていれば、配当の最大化に興味は無かったなどとは言えなかったはずである。

✣

病の発症――ライブドアの場合

もう、一昔も前のことのように思えてしまうほど、事件そのものが風化してしまった感があるが、ライブドア事件は株式会社というものを考える上で大変重要な事件だった。2007年3月16日、主犯として起訴されていた堀江貴文に対する、東京地方裁判所の判決が下った。

懲役2年6ヶ月の実刑判決であった。堀江貴文の言動に関しては、本書でもすこし触れてはいるが、ここでは彼のパーソナリティーやライブドアという会社の性格に関して書く必要もないだろう。個人的には、私は堀江貴文にも、ライブドアにもほとんどいかなる興味も無いからである。こういったことは、過去にもいくらでもあったし、現在も似たような事案は進行している。

私は、ベンチャー企業の経営者たちといくらかの親交があるので、そのことはよく承知しているし、ここには書かないが、いくつかのベンチャー企業による、詐欺まがいの行為についても、存じ上げている。ライブドア事件が、もし他の同様の事案と異なっているとするならば、それは、堀江貴文という人間に対する評価が、それ以前と以後では大きく変化したということである。彼は、グローバル資本主義の時代のヒーローとして持ち上げられ、マスコミに頻繁に登場し、選挙にまで担ぎ出された。確かに、多くの市場原理主義的な意見の持ち主にとって、堀江はフロンティアスピリットを実現したヒーローだった。そして、多くの「株主」や若者たちもまた、彼を新時代のヒーローとして受け入れたかに見えた。しかし、彼が逮捕されて以後、マスコミの論調は変わり、彼を神輿に担ぎ上げた連中は沈黙し、多くの若者たちもまた彼のもとを去っていった（出所後、彼がテレビタレントとして復活し、何冊かの本を書き、ロケット事業にも乗り出したことは周知のとおりである。さらに、現在の政権下で彼やその同類たちが再び人気者になっていることも）。

堀江の罪状は、有価証券の虚偽記載というものであった。その内容は、脱法目的で組成した投資ファンドを介在させて売買した自社株の売却収入を、連結決算に違法に計上したこと。計上が認められていない子会社に対する架空売り上げを計上したこと。経常損失が発生していたのにもかかわらず、約53億円の粉飾をして株主を欺いたことなどであった。

また、関連会社「ライブドアマーケティング」が企業買収を発表した際、株式交換比率などについて虚偽の内容を公表し、自社の決算短信では本当は赤字なのに黒字と偽ったことである。どちらも、自社を実体以上に大きく見せようとした涙ぐましい「犯罪」である。判決が、重いか軽いかは別として、法律上、彼らのやったことが違法行為であるならば、法の下で裁かれるのは止むを得ないことだろう。

しかし、この判決によって何かが解決し、何かが明らかにされたかといえば、大いに疑問だと言わざるを得ないのである（勿論私は、法に期待をしているのではない。法が出来るのは、ただ法規の内と外の線を引くことだけだと言っているのである）。

さて、驚いたことに、裁判長は、判決を言い渡した後で、ハンディキャップのある子どもを持つ母親からの手紙を紹介し始めた。「大きな夢を持ち、会社を起こし、上場企業までにした被告に対し、あこがれに似た感情を抱いて働く力をもらった。ためたお金でライブドア株を購入して今でも持ち続けている」。これが手紙の文面である。（asahi.comより）

マスコミもまた、このコメントを紹介し、さらに多くの損失を蒙った株主たちの意見を報道していた。

総じてマスコミの論調は、この事件には多くの被害者がおり、堀江には、その善意の株主を裏切った「道義的責任」に対しての謝罪がないということへの怒りを伝えたがっているように見えた。

「これは、まずい」というのが、私の最初の感想であった。これでは、この事件の本質的なものは、何も見えてはこない。いや、そればかりか、この事件の本質は、安直な道義的な責任や、被害者への同情によって隠蔽されるだけではないか、と思ったのである。

この論調は、二つの点でまったく指南力を欠いたものだった。

一つは、株を買うという行為が、その動機が何であれ、あるいはそれを買ったものが誰であれ、それは自己責任で行うべきことがらであるということが看過されているということである。自己責任とは、たとえば戦時下のイラクに入って捕虜になった人に対して投げかける言葉ではなく、こういうときにこそ使う言葉である。

株を買うという行為は、その値上がりを期待するということである。しかし、株は上がることもあれば、下がることもある。勿論、企業が虚偽の申告をして、騙されて株を買うということは、株主にとっては合意の外であるのは判っている。だからこそ、法律で規制しているのである。しかし、たとえ、株式市場の透明性が確保されていなかったとしても、株を買うということは株主のリスクであると考えるべきだろう。

実際には、完全に透明な市場などは存在せず、株式市場にはリスクとリターンしかないことは最初から判っていることである。働かずに利益を得るということの意味はそこにしかないからである。

八百長賭博が悪いのは誰でもわかる。あらかじめ、透明性やフェアネスが損なわれている賭場に客を誘うこと自体が詐欺だからだ。しかし、ライブドアの問題は、そういうところにはない。賭博という行為そのものに対して、私たちはどのような立ち位置を取るべきかということを根本的に突きつけられたということなのだ。働かないで、儲けることができるという「仕組み」が、私たちの住んでいる社会の中には、埋め込まれているということであり、それをどのように考えるべきなのかということである。

もし、このようなリスクを避けたいと思うなら、最初から株式投資などやらなければよいのである。

株式投資をするということは、それが自己責任であるということを前提としているということに他ならない。ライブドアの株を買った人々は善意の第三者ではない。このあやしげな会社に賭け金を置いて、それが増えて戻ることを期待したはずである。通りすがりのウインドウショッパーが、お気に入りの品物を見つけて買ったわけではない。

ハンディキャップを負う子どもの母は、どうして「夢は本当は金では買えない」ということを教えようとしなかったのかと、私なら思う。世のハンディとは、そのために合理的な利益を享受できないというような等価交換の価値観がつくる文脈においてハンディなのであり、ハンディを克服するとは、その文脈自体を変えることではなかったのかと思うのである。文脈を変えるとは、差別をなくし、ハンディに対しては社会がこれを包摂し、ハンディを当たり前のこととして受け入れられるようにすることである。ハンディを当たり前の状態として受け入れられるようになって初めて、公平で公正なルールが形成されるはずである。

もう一つの錯誤は、堀江個人の道義的責任というもので、多くの人間が堀江は経営者としての道義的な責任を全うしていないと考えていることである。会社の経営者として、堀江は自社の現在価値を最大化するには、何をするべきかということを考えていたはずである。それが堀江にとっての会社経営の「倫理」であり、「道義」であったはずである。問われるべきは堀江個人の道義的な責任ではなく、会社というものにとっての道義とは何かということなのである。

もし、彼に問題があるとすれば、それは現在価値を最大化するために法の抜け道を探そうとしたことではなく、現在価値の最大化だけしか考えていなかったということなのではないだろうか。堀江は何度も「株主利益の最大化」ということを言っていたはずである。それが、株主にとっても、堀江自身にとっても大きな利益につながるからである。

しかし、会社価値とは時価総額によってのみ計量されるものではない。時価総額を会社価値であると考えるのは、会社というものが商品の一形態であると考えることと同じである。確かに、会社は株主の同意のもとに売買される存在である。その意味では、時計や宝石が時価によって売買されることと、会社が買収されることは同じことを意味している。確かに、株主資本主義の論理の中では、資産表に記載されない見えない価値を含む本来の会社価値ではなく、株式市場に表れてくる会社の現在の時価総額をこそ会社価値として考えようとする。しかし、時価総額に反映されているものだけが会社の本来価値と呼ぶことには無理がある。

純資産総額と時価総額の間にある価値の差額は、ケインズが美人投票のメタファーで説明したように、皆が株価が上がると判断しそうな株式に投資した結果に過ぎない。その結果時価総額経営は、「見えない資産」の蓄積よりは、「見た目の魅力」を上げることに流れてゆく。その圧力を作っているのは、今回被害を受けたものも含めて株主の存在そのものである。株主とは、自分たちが経営者に対して10年後の会社の安定よりは、現在の時価総額を最大化せよと圧力をかけている存在である。さらに言えば、株主は、会社が道義的であるか、倫理的であるかということに関して、ほとんど興味が無いと言うべきだと思う。こうしたことを考えれば、時価総額こそが会社価値であるという考え方は、どこまでいっても、会社を商品として考えるという株主の立ち位置からのものである。株主は、株式会社という商品の所有者であり、同時に会社という共同体の生みの親でもある。皮肉なことにこの株式会社の生みの親は、会社ができ、幻想共同体になる過程で、共同体の外部的存在であり続けるのである。会社共同体が持つ運命共同体的な幻想を株主は、観念的にも実質的にも共有していない。有限責任制という線引きによって、株主は会社に対しては所有者として振る舞うが、会社が引き起こした諸々の責任からは分離された存在なのである。

岩井克人が言う「会社とはモノに対してはヒトとしての役割をはたし、ヒトに対してはモノとしての役割をはたす[50]」という会社の二重性は、そもそも株主の二重性が生み出したものであるとも言える。

この株主的価値観を貫徹しようとすれば、会社の価値なるものは、限りなく交換価値に近づいていくことになるだろう。あたかも、貨幣のような内実のない、それ自体いかなる効用を生まないものであっても、交換価値さえあればよいのだと考えるものたちによって、会社は所有されていることになるからである。

17世紀初頭に、東インド会社ができた後、ロンドンのエクスチェンジアレイでいくつもの内実のない会社が設立されたことを思い出そう。看板とビルディングだけは随分近代化され、見た目はまったく違ったものになったが、内実はどれほど変わったと言えるのだろうか。

堀江がライブドアをつくり、法律すれすれのところで資産を増やしていったことも、明確な法律違反が立証されなければ、誰もそれを法的に断罪することはできない。当たり前のことだ。そして、そのやり方が法のグレーゾーンを利用したものだったとしても、それは堀江の自由であるし、またいつの時代にも堀江のように考えるものはいる。本件に関して、堀江自身は悪いことをしたとは思ってはいないだろう。ただやり方が「まずかった」とは思っているかもしれない。ある意味で、彼がそう思うことは正しいのだ。資本主義は、まさに病とよぶべき取引のグレーゾーンを進展させるようにして、発展してきたのである。彼は株式会社というもの、資本主義というものの持っている病を利用したかもしれないが、悪を好んで行ったわけではない。

病んでいるということは、善悪ということとはまったく別の次元の話である。この問題は道義的、道徳的問題ではなく、システム全体の病に誰もが自覚的になれなかったという問題なのである。

株式会社というシステムが抱えている本質的な病ゆえに堀江貴文は会社を膨張させることができた。しかし、彼がそういうことに長けているからといって、資本主義を発展させる時代のヒーローであると持ち上げたり、選挙に担ぎ出したり、あるいは人生訓のようなことを語らせたりする必要はないのである。このことは、堀江を称賛するにせよ、批判するにせよ、有識者と言われる人たちは、もっと明確に指摘しておくべきであった。彼がお金を増やすことに熱心であることは彼の自由であり、彼に投資してリターンを期待することも株主の自由である。しかし、お金を増やすことに長けた人間は、それ以外の領域でも長けているなどということはありえず、むしろほとんどの場合はただの凡庸な人間であることの方が多いのだ。

　そのことに対する徹底した指摘がなかったことが、今日また堀江が政治的な事案に対して凡庸としか言いようのない言説を撒き散らしていることを許したのだと思う。テレビの娯楽番組も、ＳＮＳ上で堀江に拍手するものも、そこの切り分けができない子どもだと言わなければならない。世界は様々な価値観の複合体であり、一つの価値観で世界を説明することなどできない。金が力を発揮するのは、金が万能であるという場所だけである。確かにそういう場所はあるが、それは限定的でそれほど広いわけではない。堀江も株主も、金の万能性には限界があるということの意味が判らなかった。そういうことだと思う。

第11章

技術イノベーションと「生の原基」

✣ ビジネスを変えたインターネット

やや旧聞に属する話をしたいと思う。

わずか25年前の話である。そのとき、日本もアメリカも、いや世界中の先進国の人々がインターネットバブルに浮かれていた。アマゾン・ドット・コムというインターネット書店が始まったのが１９９５年であり、同年はマイクロソフト社がウインドウズ95を発表した年でもある。アマゾンに象徴されるインターネットビジネスの台頭に拍車をかけたのは、その前年に発表された、ネットスケープ・ナビゲーターというインターネットブラウザ（閲覧用ソフトウェア）である。インターネットが、商用で使われるようになったのはこのときで、それまでは、インターネットは軍事用の情報処理、管理システムであり、あるいはコンピュータの研究者、専門家のためのツールでしかなかった。もちろん、それ以前にもコンピュータは使われていた。しかし、それは自社の情報を管理するための、計算機に過ぎなかったわけである。

とはいえ、最初はこのインターネットブラウザがどれほどの威力を持つものかは誰もはっきりとは認識していなかった。

私も、当時誰でもがそうしたように、インターネットに接続して、最初のブラウザであるモザイクを開き、渋谷宮益坂の自分のオフィスのデスクトップに映し出された、オックスフォード大学の一室に設置されたコーヒーメーカーを見てあっけにとられた一人だった。インターネットが最初にそのパワーを見せつけたのはこのときである。

インターネットはまず、空間を圧縮するツールとして出現したのである。異なった場所から場所へと時間差無しで移動するリアルタイムという言葉が現実になった。このときは誰も、インターネットの未来については確かなことは言えなかったが、それが空間の概念を百八十度変えるものであることは実感することができた。私は、このテクノロジーの前であんぐりと口をあけているだけのぼんくらに過ぎなかったが、目ざといビジネスマンは、そこに一つの可能性を見出していたはずである。

1995年とは、コンピュータが実現したインターネットが、ビジネスそのものを変革するツールであり、ビジネスのパラダイムを書き換えるかもしれないほどの威力を持った武器として登場したエポックメーキングな年だったのだ。ＩＴは、情報技術と訳されるが、このときを境にしてＩＴは情報交換技術、つまりコミュニケーションツールに生まれ変わるのである。

これまで、長い空路、陸路をわたって届けられていた情報が、リアルタイムで地球の反対側に届けられる。これは、ビジネスの側から見れば確かに一つの革命であった。爾来、革命が民衆救済の理想に燃えた高潔なリーダー一人では実現せず、武器商人、ペテン師が暗躍し、民衆の狂騒と混乱を随伴して進行するように、ビジネスチャンスをめぐって一儲けをたくらむ投資家、投機家、詐欺師たちが有望なビジネスモデルに殺到することになった。そして、その結果としてビジネス革命が始まったのだ。

バブルとは、実体以上に人々の期待が膨らみ、それによって膨大な資金がこの先どうなるともわからないビジネスに流れ込み、商品の交換がつくる本来的なビジネスから乖離していくというところに生まれる。バブルはいずれ必ず弾ける。なぜなら、投資した金は、投資金額を上回って回収されなければならず、投資と回収額の差額、つまり投資益は実体を伴ったビジネスが生み出す利潤によってしか持続可能なものとはならないからである。もちろん、これは原則論である。実際には、新しいビジネスの初期段階で投資した会社の価値、つまりは株価が、株式公開や買収といった出来事の中で沸騰するといったことが起こる。株券の供給と需要のアンバランスによって５万円の株が１億円に化けるということが起こる。短期的な価値の上昇と下落。そこに投機が生まれる。

歴史をひもとけば17世紀オランダのチューリップ・バブルや18世紀イギリスの南海泡沫事件（第Ⅰ部60頁参照）以来そのようなことはたびたびあったし、サブプライムローンのバブルで起きたリーマン・ショックのようなことがこれからもあるだろう。もっとも、今でも、競馬場に行けば、一日のうちでも数百円の馬券が数万円に化けることは普通にある。大穴が出れば百倍にもなるだろう。問題は、バブル期のような時代の潮の変わり目にあって、表面に起こっている波の変化の海底で、本当は何が起こっているのか、それとも本質的な変化などはなく、単なる海面上の変調なのかを知ることである。しかし、バブルの最中に、その海底の巨大な地殻変動を自覚することは誰にもできることではない。

どんなバブルも、それからわずか数年の後には必ず弾ける。数十倍、数百倍に膨れ上がった株価も急速に下落する。

インターネットの出現にビジネス界が熱狂してからほどなくインターネット不況がやってきたのである。この不況の中で、インターネットビジネスの世界では多くの資金を集めた企業が倒産した。この間、うまく上場に漕ぎ着けて一攫千金を手にするといった起業家もいたのは当然である。勝ち残ってきたのは、比較的早い段階でビジネスモデルを確立してきた、アマゾン・ドット・コムであり、ヤフーであった。そして、その嫡子として生まれてきて、先行するビジネスを再び根底から覆そうとしているのがグーグルという検索エンジンから出発した会社であった。

先のインターネット草創期が革命の第一期とするならば、その10年後に進行したグーグル、アマゾン、フェイスブック、アップルによる世界経済の席巻は、インターネット第二世代による革命の第二期ということになるだろう。

世界の構造を根底的に変化させることを「革命」と呼ぶならば、インターネットの世界で、「革命」が起きているらしいということは、多くのインターネットユーザーが、ある種の薄気味悪さも含めて感じていたことである。だが、それが何を意味しているかについては必ずしも明瞭ではない。アマゾン・ドット・コムという会社が出現したとき、在庫を持たないで世界中の書店と最終購買者を繋ぐというビジネスモデルは、流通革命と呼ぶにふさわしい衝撃であった。特に、再販事業者が大きな力を持っている日本の出版ビジネスからみると、アマゾンの出現はもはや見過ごせない流通革命として、後の出版ビジネスを根本から揺さぶることになった。私もアマゾンの黎明期にシリコンバレーで仕事をしていて、現地のテナントビルに入居している多くの会社のドアの前に、連日アマゾンのパッケージが届けられていたのを目の当たりにしている。このビジネスモデルのインパクトは、単に流通コストを引き下げるということに止まらず、ユーザーが自分の欲しい本を簡単に検索できるというところにあった。それまでは、欲しい本があると、わざわざ書店まで足を運び、さんざん探し回ったあげく、品切れであったなんていうことが多々あったのである。出版の点数の多さに対して、本を並べる棚の少なさが、旧来の配本流通に破綻をきたしていたということに、人々は改めて気づかされたのである。

しかし、このインターネット革命の第一期の意味が明確になるには、それがさらに進化して第二期にさしかかる20年後まで待つ必要があった。つまり、アマゾンが投資マネーで赤字の運営を維持していた時期から、実際の利潤によって運営できるようになるまでの時間である。

アマゾン以前の出版ビジネスは出版総点数の数パーセントにすぎない売れ筋商品の売り上げによって支えられていた。これは、たとえばメーカーが、一握りの人間たちが開発した商品で数千人の社員を養っている構図と同じである。当時は何処にでも見られた光景だ。しかし、現在のアマゾンの売り上げを分析してみれば、これまではほとんどリビングデッドになっていた在庫の山にぽつぽつと買い注文が入り、その総計がベストセラーの売り上げに迫っているということが分かってきたのである。長い時間をかけて、少しずつ売れてゆくものであっても、展示する書店コストや、該当する書籍を探し出すピッキングコストが限りなくゼロになれば、十分にビジネスになりうることが次第に明らかになってきたのである。

これまで、気の遠くなるような出版点数の中から、過去のどこかで発刊された一冊を探し出すのは、大変な手間と労力を必要とした。それが、いまや一瞬のうちに、コストなしで探し出すことが可能になったのである。このことは、インターネットは空間だけでなく、時間も圧縮できるということを示している。つまり、インターネットはまず空間を圧縮し、次に時間を圧縮することができることが分かってきたのである。

２００６年に梅田望夫という人の書いた『ウェブ進化論』という本がベストセラーになった。その後およそ15年の時間の中で、インターネットの技術が私たちに何をもたらしたのかについて、私たちはすでに知っている。仕事のやり方も、コミュニケーションの仕方も大きく変化した。それが、良い変化だったと断言できるかどうかはともかくとして、私はインターネットの技術革新は人間の社会に大きな恩恵をもたらしたと思っている。ただ、それが人間の最も人間的な部分、知性や、ものの感じ方や、判断力といったことに良い影響を与えたのかどうかについては、懐疑的である。

以前、尊敬する知人で疫学者の三砂ちづるさんから、作家で思想家の渡辺京二さんの言ったこととして、20世紀から21世紀にかけて技術イノベーションは「生の原基」に対立するようになったという意味のことをお聞きした。後に確かめると、この言葉は、もともとはイバン・イリイチの言葉であり、正確には「あらゆる文明は生の原基の上に、制度化し人工化した二次的構築物をたちあげる。しかし、20世紀から21世紀にかけてほど、この二次的構築物が人工性・企画性・幻想性を強化して、生の原基に敵対するようになったことはない。一切の問題がそこから生じている」(『生きる意味――「システム」「責任」「生命」への批判』藤原書店、２００５年および『生きる希望――イパン・イリイチの遺言』藤原書店、２００６年)という言葉であった。

渡辺京二は、このイリイチの言葉を、彼の思想の極北であると心に刻んだのであった。さらに、三砂ちづるさんはこの言葉に触発され、『女が女になること』(藤原書店、２０１５年)という本を上梓している。

ここで言われている「生の原基」を、私なりに解釈すれば、人間が自然人としてもともと持っている生きるための力である。そして、歴史のある時点から、あらゆる技術イノベーションがこの「生の原基」と対立するようになった。さらに言うなら、これからの技術イノベーションなるものが、総体としては、自然人としての人間の生きる力を削ぎ、人間を幸福にするよりは、むしろ不幸にする方向にしか働かなくなってしまったとさえ思うのである。

さて、以下の文章は、2007年当時に書かれたものが下敷きになっているので、それ以後に何が起きたかについてはこの時点ではまだわかってはいない。スマートフォンが一般的に使われ始めたのは2010年以後のことである。よって、以下の文章は、インターネット黎明期におけるこの新技術の功罪についての考察ということになる。そのことを踏まえた上でお読みいただきたいと思う。

ベストセラーになった『ウェブ進化論』については多くの人々が興奮気味に話をしてくれた。そこには、インターネットが作る未来が書かれているとでも言うように。果たして、この本の中には、先に述べた水面下の海底で、本当は何が起きているのかということについての一つの明確な回答が与えられていたのだろうか。ベストセラーの理由は、多くの読者が、そこに書かれていることこそ、インターネットの水面下で起こっている出来事であり、現在と未来が解き明かされていると思ったからだろう。確かに同書には、ネット革命が一体何であるのか、それはこれから何処へ行くのかについて、これまで誰も書かなかった視点から分かりやすい分析がなされており、混沌としたインターネットの世界が、見事に解読されている。氏の解説のほとんどに対して、私はその通りであると思ったと同時に多くのことを教えられた。

しかし同時に、同書に伏流するロジックが分かりやすければ分かりやすいほど、私の中に一つの違和感が広がるのを禁じえなかったのである。それは、一言で言えば、著者である梅田の論拠そのものが、まさにインターネット・テクノロジーが作り出している世界の結果であって、この結果をもたらした本質的なところには、梅田の「知」は届いていないのではないかということである。わかりにくい言い方かもしれない。私が言いたいのは、彼が同書の中で論じている、「不特定多数無限大の知が結集する巨大なデータベース」という考え方そのものが、新しい「反知性主義のイデオロギー」だとしか思えないということである。以下、すこし詳細にこれを論じてみたいと思う。

『ウェブ進化論』を一言で言えば、進行しているインターネットの世界の大変化は、ビル・ゲイツや、マーク・アンドリーセン、ジェフ・ベゾスらが切りひらいたコミュニケーションツールの発見や流通革命というものとはまったく次元の異なる出来事であるということである。

ベゾスを除けば、彼らは革命の第一世代であり、革命はまだコンピュータの中での出来事であった。コンピュータは、個人によって所有され、ただ便利なツールとして個人のコミュニケーションやビジネスに使われた。しかし、グーグルに代表される革命の第二世代が実現しつつあることは、インターネットを、手段であることを超えて、全世界の知の再編のためのインフラにするという壮大な実験なのだ。

どういうことか。

それを、「インターネットの真の意味は、不特定多数無限大の人々との繋がりを持つためのコストがほぼゼロになった」ことだと梅田は書いている。これがこの本で彼の言いたいことのエッセンスでもあると言っていいだろう。著者の持ち出した例が秀逸である。革命の第二世代がめざしているのは「1億人の人から1円ずつもらえたら1億円になる」という夢の実現であるというのである。これまでは、1円もらうための労力・コストが1円よりも大きかったからそれは実現できなかったが、インターネットの利用によりこれがほとんどゼロになるという魔法が実現した。これを実現した企業は、今、ポストマイクロソフトとして、世界中の耳目を集めているグーグルという企業というわけである。グーグルは匿名の人々（の情報）を繋いでいって、1円ずつ集めて1億円になるように、巨大な情報のデータベースを構築しているのである。かくしてブログやSNSなど、個人と個人を結ぶネットワークがそれ自体、知性を持った一つの生き物のように増殖している。もし、これらの情報の集積が「知」と呼ばれるものであれば、それはまさに人類史上の革命になる。

進化論のあやうさ

さて、ここからが本論。

梅田は、ネットの「あちら側」と「こちら側」という表現を使って、「こちら側」には個々に分断された「知」があるだけだが、「あちら側」は「巨大な知の発電所」であり、それを実現したのがコンピュータシステム技術であると言っている。

果たして、この二分法的な解析は、インターネットの現在あるいは未来というものを正確に言い当てているのだろうか。もし、梅田の見解が正鵠を射ているとして、ではそれは何を意味しているのか。梅田は、一体その著作の中で何を言いたかったのか。これが、私が抱いた疑問である。私が引っかかっているのは、ネットの「あちら側」であれ、「こちら側」であれ、そこに集積された「情報」が「知」であると考えられている点である。私は才能にあふれる、彼らインターネット世代の揚げ足を取りたくて、些細なレトリックにこだわりたいのではない。「情報」を「知」と読み替えることこそ、市場化された「現在」を特徴づけている本質なのではないかと思っているのである。

梅田は、ネット上で起こっていることに対して、虚心に受け入れないと、これから先に起こるであろう新しい事象というものの本質も見えないと書いている。

ネットが悪や汚濁や危険に満ちた世界だからという理由でネットを忌避し、不特定多数の参加イコール衆愚だと考えて思考停止に陥ると、これから起きる新しい事象を眺める目が曇り、本質を見失うことになる。[51]

私はそうは思わない。このような物言いが好きではない。好きではないだけではなく、むしろインターネットの出現とそれに続く情報の氾濫によって、確実に人間は知性的であることの意味と知に対するマナーを見失うことになるだろうと考えるのである。

1円をいくらたくさん集めてもお金以外のものにはならないように、情報をいくら集積しても、それは量の増大に過ぎない。それを「知の集積」と呼んでしまうところに、テクノロジー信仰の根本的なあやうさがある。テクノロジーは確かにすさまじい勢いで進歩している。しかし、それを言うことはほとんど意味が無い。テクノロジーが進歩するのは、それがただ、積み木を積み上げるがごとく、技術を積み上げているに過ぎないからである。テクノロジーはたいしたものではないと言いたいわけではないし、テクノロジーを否定するような反時代的な議論をしたいのでもない。ただ、人間がテクノロジーに携わる限り、それが進歩し続けるのは、自然過程であると言いたいだけである。

「知性的であることの意味とマナー」と書いた。噛み砕いて言えばそれは次のようなことである。知識は積み木のように積み上げてゆくことができるが、知性とはそのようなものではない。

むしろ、積み上げてきた思考のプロセスを、積み木崩しのように、崩すところからしか、新しい知性というものは生まれてはこない。私（たち）が、何度も繰り返してきたように、知性とは自分が何を知っているかではなく、自分が「何を知らないか知っている」というところにその本質を持っているからである。これもまた、メタ「知」である。しかし、それは「知」に対する「知」ではなく、「不知」に対する「知」である。それはまた、自分がすでに知っていると思うことをもう一度相対化してみることでもある。私たちは自分がなにものであるか知っていると思っている。たとえば、年齢が50歳で、趣味は読書と映画で、近眼かつ遠視で、身長が１６０センチメートルで、体重は60キログラムで、目は二重まぶたで、辛抱強さはあるが飽きっぽくて、というように。しかし、私が知っている能う限りの情報を寄せ集めても、私というものを再構成することはできない。当たり前である。それは、自分に関する情報のマップではあっても、生きている自分の身体というものとはかけ離れたものだからである。

ソクラテス、デカルトの昔から、ニーチェ、マルクス、フロイト、あるいは孔子、孟子から空海、一遍、親鸞にいたるまで、先賢の「知」の初源には、自分が何であるのかよくわからないという疑問が横たわっていたと言えよう。自分が何であるのかよくわからないということは、すなわち、自分の知もまたよくわからないものの活動であるということである。知はどこまで行っても、このよくわからないものに触れることはできないが、よくわからないということを深く実感することだけはできる。

ネットの向こう側に知があり、ネットで繋がった人の輪があると考えるのは自由だが、知も、人もどこか影の薄い情報に過ぎないと疑ってみる必要はあるのではないだろうか。情報をいくら寄せ集めても大きな情報になるだけで、他のものにはならない。

「2年で1万人の友人を作った」と誇るSNSユーザーの記事があったが、彼が作ったのは1万分の1に薄められた友情のネットワークに過ぎないという可能性について考えるのが知性というものではないのか。

✣ インターネット技術と人間関係

1円をいくら集めても、お金以外のものにはならないと書いた。しかし、量から質への変換がまったく起こらないわけではない。今日、もはや何ものとも交換できない1円というお金は、何ものとも交換可能であるという信憑によって流通しているという、お金の基本的な定義から逸脱しているように見える。道端に1円玉が落ちていても、顧みられないで放置される場合のほうが多いだろう。岩井克人が指摘したように、貨幣が貨幣であることの理由は、貨幣が貨幣として流通しているからだと考えてみよう。貨幣の存在の根拠はこの循環論法の中にしかないと。もし、1000円札でも1万円札でも、それが他の商品と交換可能な貨幣として流通していなければ、それはまったく無価値な長方形の紙片に過ぎないということである。その意味では、おつりの端数としてしか流通していない1円は無価値なものの記号でしかないように見える。

それでも、それが1万個集まれば、たちまち貨幣としての基本的な性格を持ち始める。これは、ちょっと考えてみると、量の増大に伴って、質が変わったように見える。しかし、もし1円がただのアルミニウム片で、1円という刻印が押されていなければ、それを1万個集めても大きなアルミのごみの山になるだけである。これが意味するのはこういうことである。1円はそれが貨幣である限り、それを大量に集積すれば貨幣価値も増大する。しかし、大きなお金をどこまでも細分化してゆくと、それは無価値なものに変じていって、貨幣としての意味さえも希薄になる。

世の全ての事象に光と影があるとするならば、この不可逆の変化こそが、いまインターネットの世界の陰で起きていることではないのか。

技術というものは、何処までも進化してゆく。しかし、それが何処へ向かっているのかについては、誰も正確に言い表すことはできないように思える。もう、30年ほど前の話だが、私は『バイナリー・ブレイン』という本の翻訳を手伝ったことがあった。現在その本がどうなっているのかわからないが、そこには、コンピュータは人間の脳の働きのかなりの部分を代替することになるだろうが、全てを代替することはできない。人間は、人間の脳にしかできない感性的な処理を行う脳と、人間の脳にはできないような数量処理を行うコンピュータとの二つの脳を持つことになるといった趣旨のものであった。30年前の話なので、今考えれば当たり前のような古典的なコンピュータ理解だが、この考え方の特徴は、コンピュータの発展によって、人間は技術的な知と人間的な知の総和を手にすることができるという楽観的な未来観である。しかし、果たして1プラス1が2になるように、技術と人間は手を携えて進化していけるのだろうか。ひょっとしたら、コンピュータが代替した能力は、それが大きければ大きいほど人間の脳の最も人間的なはたらきの退化を代償としたということはないのだろうか。

メールでしかコミュニケートできなくなったオフィスの隣人や、バーチャルな世界が日常になってしまった引きこもり的な生活、勝ちか負けか、プラスかマイナスか、損か得か、上か下かといった二項対立的な思考の単純化。こういった今日のインターネットの世界に現れている現象を見るとき、私には人間というものが、どこまでも細分化して、人間とはちがう、一つの記号に変じていってしまうというあやうさを感じるのである。

「人間とは何か」とは、大きすぎる問題であって、本稿の手に負えるものではない。それでも、知性というものを排除したとき、人間を他の動物と隔てているものも全て失うことになると、言ってもよいのではないかと思う。

では、「知性とは何か」ということが問題となるだろう。知性の定義は、それこそ人間の数だけあるようなもので、これが知性であるということは容易には言えない。私は、自分でもセミナーや講演で、この質問を投げかけたことがあるが、ほとんどの場合、その答えはひとによって、それぞれに異なっていることを知らされることになった。人間は自分に備わった能力については、ただ一つの定義というものも、共有できているという確証がない。

ただ、これが知性であるとは言えなくとも、これは知性ではないということだけは言えそうな気がする。それが、たとえばインターネット上に現れる様々な情報であると言ったら、何を馬鹿なことをと言われるだろうか。ただ、知性というものが人間を他の動物から隔てる特性の一つであるとするならば、人間の身体性から切り離された情報は、どこまで行っても情報であるに過ぎないということには、同意いただけるのではないだろうか。

知性は、人間の中に棲みついてはじめて生きることのできるものである。つまり、知性は、たとえばネットの中に存在している情報のことではなく、人間の中で運動し、欲望を持ち、個性を持っている。そのことの重要性は、強調しても強調しすぎるということはないだろう。

インターネットという技術が作り上げた一つの功績は、空間と時間というものを無限に圧縮したことである。それによって、人間は遠方にいる友人とも、あたかも目の前に対座しているかのごとく、時間差なしでコミュニケートできるようになった。しかし、それなら無線でも、電話でも可能であったことである。それ以上に重要なことは、不特定多数無限大の人々と、一瞬のうちに繋がることができるということであり、このことが様々な新しいビジネスの可能性を切り拓いてきたわけである。

なぜ、そんなことが可能になったのだろうか。もちろん、インフォメーションテクノロジーの進歩というのがその理由である。一人から一人への一方通行の通信が、一対多のブロードキャストになり、さらにそれが多対多のマルチキャストになってゆくためには、通信のインフラの整備、デバイスの進化、ソフトウェアの開発というものが同時的に行われなければならなかった。それを可能にするのはテクノロジー以外にはない。しかし、それだけでは、インターネット技術はこれほど進歩しなかったはずである。

そこには、その技術を後押しする人間の欲望が必要であった。どんな欲望か。それは、人間の限界を超えた能力を手に入れたいという欲望である。人間の限界とは、まさに空間と時間に縛られて存在しているという人間の存在様態そのもののことだ。テクノロジーは、この限界をどうにかして突破しようとしているかのように見える。そして考え出した一つのアイデアが、空間や時間を無限に圧縮させるためには、人間というものの質量を無限に圧縮するということであった。質量は、時間と空間の両方に拘束されて存在しているものであるから、時間と空間を圧縮するためには、質量そのものを限りなくゼロにすれば、見かけ上は空間からも時間からも自由な人間が取り出せる。

空間からも時間からも自由な人間とは何か。つまるところそれは、記号としての人間である。個性を持った生身の人間は、一度に異なる二つの場所に存在することは不可能だが、記号としての人間ならば物理的な制約を無視して、コンピュータ上に遍在することが可能になる。

エンジニアがこのようなことを考えて、テクノロジーの開発に就いていたわけではないのは言うまでもないことだ。インターネット技術というものが、異なった二点間で交わされる情報量を飛躍的に増加させ、通信速度を極大に速めた結果、見かけ上は時間と空間が圧縮されたことになったということなのだろう。いずれにせよ、インターネット上に増殖する無数の匿名の情報は、顔のない「知性のコピー」のように見える。

本当は人間には時間も空間も圧縮することはできない。テクノロジーは、時間と空間という制約の中で生まれてくるロジックによって組み立てられている。ソフトウェアのプログラムは、1ステップずつそのロジックにしたがって、実行されてゆく。時間も空間もそれ自体は、テクノロジーがどんなに進歩しても、人の手が触れることのできない「外部性」として存在している。

インターネットの中に棲んでいる人間は、空間と時間から解放された見かけ上の人間である。その人間には顔がない。毎日インターネットの中を走り続ける無数のジャンクメールや、電子掲示板に書き付けられる夥しい匿名の誹謗・中傷を見ていると、顔を失った人間というものの増殖するコピー(=亡霊)を見る思いがする。彼らのほとんどは、実際に会ってみれば普通に学校や職場に通う顔を持った人々である。

私は、インターネットが切り拓いた技術を否定して、それが意味の無いことだとか、それが無かった時代に戻れと主張するためにこのようなことを言っているわけではない。技術の進化は今後も止まることは無いだろうし、それによって、利便性はさらに向上し、新しいビジネスの可能性を切り拓いてゆくに違いない。

しかし、だからといって、インターネットには肯定的な面と、否定的な面があるということについての考察をしているのでもないということにご注意いただきたい。肯定的な面に関しては、私もいくらでも語ることができるような気がする。私自身、電子メールは必須のツールであり、SNSを利用し、アマゾンで本を買い、ツイッターやブログで情報を発信している。インターネットの恩恵を最大限享受している人間の一人であると思っている。そして、それ以上におもしろいと感じるのは、これまでよく見えなかった偶然というものの経路が、インターネットの世界の中で見え始めたことである。たとえばリアルの世界で、会うはずのない人に、ある場所で「偶然」に出会ったとする。しかし、彼がどのような因縁をたどってその場所に来たのか、そして私とどのような因縁で出会うことになったのかということの中には、かなりな程度必然の糸があったことが判るということが起こったのである。これまでは、世界というものがスモールワールドであるという実感としてしか感じることができなかったのだが、なるほど人間の行動とはそれほど多様でも、突飛でもなく、ある種の傾向と確率に支配されているのだということが、ネット上の「足跡」から確認できるようになったわけだ。それは、かつてシュールレアリストたちが言っていたこと、つまりあらゆる偶然というものの背後には隠された必然があるということをあらためて感じさせてくれる出来事であった。

　否定的な側面に関しては、私自身は、ほとんどその被害というものを受けてはいないし、実際にあったとしても、そんなことは大した問題であるとは思っていない。

　ただ、技術が解決できる問題は、どこまで行っても技術的な問題だけであり、人間関係や文化的な問題に対してはどこまで行っても無力であるべきなのだと言っておきたい気がする。それこそが、技術に求められる節度というものである。本来技術が立ち入るべきではない部分に、技術的な解決を入れれば失うものも多い。利便性と人間性のトレードオフが起こる場合も多い。たとえば、メールは確かに便利になったが、その利便性こそが、隣の席に座る同僚とさえ、メールでコミュニケートすることによる歪曲した人間関係を代償としたのである。

梅田望夫の「たしかにネット世界は混沌としていて危険もいっぱいだ。それは事実である。しかしそういう事実を前にして、どうすればいいのか。忌避と思考停止は何も生み出さないことを、私たちは肝に銘ずるべきなのである」[52]といったようなエヴァンジェリスト的な言葉を聞いていると、私はそこに未来信奉者の節度のなさを感じる。あるいは思考というものの危うさを感じると言ってもよい。それこそ、思考停止ではないのかと。テクノロジーの進歩に対する忌避は思考停止ではない。いや、それを思考停止という文脈で考えれば、人間への理解はおそろしく平板なものにならざるを得ない。人が口ごもるには理由があり、与えられた環境や技術の進歩を忌避するには、理由があるのだ。たとえ、その理由を当人が、説明することができないとしても、進歩を忌避する身体的なアラームが存在していることだけは否定することができないのである。

随分くどくどしい話をしてきたが、ここまでがインターネット黎明期に考察したことである。それは、近代化とは何か、技術の進歩とは何か、それらは人間を豊かにし、知的にするのか、そして、こうしたイノベーションが、これから先の私たちの進むべき道を示すことになるのかを考えたのだった。

少し前に、評論家の川本三郎さんと対談したことがあった。川本さんは、メールをやらない。ネットとは無縁の生活を送っている。携帯電話も持たなければ、ワープロも使わない。最新の電子機器はＦＡＸだけだと言って清々しく笑っておられた。

川本さんの著作を読んでいると、知というものがどのように醸成され、深まっていくのか、知とは情報とは別の知識の連鎖によって編まれたものであるという実感を受ける。これほど知的な人間が、ネットとは無縁のところで知的な生産を続けていることこそ、ネットが知の集積地であり、それを利用しないと世界に乗り遅れるというような言説がいかにいい加減なものであるのかの証左であると私は思う。もっと言うなら、川本さんの知は、ネットに集積されるような情報とは無縁なところに、自らを置いていることからしか生まれ得ないものであり、川本さんはそのことを直感して、意識的にネット情報から遠ざかっているのであろう。

もし、インターネット技術というものが、世界を大きく変えるとするならば、おそらくは人間と人間の関係もまた、その変化の影響を最も大きく受けてゆくことになるだろう。そして、この変化の意味を考えるためには、この変化そのものを相対化できる位置というものを獲得する必要があるだろう。川本さんの生き方は、その相対化の見事な実例である。

何かを考えるという場合、時にその考える対象から離れ、その対象の効果を遮断してみる必要がある。それは、思考を停止するということではない。情報を遮断することで、はじめて見えてくるものがあるからそうするのである。それが原理的に考えるということの意味である。

✣ インターネットと金融の結合

インターネットの技術というものが、人間に対してどのような影響を与えるのかということに関して考えるとき、金融とインターネットの結びつきの中に、その最も先鋭的な事例を見ることができる。

1998年。米国で起きたインターネットバブルが飛び火して、日本でもインターネットバブルが騒がれ始めた頃、NHKスペシャル『マネー革命』が放送された。この放送は大きな反響を巻き起こした。私たちは、なんとなく話には聞いていたデリバティブ取引や、凄まじい巨大ヘッジファンドのマネーをめぐる攻防の実態を見て唖然としたものである。その詳細は、NHKライブラリー・シリーズで出版されているので機会があれば手にしていただきたいが、ここではいくつかの印象的なシーンを拾いながら、テクノロジーの持つ暴力性とそのあやうさについて考えてみたいと思う。

ジョージ・ソロスやマイロン・ショールズと並んで伝説的な投機家であるヴィクター・ニーダーホッファーは、その絶頂時の模様を『老人と海』になぞらえて語っている。

私は利益を上げるために三日間戦いを挑んだ。そしてついに一〇秒間で円は私の餌に食いついた。釣り上げられた円は激しく暴れまわり、まるで竜が身体を切り刻まれるようにのたうちまわった。それがピークだった。その後に円安が急速に進み、一ドル九五円から九八円へと推移した。もし一五秒おきにモニターを監視していなかったら、私はあのときに破滅していただろう。[53]

金融とは何か。ひとことで言えば、それは金を金で買うということである。もちろん、金融の基本的な定義は、お金の流れということであり、資金調達、資金の配分、投資と融資といったことを意味している。そして、それだけなら、それはただのサービスであり、業務形態を表現しているに過ぎない。しかし、現実には、このお金の流れには、中間で巨利を掬い取れる仕掛けがあり、その仕掛けは巨大なビジネスに発展していったのである。さらに歴史的な経緯をみれば、産業革命以降、自由貿易が世界の主流となり、先進各国が自国優位の産業へと特化してゆく中で、自給自足的な経済バランスを失っていくプロセスの中から金融ビジネスが派生してきたわけである。そして、いまや金融ビジネスは、ものづくりやサービスといった実体ビジネスの何十倍とも百倍を超えるとも言われるほどにも膨れ上がっている。その最大の理由は、商品市場というものを迂回することなく、貨幣を直接売買するということが、巨大な利益を生み出すことが分かったからである。ビジネスとは本来、商品やサービスといったものと貨幣との交換のプロセス全体を指し示す言葉だろう。商品やサービスに投入された資本と、市場でそれ以上の高値で回収した販売価格との差額が利潤である。そして、この利潤を最大化するための一つの方法が、このビジネスプロセスの回転速度を上げることである。

一日のうちに、1回の商いをしていたものが、2回行えば利潤は2倍になる。アメリカン・グローバリズムの最大の特徴は、この「速度」に対するあくなき執着であるように見える。ベンチャー企業には、速い成長が望まれ、一日でも早く株式の公開をすることを期待される。

誰によってか？

もちろん投資家によってである。投資家というものは、投下した資本を一日でも早く回収したいと望むものである。そのために、ビジネスプロセスの中にある、あらゆる無駄を省いてゆくことが要請されるのである。そしてあるとき、最も無駄なことは、商品やサービスを迂回するというビジネスの根幹そのものの中にあると気がつく（もちろん私はこの考え方に微塵も同意していない）。もし、貨幣で貨幣を直接売買できれば、このまだるっこしいプロセスは、一挙に「中抜き」することが可能になる。

金融それ自体は、新しい価値を何も生み出してはいない。価値の源泉はあくまでも、ものづくりやサービスの現場から湧き出ている。その現場で、製品やサービスと交換され、退蔵された貨幣こそが金融のベースである。この行き場を失った貨幣は、銀行や投資家に預託され運用される。そして、金融市場という巨大な賭場で取引されることになるのである。

なにゆえ金で金を買うことがビジネスになるのか。

貨幣が貨幣として流通する理由は、貨幣が貨幣として流通しているからである。この同義反復的な事実の中に貨幣の秘密が宿っている。その言葉を貨幣の貨幣による売買に当てはめればこうなる。国際的な貨幣市場で、貨幣の価格が上下するのは、国際的な貨幣市場が存在しているからである。この事実が最も鮮やかに炙り出されたのは、２００８年の金融大崩壊、いわゆるリーマン・ショックだった。

　サブプライムローンという、低所得者向けの住宅ローンを証券化し、それを他の安全な証券と抱き合わせて金融商品（債務担保証券＝ＣＤＯ）を作ったわけだが、この信用リスクそのものを売買する金融派生商品ができるに至って、ほとんどババ抜きのような金融ゲームに火がついていった。最後にババを手元に残したものだけが大損するゲームであり、そのためには自分のところに回ってきたババは、なるべく早く別のものと交換しなければならない。

　結局のところ、このゲームの根っこのところにあった住宅ローンそのものが、もともと証券化をあてにして作り上げられた詐欺のようなローンであり、返済の見込みの薄いものであったことが明らかになるにつれて、証券そのものも裏付けのないものであることが明らかになっていった。その結果、証券化された債券、その債券のリスクを証券化した債券などが次々に紙屑同然のものになっていったのである。しかし、それが明確になるのは、住宅バブルが目一杯膨らみ、実態との乖離が極限に達するまで待たなくてはならなかった。ゲームが終わってみなければ、それがババであることには誰も気づかないように、債券を販売する銀行、債券の格付けをする格付け会社、金融派生商品を販売する保険会社など、金融システム全体が、自らの存続のために実態を隠蔽していたからである。

この金融市場の危うさの根源には、貨幣そのものの危うさが存在している。

第二次大戦後、1971年までは、世界の基軸通貨である米ドルはまだ金の地金に結びつくかたちでその価値を定められていた。その場合、米1ドルは、一定の金を預けたことを証明する預かり証の意味合いがあった。だから、預かり証とたとえば時計という商品との交換は、金と時計との交換を代行することができた。時計を渡して、預かり証をもらったものは、それを交換所に持参すればいつでも一定の金と交換可能であった。ところが、この預かり証が一人歩きし始める要素を持っていた。預かり証に対応する金の量は一定だが、預かり証はいくらでも印刷可能であるからである。預かり証の発行所(すなわち中央銀行)がそれを多量に印刷して市場に流通させることができるわけである。預かり証が勝手に流通できた根拠は、もはや等価な金という裏付けではない。ただ、それが流通しているからという同義反復的な理由だけなのだ。なぜ、この同義反復的な流通根拠が可能になったのか。

それは、国家が預かり証に対する債務保証をしていると、信じさせることができたからである。どうやって? それは、国家が、金ではなく、米でも、布でもなく、預かり証を税金として受け取るということによって、預かり証に対する信用供与をしたからである。これが、ゲオルク・フリードリッヒ・クナップが唱えた「貨幣国定説」の意味である。

　金本位制は、それ以前に欧米でも日本でも破綻していたが、米ドルとの固定相場という形で、間接的な金本位制が確立していたのである。この「間接的な金本位制」が崩れるのが1971年のドルと金の交換の停止、いわゆるニクソン・ショックであった。これ以降各国の通貨は、それを基礎づける現物を失い、ただ通貨どうしの相対的な力関係によって価値付けられる変動相場制が採用されることになる。通貨は、いわば無限の相対性の中に浮遊することになったのである。通貨どうしの相対的な力関係とは何かという問題は、興味深い厄介な問題であるが、ここではさしあたり流通の強度であると理解してさしつかえない。流通の強度とは、地球上のどこでも何とでも交換できるというその通貨の汎用性と、将来に向けての安定性と言い換えてもよい（逆に言えば山中で遭難しかけている人にとっては、一億積まれるよりも一片のチョコレートの方が貴重なものであり、生存に資するところのない貨幣はその意味を失う）。では、この流通の強度は何によって担保されるのか。いうまでもなく、それは貨幣に信用供与している国家の安定、言い換えれば国力である。だとすれば、その流通の強度は、その時々の国家の景気や、政治的なリスクなどによって秒単位で変動することになるだろう。

　そしてこの事実が、大きな市場性を持つことが明らかになる。いや、それは最初から判っていたことだ。しかし、当初はこの錬金術を知っていたのは、通貨の秘密を熟知し、それを取引する手段を占有していたプロフェッショナル（＝銀行）だけであった。インターネットの普及はこの錬金術の秘密を一般の人々に開放したのである。それを可能にしたのは、テクノロジーであり、とりわけ情報技術分野の進歩によるところが大きい。

『マネー革命』(前出)にはこのあたりの事情がドキュメントされている。時々刻々変動する価格情報というものを、他者より早く入手できるかどうかが、この市場でのビジネスの勝敗を決することになる。このことにいち早く目をつけたのが、通信社ロイターであり、このビジネスを加速させたものがコンピュータシステムであった。ロイターとは、もともと伝書鳩を使って、ドイツ―ベルギー間の通信をしていた会社である。ロイターはニクソン・ショックの翌々年には、通貨取引市場の情報をリアルタイムで伝えるモニター(ロイターモニター)を開発している。このロイターモニターの出現、そして以後進化を続けることになるインターネットの普及によって、いまや誰もが、世界中のどこにいても、金融市場の情報を、リアルタイムで取得することができるようになったのである。

そもそも、金融がビジネスになる最も基本的な要素の一つは、お金の価値というものは時間が経過すると自然に増加してゆくものであるという考え方による(もう一つは貨幣の信用相場)。実際にその考え方を市場に適応させてきたという歴史が背景にある。つまり利息である。利息というものが無ければ金融ビジネスというものもまたあり得ない。もし、今日の1万円と1年後の1万円というものが同じ価値であったとするならば、5年後の5万円と刻印された株券を、今日の5万円の価格で買う権利を持つこと(=ストックオプション)は、どんな意味も持ちはしない。それは、ただ等価のものを交換するだけだからだ。しかし、今日銀行に預けた1万円が、5年後には1万円プラス利息になるように、今日の5万円の株券は、5年後には5万円プラスアルファで取引される可能性が高い。貨幣というものは、そこに時間の概念を導入すると、価格と価値という二つの価値体系に分離するのである。それは、ある意味では100円の缶コーヒーが、山の上では200円になるのと似ている。しかし、決定的に違うのは、平地の缶コーヒーが山の上で値上がりするのは、そこに運搬という労働の価値が転嫁されるという明白な根拠（＝付加価値）があるのに対して、1年後の貨幣価値が、今日のそれに対して上昇するためには、そこに転嫁されるどのような労働価値も含まれていないということである。

古い切手が、時代を経て高額で取引されるということもある。しかし、この場合も、貨幣価値が自律的に上昇するということとは根本的に異なった理由によっている。古い切手や古銭が時代とともにその流通価格を増加させるのは、それらが流通する市場での希少性が増すということしか意味していないからである。この場合の価値とは単なる需要と供給の市場力学を表現しているに過ぎない。

ただ貨幣のみが、時間の経過とともに、その価値を自律的に増加させることができる。本当は、今日の1万円は、何年たっても1万円であるに過ぎない。だから利息とは時間の価格なのである。

述べてきたように、貨幣の現在価値と将来価値の差異を決めるのは、一つは利息という時間的なファクターであり、もう一つは各国ごとの通貨強度の差異という地政的差異のファクターである。この二つのファクターによって、貨幣価値はめまぐるしく変動しているということである。

岩井克人が指摘するまでもなく、あらゆる価値は「差異」から生まれる。利息というものによって、将来の価値が現在の価格に添加されるのは、まさに時間の差異が価値を生み出すということを示しているだろう。価値はもちろん時間の差異から生まれるだけではない。地域の差異。それぞれの通貨が流通している国家の国力の差異。あらためて、時間と空間というものが価値を生み出す大きな要素であると言える。その価値を知るためには、時間的な制約や地理的な制約を超える場所から貨幣間の関係を一望する必要がある。インターネット技術というものがまさにこの時間と空間を圧縮することでその貨幣関係を一望する場所を提供したのである。

『マネー革命』の中には、アジア通貨危機の原因をつくったと言われる稀代の投機家にして、慈善家であるジョージ・ソロスの話や、１日で50億円とも１００億円とも言われる大金を失った天才トレーダーの話が出てくる。中でも先に引用した、落魄した天才トレーダー、ヴィクター・ニーダーホッファーの話は印象的である。

全財産を１日にして失い、遁世していたニーダーホッファーは、しつこく取材を要求するＮＨＫの取材スタッフをようやく自室に迎え入れ、かつての栄光の瞬間と一瞬の破滅について語り始める。私はこの場面はテレビで見ていたのだが、痛々しいというよりは、何か燃え尽きた亡霊が、遺言を読み上げているかのような不思議な静謐感があった。突飛な空想かもしれないが、それはあたかも人類に火をもたらして神の怒りを買ったプロメテウスが、その業火に身を焼かれ、燃え滓のようになったといった風情であった。プロメテウスとは、ギリシア語で「先に考える者」という意味だそうである。ソロスやニーダーホッファーのような投機家は、まさに誰よりも先に情報を入手し、考え、そこに財を投じたのである。そして、一方は大成して慈善家になり、一方は破滅して亡霊となった。

ここでも、テクノロジー、とりわけコンピュータ技術がひたすら推し進めたのは、人間が取り扱える量の増大である。そのために、通信のスピードを極限まで高めることで時間を圧縮し、異なった二点間をリアルタイムで結ぶことで見かけ上の世界(空間)を圧縮し、それまで不可能だった取引量を無限に増大することが可能になった。

より多く、より高速に、より強くというのは人間の見果てぬ夢であり、それを推し進めているのは人間の果てしのない欲望である。その結果、確かに生活の利便性は向上し、移動の時間、待ち時間、計算に要する努力といったものを極小化していったのだけれど、果たしてそれは私たちが本当に望んでいたものなのかどうかということになると、うまく答えることが出来ない。

というのは、当初は利便性の向上は生活の中から出てきた生活の質の向上に根ざしたものであっただろうが、どこからか欲望が欲望を再生産するというかたちで、当初の目的を追い越していってしまったのではないかという印象をぬぐい切れないからである。つまりそれはヒューマン・スケールというものを凌駕した、テクノロジーによって作り出された欲望が極限まで肥大化した結果ではないのかということである。

コンピュータから入ってくる情報を元に、将来の決済日の債券価値と現在の債券価値の差異を背景にして、債券の売買をするということは、原理的には無限大の大きな取引が可能であるということである。それは同時に、対面での取引が必要とした実績や信頼といった属人的な要素を排除した取引でもある。

ネット上のコミュニティにおいて、不特定多数無限大の人間とコミュニケーションするということは、ただ一人の人間との間で膨大な無駄な時間を浪費することでしか味わえない濃密な関係性というものを、どこまでも希釈化させなければできない相談である。

私がここで言いたいのは、こういうことだ。

一生かかっても付き合いきれない友人をつくること。一生かかっても使い切れない金を手にすること。一生かかっても読みきれない情報にアクセス可能であること。これらは、合理性の名の下に、テクノロジーがそれを支援し拡大していった欲望の極めて現代的な形式である。それは、ヒューマン・スケールというものをどこかで、人間の欲望自身が追い越し一人歩きしてつくりあげた未来の幻影のようだ。

その幻影を求め続けることで、人間が自らの欲望に逼塞し、生きることのリアリティを希薄化させているとすれば、テクノロジーの恩恵とは、まさに一片のチョコレートが必要な遭難者の前に投げ出された札束に過ぎないのである。

第12章 個人の倫理と国家の倫理

✣ 集団的な宗旨替え

「芝浜」は、数ある古典落語の中でも演じられることの多い噺である。名人上手と言われる重鎮から若手に至るまで、多くの名演が残されている。毎年、大晦日や正月の演題として人気のある噺だ。絶品と言われる桂三木助の「芝浜」は、何ともいえない気品があって、その風景描写や夫婦の会話を聞いていると切々とした気持ちになり、思わず泣けてくる。立川談志の「芝浜」は、三木助のしっとりとした世界とは対極にあるような、きびきびとした町人風情が味わえる噺だが、こちらも同じ場面で笑い、同じところでほろりとさせられる。もちろん、名人志ん生も馬生もこれぞ名演というような話芸を披露してくれている。

村上世彰氏が逮捕されたとき、私は自分のブログに「村上は独房で芝浜を何回でも聴いたほうがよい」と書いた。果たして村上氏はこの日本の伝統芸能を知っているのか（たぶん知ってはいるはずだ）。だとすれば、この人情噺をどのように聴き、何を感じただろうか。どうでもよいことであるが、ふとそんなことを考えたからである。

なにゆえそんなことを考えたのか。資本主義の高度化と都市化の進展のプロセスのどこかで、日本人は自分たちを律していた価値観、生きるうえでの規矩というものを捨て去った。ただ捨て去ったのではなく、それらとは真反対の行動規範というものを信ずるようになったのではないかと、感じることがあったからである。生きるうえでの規矩とは何かを説明するのは易しいことではない。封建的な社会の中で育まれた美意識と言ってしまえばそれまでである。それは身体感覚に近いと言ったほうがよいだろうが、あえて言葉にするならば、世間さまに対する「慎み深さ」だと言ってもそう的外れではないだろう。あるいは、あえて経済学的な言い方をするならば、「おかげさま」という言葉が表象するように、世間さまに対する負債の返済義務のことだと言ってもよい。

資本主義が高度化する以前の日本人の心性の中には、自然や、神や、時には権力者に対する「おかげさま」という負債の心情と、それを返済しなければならないという返済の義務感が身体化されていた。そして、そのことが、欲望のままに生きることや、他者を出し抜いて自らの欲望を実現することに対しての抑制として働くということがあったのではないか。

たとえば、書店には、「勝ち組のための時間術」とか「1年間で1億円儲ける方法」であるとか、あるいは「セレブになるための10か条」といった類のタイトルの本が並ぶ。そこにあるのは、恥じらいの無い欲望の肯定であり、街を歩けば高価なブランド品を身にまとった若者が闊歩して、負け組には侮蔑の眼差しを投げかける。企業は利潤確保のためには、なりふりかまわぬリストラを断行し、新聞はそのリストラの手際を誉めそやす。挙句の果ては、決算を誤魔化して株価の下落を防衛したり、期限切れの食材を使ってコストを下げる企業が摘発されるに至る。

欲望を肯定して、それをむき出しにすることは、別に悪いことでも良いことでもない。ただ、それは気恥ずかしいことであり、美しくないことだと感じられた時代もあった。20代の若者がベンツやＢＭＷといった高級外車に乗る。ヴィトンやシャネルを身に着ける。これは格好悪く「とっぽい」ことだったのである。

いや、いつの世も、人間は多かれ少なかれ、金に惹かれ、成功者にへつらい、貧乏人を差別する卑しさを持っていた。現在ことさらに、それが強調されたわけではない。いつの時代でも、欲望は人を駆り立て、金や名誉や出世と引き換えに、愛情や慈悲や矜持を差し出してきた。金は大切なものだが、同時に卑しいものでもあるというようなアンビバレントな気持ちを誰もが共有していた。いや、ほとんどのものが今より貧しかったから、その貧しさに意味を与えようと考えていた。自分の経験に照らしても、子どもの頃に教えられたのは、金持ちにならなくてもいいから誇りを持って生きよといった親の願いであり、人生にはお金に代えられない価値があるといった負け惜しみ的な精神訓話であった。

大学で90年以降に生まれた学生160人に対して、『男はつらいよ』という映画を観たことがあるかと、問うたことがあった。1969年に始まり、1995年に48作目で終わった国民的ムービーについて、半数ぐらいは観ただろうと思っていたが、実際には誰も観ていないということがわかった。

ただ一人、観ようとしたけれど最初の10分で観るのをやめたと言った。

私の大学の学生ではないが、別の若者は「フーテンの寅」という人物に関して、いかなる共感も持てず、この映画に関してどんな場面も笑うことができないとも言っていた。確かに、乱暴で、自分勝手で、働かず、傍若無人に振る舞う主人公は、彼らの目から見れば、セクシストで、レイシストで、労働者を蔑み、自分勝手な人間に見えるのかもしれない。監督の山田洋次は、この車寅次郎という男に、自分に正直で、優しく、一本気で曲がったことが嫌いで、金や権力に媚びへつらわない性格を与えたはずである。この車寅次郎の性格こそが、昭和の時代の一方の人間類型であったはずである。

昭和の時代には、間違っても、小学校から株取引を学べとは言われなかった。少なくとも、金、金、金と騒ぐのは恥ずかしいことであり、人間の貴賎は職業にはないといったことだけは多くの日本人が共有していたように思う。たとえそれが願望に過ぎなかったとしても。なぜなら、戦後の日本においては、誰もが貧しかったのであり、それ故に貧富という価値観とは異なる価値観を必要としていたのかもしれない。少なくとも、貧富はいろいろある差別指標のうちの一つでしかなかった、ということだけは言えるだろう。「共和的な貧しさ」と言ったのは確か作家の関川夏央だが、そのような時代はすでに遠い過去になってしまった。

所得倍増、一億総中流という60年代70年代を経て、平均的な日本人には、経済的な余裕が生まれた。80年代においては、週休二日制が採用され、人々の関心はどのような職に就き、どのように生活をやりくりするのかというところから、休日を何処で過ごし、どのように余暇を埋めるのかといった消費中心の生活に移っていった。大雑把に言えば、精神的な生活というものが徐々に色あせ、相対的に物質的な豊かさの価値が増したのである。無くなったのは、清貧をよしとする感覚、金銭に対する汚辱の意識、やせ我慢の美徳、武士の情け、相互扶助といった日本人の美意識であり、代わって快適な生活、金儲けはよいことであるという意識、勝ち組への羨望、合理性への信仰であり、自己決定、自己責任、他罰主義といった個人主義的な価値観である。

ある意味で、これは都市化というものがもたらす、必然的な人心の変化であると言えるのかもしれない。そして、昨今隆盛の市場主義の精神とは、まさに個人の功利的な欲望を全面的に肯定するというところから出発した経済思想なのである。人間は利己的に生きてもよいのだ。確かにそうだ。人間を因習やしがらみから解放するには、利己心というものを認める必要があった。しかし、利己的に生きてもよいという言葉を、利己的に生きなければならないと誰かが読み替えた。それが、現代というものを特徴付けている一つの風潮である。それにしても、人間というものはかくも簡単に過去の価値観と決別し、それを否定して生きることができるのだろうかとも思う。
この価値観の逆転現象は、ある意味では集団的な改宗にも相当する出来事のはずである。にもかかわらず、筆者はこの改宗に対しての表立った説明や、反論といったものを耳にしたことがない。個人的な宗旨替えならば、そういうことはあるだろう。しかし、国民的な規模で、集団的な価値観の変更が行われたのだとすれば、それに対して何らかの説明があってしかるべきではないだろうか。それが、なされなかった理由は二つしかない。一つはそのような、集団的な宗旨替えは実際には無かったということである。つまりは、私の思い違いということである。そしてもう一つは、この宗旨替えが意図的に行われたのではなく、なし崩し的に、がん細胞が増殖するようにそれと知らずに、進行したということである。私たちは、そのどちらの可能性についても先入見なしに、検証してみなくてはならないと思う。それにしても、もしこの国民的な規模での改宗がなし崩し的に行われたのだとするならば、次に浮かんでくる疑問は、この宗旨替えが、なにゆえなし崩し的に行われたのかということである。あるいは、このなし崩し的な宗旨替えを可能にしたものが何であったのかということである。

結論を急ぐ前に、前提になる「宗旨」の中身について、それが何でありどう変わったのか、あるいは変わらなかったのかについて確認しておこう。

✣ 落語が伝える見えざる価値

説明するのも野暮なのだが、落語「芝浜」には「日本人独特」の美意識がぎっしりと詰まっている。「」を付したのは、この美意識が日本固有のものではないことを強調するためである。多くの日本人たちは、この美意識こそ、日本を特徴付けるものだと思いたがっているということだ。その美意識とは、お金に対する絶妙な距離感、働くということの意味、夫婦の理想。

説明するよりは、どんな話なのか、かいつまんでみる。

裏長屋に住む魚屋の魚勝は、腕はいいが怠け癖がついて、真面目に働く気持ちが薄い。このままでは借金ばかりが嵩んで釜の蓋が開かないと女房に愚痴られている。魚勝とて、自分がいつまでもこのままでよいとは思っていない。しぶしぶ芝の河岸へ商いに出かける。女房に1刻（2時間）はやく起こされて、河岸についたときにはまだ、夜が明けていない。浜に出て夜明けを待っていると、水際に革の財布を見つける。ぼろぼろの財布である。しかしどうやら中に金が入っている。家に跳んで帰って中身を改めると、42両入っている。これで、しばらくは遊んで暮らせると、仲間を呼び、酒をあおって大騒ぎをしているうちに、眠ってしまう。

目が覚めて、女房にあの財布はどうしたと聞くと、財布なんか知らない、どうせ悪い夢を見たんだろう、情けない。はやく商いに行ってくれと言う。何だ、夢だったのか。魚勝はこんな浅はかな夢を見る自分に情けなくなり、こんどばかりは懲りて、心を入れ替える。

そして酒を断ち、一生懸命商売に精を出す。そうやって3年後には自前の店を出すまでになった。

ある大晦日。除夜の鐘を聞きながら、女房は件の革の財布を出してこう言う。「あのとき、この金を使ってしまえば、一生うだつのあがらない怠け者になるしかない。いつかは人様の金を飲み食いした咎で、手が後ろに回らないとも限らない。それで夢だと言ってごまかしたんだ。腹が立ったら殴っておくれ」。そう言って、頭を下げる。

それを見て、魚勝は「お手をあげておくんなさい。頭を下げるのはこっちのほうだ」と心から礼を言う。

この後、女房から飲酒を解禁され、すすめられた魚勝が呟く有名な下げがある。「また夢になるといけねぇ」。魚勝にとって、大金を手にして働くことをしなくとも生きていけるというのは夢だったが、毎日勤勉に働いて堅実な生活をすることが、その夢よりも大切なことであることがわかったからこそ、この下げになる。

私は、この噺を聞いていつも同じところで笑い、同じところで胸が熱くなる。毎年大晦日、お正月の演目にこの噺が選ばれるのも、よくわかる気がする。落語には、これとよく似たお金にまつわる噺がいくつもある。「文七元結」「井戸の茶碗」「三方一両損」等々。

そして、どの噺もお金というものに対するくっきりとした考えが現れている。お金は大切なものである。そのために誰もが一生懸命働かなければならない。同時にお金は人の心を狂わすものでもある。それでも、お金は誰もが欲しい。だからこそ、人間はお金と交換できない何かを持っていなければならない。いや、それは誰もが本来持っているものである。それはお金では買えない。それが何かは噺のなかで明示されているわけではない。ただ江戸期の落語の主要な登場人物であった、職人、商人そして武士にとっては、自らの職に対する忠誠こそが、最上位に位置する価値観であったことがうかがえるのである。

　時にそれは、矜持となり、時には意地となって現れる。職人は自らの腕に、商人は正直であることに、侍は美意識に、それぞれおのれの生きる倫理の規範を置いたのである。これらは、いずれも計量不能の「見えざる価値」である。しかし、その「見えざる価値」というものを、それぞれの職域がつくる共同体の中では誰もが容易に見ることができたということだろう。そして、もし現代の社会の中で、これらの「見えざる価値」が見えなくなったのだとすれば、それは、これらの価値に取って代わるに足る有力な価値が現れたということではなく（お金は当時も今も貴重で、ありがたいものであったのだから）、職域の共同体そのものが内部から、あるいは外的な要因によって瓦解していったと見るほうが自然だろう。

　貨幣こそが、こうした共同体的な倫理を破壊するパワーの源泉であったのだ。貨幣が壊すのは、倫理観そのものではない。倫理観を醸成する共同体のローカルな規範を、貨幣のグローバルな規範が上書きしてしまうようにして、なし崩しにしてしまうのである。

✣ 金で買えないもの

ライブドアが、世間の耳目を集めたのはニッポン放送・フジテレビの買収に名乗りを上げた時である。いや、それ以前にライブドアはＭ＆Ａという方法で急成長し、時価総額で世界一の会社を目指すと豪語していた。ある日、朝刊を開いたらそこに、ライブドア社長である堀江貴文のインタビューが掲載されており、見出しに「金で買えないものはない」という文字が躍っていた。このときの私の感想は、ああ、ついにこういうことを言う人間が出てきたのだなというものであった。いや、こんなことを言う若者はいつでもいた。世の中所詮金だよ。きれい事では何もできないし、何も解決しない。それがリアリズムというものだ。

しかし、日本を代表する新聞の一つが、こういった若者の言葉を、あたかもそれが時代を先行しているかのような言葉として大きく取り扱うということは、なかったように思う。

担当の記者は、どのような気持ちで彼の言葉を聞き、編集デスクはどのような意図でこれを大きな記事に仕立て上げたのだろうか。論理的にこういう言説に妥当性があるかとか、倫理的にどうなんだといった問題ではない。こういうことを何のためらいもなく言えるような国に、日本がなったということである。もちろん、堀江の発言の背景には１９９０年代初頭あたりから広まってきた新自由主義の思想がある。堀江の発言のいくつかには、グローバリズムの進展とそれを支える経済思想としての市場主義の言説が見え隠れしている。失われた10年という経済不況を背景にして日本もまたこのグローバリズムに乗り遅れまいとする政府の方針が、こういった若者の出現を後押ししてもいた。

しかし、そういった外的な要因があったにせよ、堀江のこの言葉は概ね、若い人々から好感を持って迎えられたということに、私はある種の感慨を持たざるを得なかったのである。どういう感慨か。ひとことで言うなら、誰もがそれと気付かぬうちに、日本という国柄が大きく変質してきているという思いである。いや、ひょっとすると何も変わっていないのかも知れない。それは単なる思い過ごしであるのかも知れないという私自身に対する疑念もまたそこには含まれている。

「金で買えないものはない」というのは、論理的には何の根拠も無いほら話である。金で買えないものなどいくらでもあることは、子どもでも知っている。当の堀江自身が金で買えないものはいくらでもあることをよく知っているはずである。堀江はこのような発言をすることでもっと別の何かを言いたかったということだろう。それは何か。

その答えは、彼自身が述べている。

これまでの日本は、成り上がりがいくら努力しても、血筋だ、学閥だといった何の根拠も無い障壁で、入会を許されない社会というものが幅を利かせていた。血筋も学閥も、閨閥も、贔屓も、みんなご都合主義の既得権益じゃないか。そんなものは、世界では通用しない。金だけが世界で唯一、透明で平等な言語じゃないのか。ましてや、グローバルな市場社会では、ローカルな因習的なビジネス習慣は通用しない。金だけが、世界の何処でも流通可能な共通言語である、と。

おそらく、堀江が言いたかったのはこういうリバタリアニズム風の世界観である。

そして、多くの産業界のオピニオンリーダーと言われる人々も、この堀江のロジックにまともに反論することができず、「彼はこれまで、誰も言えなかった本音を言った。既成の価値観にとらわれない革命児だからこそ、こういうことが言えるのだ」といった賛辞を贈ったのである。

もちろん、堀江の言葉に嫌悪感を示すものも少なからずいた。人間には精神というものがある。精神には倫理観もあれば慈悲の心もある。お金より大切なものは、人の心だ。貧しくとも人を思いやり、助け合う気持ちが大切である。そういうものは全てお金とは交換不能のものだ。武士道というものがあるじゃないか。武士は食わねど高楊枝だよ。惻隠の情を忘れてはいけない。宵越しの金はいらない。などなど。しかし、こういった人間の美質を強調する人々が、「それではお前の不要な金を全て貧しき人々に寄付すればいいじゃないか」と言われると、なかなか返す言葉がない。だいいち、金に不自由していない人間がいくら、金の不浄、精神の高潔を説いても説得力を持ちうるはずはない。そんな甘言は、既得権益者のレトリックに過ぎないと思われても仕方がない。

金が全てという考え方が反発を呼ぶのと同様に、精神が大事という考え方も一種のファンタジーである。なぜなら、この二つの考え方は、考え方においてはほとんど兄弟であるといってもいいほどに、同じタイプの思考であるからである。得てして人間はこういった原理主義に陥りやすい。それが、分かり易いというただそれだけの理由によって。しかし、どちらもまったく現実というものから乖離した極論であり、幼児的な発想である。

現実はいつも、多様な欲望と高貴な徳目の中ほどに描かれた、図柄のはっきりとはしない絵模様として現れるものだ。

フランク・シナトラの歌に、おもしろいフレーズがある。

「もしも心がすべてなら、いとしいお金はなんになる」

これが、人間の心情というものである。お金というものが、世界の共通言語であるように、お金によって精神まで支配されたくはないという人間の矜持もまた、世界に共通して存在している。世間に流通している実感は、お金も大事、こころも大事ということで、しかし、往々にしてこれらの二つは並び立たないということを市井人は知っているということである。そして、あらゆる思想性というものは、並び立たないものに勝敗をつけることのうちにあるのではなく、それらに折り合いをつけながら抱え込むところから始まる。なぜなら、それこそが人間が生きていくうえで真に対面すべき課題だからである。

✣ 国民国家と国民経済

さて、『ウェブ進化論』が出たときにベストセラーになったもう一冊の本がある。藤原正彦の『国家の品格』という本がそれである。これらの二冊の本には、まったく関連性はないのだが、私にはともに時代の分岐点上に現れ、現在にまで影響を与え続けている思考のタイプが示されていたと思う。別の言い方をするなら、こういった本がベストセラーになるということ自体が、移行期的な混乱の時代の特徴なのかもしれない。

「こういった本」と言ったが、一方は近代主義、未来志向の書であり、一方は典型的な近代主義批判の書であるという意味である。私自身、この間の日本を覆った、拝金主義的な傾向、自己責任、自己決定を旨とした市場原理主義的な価値観の瀰漫に対して常々違和感を覚えている人間の一人である。それをどうやったら批判し、対置するような新しい価値観を生み出せるのかと考えてもいる（本書もまたその試みの一つである）。それでも、『国家の品格』には、これはちょっと違うのではないかという思いを禁じ得なかった。本章では私がなにゆえ、『国家の品格』に違和感を覚えたのか、そしてその理由の一つが、本書をベストセラーにしたのではないかということと、本書が生まれた背景にあった自由貿易、新自由主義的な思想と国民国家・国民経済思想との間の激しい相克について描いてみたい。

以前、テレビ朝日の『サンデープロジェクト』という番組を見ていたら田原総一朗が、市場主義批判の論客の、旧来の日本的な経営に関する評価の言葉を切って捨てるように、「あなたは社会主義に戻りたいのか」というようなことを言っていた。もうそのときの議論の対立点がどこにあり、どのような文脈で田原が「社会主義」と言ったのかについての詳細は覚えていない。言われた方は、私も存じ上げている株式会社論の先達である奥村宏で、「いや、私は社会主義だとは思わない」と言っていた。しかし、その声はわずかにマイクロフォンが拾っただけで、特に話題にはならずに別の話題へと流されてしまった。私には田原の「社会主義に戻りたいのか」という言葉だけがやけに印象に残ったのである。もし、このとき、奥村にきちんと反論させていれば、議論の対立点はもっと鮮明になっただろうが、問題をじっくりと掘り下げる方向には向かわなかったと思う。これがテレビというメディアの悪いところである。奥村宏とは何度か、法人資本主義と言われる現代の会社の形態に関して、その可能性と限界に関して意見を交換したことがあったので、その言わんとしていることは私にはよく理解できた。彼は、旧来の日本的な経営に戻るべきだなどと主張したことはない。ただ、現在の株主主権によるグローバリズムをどこまでも推し進めてゆくと、社会全体に必然的に拝金主義が瀰漫するということに警鐘を鳴らしているだけである。そして、大会社は必ず拝金主義へと傾き、違法な利潤追求に走るものであるとして、大会社の解体を訴えたのであった。奥村宏という市井の株式会社研究者は、一貫して辛抱強く株式会社というシステムの陥るピットフォールを見つめてきた人で、私は以前より尊敬の念を抱いていたし、今もその気持ちに変わりはない。その彼が市場主義の批判をしただけで、田原は彼に対して社会主義のレッテルを貼るような発言をするのである。

往々にして、市場主義者は、その批判者に対してこのような反射的な反応をする。反市場主義者もまた、市場主義者に対して脊髄反射的な嫌悪感を示すことがある。私は、経済的な政策には、幅があり、現在の政策はいくつかある可能性のうちの一つであると思ったほうがよいと思っている。現行の経済政策に賛成するにせよ、反対するにせよ、それが反射的な敵対意識となって現れてしまうのは、その政策が一つのイデオロギーとなっていることのあらわれであり、イデオロギーの言葉は、虚心にものを考えようとするものにとっては思考の断念に等しいと言わねばならない。

田原が何を「社会主義」と呼び、奥村が何を「社会主義だとは思わない」と言ったか。まずはそれを問題にしたい。

というのは、以前トレーダーとして名高い投資家とシンポジウムで話をする機会があった。そのとき彼も、旧来の日本的な経営スタイルを「社会主義」という言葉を使って否定し、それに対して私が「社会主義とは思わない」という言葉で反論したからである。

ここで言われている「社会主義」とは、小泉構造改革以前の日本の会社および社会のあり方全般を指していると見てさしつかえないだろう。護送船団方式と言われるような株の持ち合い、会社に忠誠を尽くすサラリーマンと、年功序列の雇用政策。経済格差を是正するためになされる、大きな政府による福祉政策。官僚主導の意思決定システム。積極的な財政政策。これらをひとくくりにして、ケインズ主義と言ってもよい。

だから、もちろん「プロレタリア階級による権力の奪取」を通して「労働者階級による生産手段の奪取」を機軸とする社会主義の定義とは何の関係も無い。単に、政府による市場への介入、環境政策や福祉政策といったもの全般に対する侮蔑的な表現として「社会主義」という言葉が使われているのである。

旧ソ連や東ドイツ、東欧の社会主義体制が崩壊した今、「社会主義」は失敗したレジーム（体制）の代名詞のように使われるようになってしまった。当時も今もよく言われることだが、自由をとるか、平等をとるかといった二者択一は、経済体制とは実はあまり関係が無い。そもそも自由と平等は対立概念ではない。どちらをとるかと言えば、どちらもと言うのが正しい態度である。自由も平等も、どちらも大切な普遍的な理念であり、それをどのように実現するのかという手続きと、プライオリティが問題なのである。

逆説的なレトリックを使わせていただくなら、全ての問題を市場のメカニズムによる調整能力といったものに委ねると言うのならば、それこそ本来の意味での社会主義に近いレジームであるとさえ思える。もちろん、そこにはプロレタリア階級は存在していないが、代わって消費者階級が市場の趨勢の決定権を持っていると言えるからである。さらに言えば、市場の原理を信じるということならば、市場万能主義は、歴史の必然を説いたマルクスの歴史観に近いものがあるとも言える。『資本論』を読めば判るように、マルクス思想の真髄は、人間の営みの中に必然性があるとすれば、それは人間の精神の内部的な要因によって決定されるのではなく、経済や環境といった外部的な要因と人間精神との間の関係によって決定されるものであるということである。マルクスは、下部構造としての経済条件を発見し、アダム・スミスは市場を発見したのである。どちらも、人間の外部にあって人間を拘束しているものである。その意味ではマルクスはアダム・スミスの嫡子と言ってもよい。

　私は、もちろん旧来の日本の社会システムが大変にすばらしいシステムであり、構造改革によって「和をもって貴し」というような微温的な社会が崩壊してしまったと嘆きたいわけではない。

　しかし、日本における戦後の経済体制を、現在進行中のグローバリズム、新自由主義との対比から「社会主義」などというレッテルで表現するのは、批判する側のグローバリズムにとっても不名誉なことと言わなければならないだろうと思うのである。

　グローバリズムにしても、ニーチェやハイデガーにまで遡れるネオコンサーバティズムの思想にしても、本来は、言われるほど市場一辺倒の硬直的なものでもないし、人情が無いなどと簡単に否定できるようなものでもないのはもちろんである。だからこそ、現在の世界はグローバル化しているのであり、市場のパワーが増しているのである。

　すくなくとも、１９９０年代、ヨーロッパ、アメリカが推し進め、日本が追従してきた経済思想は、長い理論的な論争と、現実政治や政策の試行錯誤とその検証の結果として覇権を持つに至った強固な思想であると思ったほうがよい。そのことを、市場主義者も、反市場主義者もよく理解しているとは言い難い。

藤原正彦はヨーロッパ文化と日本文化について、次のような概観を述べている。

> 産業革命はイギリスで起きてしまいました。アフリカ、中南米、中近東はもちろん、日本や中国でさえまったく起こりそうな気配がなかった。と言うと、いかにも欧米の白人が優秀で、他の民族が劣等であるかに思えてきます。
>
> しかし事実はそうではありません。たとえば5世紀から15世紀までの中世を見てみましょう。アメリカは歴史の舞台に存在しないに等しい。ヨーロッパも小さな土地をめぐって王侯間の抗争が続いており、無知と貧困と戦いに彩られていました。「蛮族」の集まりであったわけです。
>
> 一方、日本は当時すでに、十分に洗練された文化を持っていました。文化的洗練度の指標たる文学を見ても、万葉集、古今集、枕草子、源氏物語、新古今集、方丈記、徒然草……と切りがありません。この10世紀間における文学作品を比べてみると、全ヨーロッパが生んだ文学作品より日本一国が生んだ文学作品の方が質および量の両面で上、と私は思います。[54]

思想の質は、その思想の内実が如何に精緻な思考に基づいて生まれてきたかというよりは、むしろその思想の敵対者に対しての批判の言葉遣いのほうが遥かに雄弁にもの語るものである。思想的な対立者を、その最低の鞍部で越えるというのは、まさに旧態依然たる政治的な手法であることに、果たして『国家の品格』の作者は気付いているのだろうか。

藤原がやったように、日本の近代化の問題を、ヨーロッパ、アメリカの文化と、日本の伝統的な文化の対立という構図で捉え、失われつつある日本の伝統文化の優越性を謳うことに多くの日本人は喝采を送ったのかもしれない。当初、私も藤原の論述に何度も肯首し、タイムリーな本が出たことを喜んだ。

しかし、こうしたナショナリズムへの回収は、どこまで行っても贔屓の引き倒しの論を展開する結果にならざるを得ない。各国の伝統や国民文化の比較はできても、そこに、優劣を持ち込むことは原理的にできないからだ。あえてそれをしようとすれば、良くとも根拠のないお国自慢のような無体なものにならざるを得ず、大方は内向きのナショナリズム高揚のプロパガンダにしかならないからである。

ほんとうの対立点は、自由貿易、自由競争、グローバリズムを推し推めたい株式会社と、国民経済を保護したい国民国家の間の相克にある。つまり、株式会社の理念と国家の理念は、どこまでが同伴でき、どこから対立するのかという問題を論ずるべきだろう。第Ⅰ部で素描したように、市場原理の祖型は、アダム・スミスが重商主義による王権の恣意的な経済運用に対抗して市場の自律性を対置したところから始まる。これを理論化した『国富論』は１７７６年に出版された。同じ１７７６年にアメリカ13州の独立宣言が発布され、近代的な国家がスタートする。当初は、市場主義も、国民国家も、人治主義的な強権力に対抗して生まれた近代的統治システムの土台となるものであった。国民国家の構想は、その１００年以上前にヨーロッパの三十年戦争の講和条約であるウエストファリア条約から生まれてきた。「相互の領土を尊重し内政への干渉を控える」というウエストファリア条約の理念に沿うように、アメリカに渡った清教徒たちは、自ら開拓した領土と政治的理念を、宗主国であるイギリスから解放したわけである。

　世界戦争という試練を経ながらも、20世紀の後半までは、株式会社と国民国家は経済の繁栄という同じ目的に向かって手を携えることができた。一方が国民経済の発展を目指し、他方が株主利益の最大化を目指してはいたが、双方の目的はそれほど背馳するものではなかったのである。株式会社の繁栄が、雇用を生み出し、国民所得を牽引することができたからである。

　株式会社の論理と、国民国家の論理が衝突したのは、80年代半ばの日米貿易摩擦の頃である。１９８１年にアメリカ合衆国大統領に就任したロナルド・レーガンは、レーガノミクスと呼ばれる経済政策を強行する。企業減税と市場の障壁の撤廃、自由貿易の推進を旨とするレーガノミクスは、日本の閉鎖的な市場に激しい攻撃を仕掛けたのだった。レーガンは、アメリカの国際収支赤字の元凶は日本であると非難したのである。

　これに対し、高度経済成長の下絵を描いた下村治は、『日本は悪くない　悪いのはアメリカだ』

という本を１９８７年に上梓し、グローバリズムを支持する多くのエコノミストが国民経済の視点を欠いていると批判したのである。

> では、本当の意味での国民経済とは何であろうか。それは、日本で言うと、この日本列島で生活している一億二千万人が、どうやって食べどうやって生きて行くかという問題である。この一億二千万人は日本列島で生活するという運命から逃れることはできない。そういう前提で生きている。[55]
>
> それぞれの国には生きるために維持すべき最低の条件がある。これを無視した自由貿易は百害あって一利なしと言って良い。（同前）

私はこの下村の考え方に共感を覚える。しかし、最終的に下村の主張は主流にならず、日米貿易摩擦は、アメリカから日本に対する構造改革の押し付けを日本が呑むという展開になっていく。アメリカをはじめとする欧米の主張が、グローバル標準であるという考え方が支配的になり、その思想的バックボーンには、自由貿易、市場原理主義、小さい政府、サプライサイドの経済が色濃く反映されていた。

その流れの中で、集団主義、縁故主義的な性格を持っていた日本的な経営は、悪しき伝統として会社文化から排除されていった。本来は経済思想や統治システムの問題だったが、グローバリズムは人々の文化的側面にまで大きな影響を及ぼした。自己決定、自己責任、自己実現という言葉が、個人の生き方に反映されることになったのである。その結果として、金銭一元的な価値観もまた優勢になっていったと言えるだろう。

グローバリズム、フリートレードは、現在も引き続き強い規範力になっている。EUはその大きな実験だった。これが成功すれば、国民国家が賞味期限を迎えつつあるということが明らかになるはずだった。

しかし、アメリカに自国ファーストを掲げるトランプ政権が誕生し、イギリスがEUを脱退するなど、英米を中心とする政治的首脳たちは、グローバリズム経済から、国民経済へと右旋回を始めている。

この間に肥大化した株式会社は、もはや国民国家を凌ぐほどのパワーを持つに至ったのは注目に値する。リーマン・ショックの折に、アメリカもヨーロッパも「大きすぎて潰せない」という理由から、債務超過に陥った銀行や保険会社に公的資金を注入してこれらを救済したのである。株式会社はどこへ行くのかという問題は、これから先、国民国家はどこへ行くのかという問題とセットで論ずることになるだろう。

✣ 苦難の共有と会社のエートス

ここで、話をもういちど株式会社内部の問題へ戻そう。

会社というものが設立されてからの成長のプロセスを見ていると、資金が枯渇し、もはやこのままでは経営を続行してゆくことができない、撤退か、ダウンサイジングしての継続かといった危機のプロセスをたどることが多いことに気がつく。会社を設立して右肩上がりのまま株式を公開し、順風満帆のまま成長を続けるなどという方が稀なことである。この、経営危機のプロセスをどのように考えるかによって、会社のその後の帰趨が大きく左右される。たとえば5年で償還しなければならないファンドにとっては、投資した会社の5年目の経営危機は、致命的な利益確保の機会損失となる。しかし、この経営危機は、経営者や従業員にとっては、今後自分たちの組織が存続し、成長してゆくために越えてゆかなくてはならない必須な通過点であるかもしれないのだ。なぜなら、このプロセスを潜り抜けることによって、会社の関係者は来るべき、より大きな困難に対しての耐性となる共同体のエートスを養うことになるからである。共同体のエートスは、成功のプロセスの中よりは、苦難のプロセスの中で育まれる。共同体のエートスとは、そのフルメンバーが自己犠牲的な贈与を行うことによってのみ担保されるものだからである。苦難の共有とは、フルメンバーによる「なけなしの贈与」の謂いであり、「なけなしの贈与」こそは信頼を担保する原初的なふるまいである。

成功のプロセスの中には、ただ成功の果実の配分とそれにかかわる欲得の衝突の問題があるだけである。配分が完了すれば、メンバーはそれぞれの持ち場へと解散してゆく他はない。贈与とは、自分が持て余した財貨を分け与えるという形ではなし得ない行為である。自分に最も必要なものを他者に分け与えるというときに、贈与のほんとうの意味が浮かび上がってくる。

さて、これから人口の減少という最も基本的な労働環境の変化に対応してゆかなければならない日本にとって、このまま右肩上がりの、グローバル化、市場化に邁進することが正しい選択なのかどうかということに関しては、まだ説得力のある言説というものに、誰も出会えないでいる。むしろ、多くの人たちが、グローバル化や市場化以外には選択肢は無いのだという強迫観念に囚われているように思える。しかし、グローバル化も、市場化も、光り輝く未来を約束してくれているわけではない。私たちは、もし永続的な精神の平安というものを求めるのならば、どこかで、光り輝く未来というものを断念する必要があるのかもしれない。

会社の問題にせよ、経済の問題にせよ、あるいは科学技術の問題にせよ、大切なことは、それらを語る言葉というものが、誰によって考えられ、何によって影響を受けているのかという自覚であり、それらの言葉が有効に届く範囲はどこまでなのかということを配慮することだ、と私は思う。

会社の現在をできるだけ正しく語る言葉は、会社は利益を出さなければならないという会社のロジックの中からは生まれてはこない。むしろ、会社からはじき出されたり、会社とは無縁のところで生活しているものの目に映ずる会社の姿の方に実相に近いものがある。

経済というものは右肩上がりで成長することが当然であるといった観点からは、経済成長がつくり出すであろう隠された暗がりは見えてはこない。右肩上がりを必然とする観点から様々な経済指標を読み解いていっても、当の経済現象が指し示している本当の意味というものを発見することは難しいだろう。

会社をどのようにすれば、早く確実に成長させることができるのか。どのような政策を用いれば、経済の安定的な成長を確保できるのか。科学技術の進歩は人間の生活をどのように変えてゆくのか。これらについては、それぞれの専門家が、それぞれの分野で創り出した言葉で語ることはできる。それは、必要なことであるし、実際に生活上の役に立つだろうことも事実だろう。

しかし、それらの努力は、それを推し進めれば進めるだけ、会社とは本来何なのか、経済とはどのように考えればよいのか、科学技術は人間をほんとうに幸せにするのかといった原理的な問題から私たちを遠ざける結果を招来することになるのである。なぜなら、そこで語られるプラクティカルな言葉は、それぞれの分野の現在の枠組みを強化することはあっても、枠組みそのものを解体することも、越え出ることもできないからである。人口減少や戦争のように、枠組みそのものが変化したとき、これらの言葉はほとんど何の役にも立たなくなる。

そこでは、民主主義か社会主義か、金か精神か、自由か平等かといった二項対立的な思考は役に立たない。確かに、単純化された言葉遣いは「判りやすい」「合理的」な思考であると思いがちではある。誰でも自分が正しいと思いたいのであり、悪いのは他者であると言ってもらいたいのであり、それを一刀両断、簡便な言葉で説明してもらいたいのである。

しかし、残念ながら世界はそんな風に単純にはできていない。経済について考えるなら、国家管理の計画経済から、市場原理主義との間に、いくつもの折衷案や修正案が作り出す多様なスペクトラムがありうるはずである。それらはどれが正しくて、どれが間違っていると、ひと言で言えるようなものではない。結果的に社会に有効に機能した経済政策というものが正しいオプションであったと、事後的に言えるだけである。しかも、現在それが正しい選択であったとしても、それが将来にわたって正しいかどうかということは誰も保証することはできない。そこには、経済を左右する様々なファクターが複雑に干渉し合い、影響を与え合っているからである。

会社についても同じことが言える。正しい会社というものは、理論的には描くことができようが、現実には幻想の共同体としての会社から、収益マシンとしての会社まで様々な形態、運営方法、理念というものがありうるわけであり、そのうちのどれが正しくて、どれが間違っているなどということは言えないはずである。うまくいっている会社のやり方が、さしあたり正しいと事後的に判断することができるだけである。

人間の世界はいつも、暫定的であり、変化の途上にある。

実際のところ世界は単純でもなければ、とりわけ複雑なものでもないだろう。ただ、世界を単純化して考えたいと思う気持ちが単純な世界を現出し、複雑だと思えばいくらでも錯綜した世界を描きうる。

おとなの選択とは、いつも物事には極端な両論の中間に、様々な色合いを持った意見があり、正しい選択というものは無いかもしれないが、最悪の選択を避けながら試行錯誤を続けるしかないということに留意しているものである。それが、現実と対話をしながら物事を進めてゆく態度であり、彼の前に真相は、極論の中ほどに現れるのである。

いや、真相などというものはいくつでも捏造することができる。いつの場合でも、真相とは健康と病とがアマルガムのように溶け合った一つの現象であり、知性の役割は、現在の中に病を自覚できているかどうかということの中にしかないだろう。それが、永遠の暫定を生きている私たちに課せられた実行可能な課題である。

終章

株式会社はどこへ行くのか

❖ 見えてきた株式会社の限界

株式会社の未来はどうなるのか。

これが、最後の問いである。

リーマン・ショック以後、いやアメリカに大恐慌が起きた１９３０年代以降と言った方がよいのだが、先進国に起きている現象をひと言で表現するなら総需要の減衰ということになる。逆に言えば供給過剰の慢性的状態が先進国を覆ったのである。ここには一つの逆説がある。

供給過剰は、生産技術や、文明の進展の帰結であるからである。株式会社が中心になった法人資本主義の時代を通して、各国の国民に必要な生活必需品、電化製品などの耐久消費財、住居やオフィスなどが大量に市場に出回り、それが需要を上回るまでになってしまったのである。もちろん、局地的には様々なヴァリエーションがあり、格差もあるが、全体としてみればこのことは明らかだろう。

科学技術の進展と、株式会社の肥大化は、結果として供給過剰という経済的には解決不能に見える状況を作り出してしまった。そこに持ってきて、先進各国の人口が徐々に（日本においては急激に）減少し始めたので、供給過剰はさらに事態を深刻化させている。

もし、これが生産過剰という市場の一時的なアンバランスによって生じたデフレ現象だとするならば、貨幣を印刷して総量を拡大する量的緩和政策と、国家が最後の雇い主となって、公共事業による完全雇用を実現すれば、事態は解決に向かうかもしれない。実際に、１９３０年代の世界恐慌のとき、アメリカ大統領ルーズベルトはニューディール政策という公共事業と雇用政策を実施し、アメリカ経済を恐慌から脱出させることに成功した。デフレ現象ならば、財政政策を徹底すれば脱出へ向けて舵を切ることが可能である。

しかし、もし現在起きている総需要の減衰、あるいは供給過剰が、市場における一時的な需給アンバランスによって生じたものではなく、文明史的な供給過剰であり、もはや市場原理の外部で起きている出来事だとすればどうだろう。つまり、貨幣的な解決が望めるような現象を超えた、文明史的現象としての供給過剰が起きていると考えるとしたら、どうなるのか。

こういう状況の中では、たとえば生産物は「見えざる手」による市場価格の調整機能によって、確実に市場で捌くことができるという「セイの法則」は当然効かない。近代経済学の根底にある、合理的選好で動く人間という概念そのものが揺らぐ。

そもそも「景気を回復させる」ということが、貨幣や商品の流動性を高めるという意味であるならば、そうしたことができなくなる状態こそが、文明史的供給過剰という状況なのである。

しかし、株式会社にとって、右肩上がりの需要を想定せず、買い替え需要や、生存を維持するだけの衣食住の需要だけをあてにしていたのでは、株式会社として利益を最大化し、株主に配当し続けることは覚束なくなる。これは、そのまま、株式会社の死につながる問題となるわけである。

当初、株式会社は市場原理のもとで、総需要を喚起し、あるいは需要創造しようとした。国家もまた、財政当局を使った需要創造策や中央銀行による金融政策によって、市場を活性化しようとしてきた。グローバリズムは、サプライサイドの涙ぐましい市場発掘の努力だったし、中央銀行と国家による量的緩和（お金の印刷）も、短期的、特殊的な需要は喚起できたとしても、総需要を拡大することなどできるはずもなかったのである。

なぜなら、今日起きている総需要の減衰、すなわち供給過剰は、市場の歪みや流通のボトルネックによって生じたものではなく、文明史的なパラダイム変化であると読むべきだからである。

その一つの特徴は、全ての先進国のＧＤＰ総額に現れている。これまで、私たちはＧＤＰの前年比伸び率ばかりを注目していた。ＧＤＰ伸び率や低下率は、確かに短期的に生じている貨幣現象を見るには適切な指標ではある。

人口一人当たりエネルギー消費量の推移（主要国）

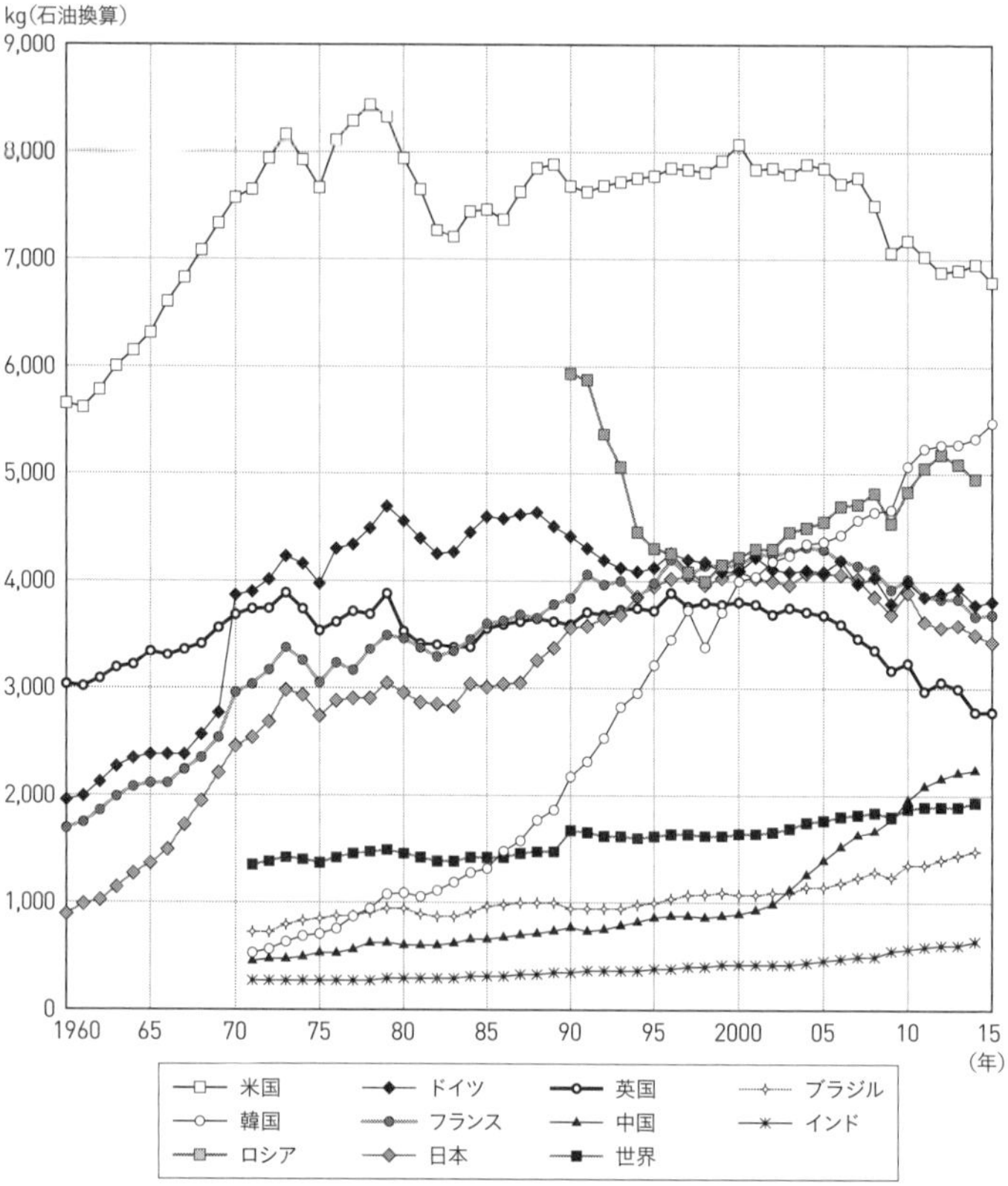

（注）消費量は1次エネルギー供給量のこと。原資料はInternational Energy Agency（IEA）。
（資料）世銀、WDI Online 2017. 5. 15

出典：社会実情データ図録
https://honkawa2.sakura.ne.jp/4020.html

GDP成長率の長期推移

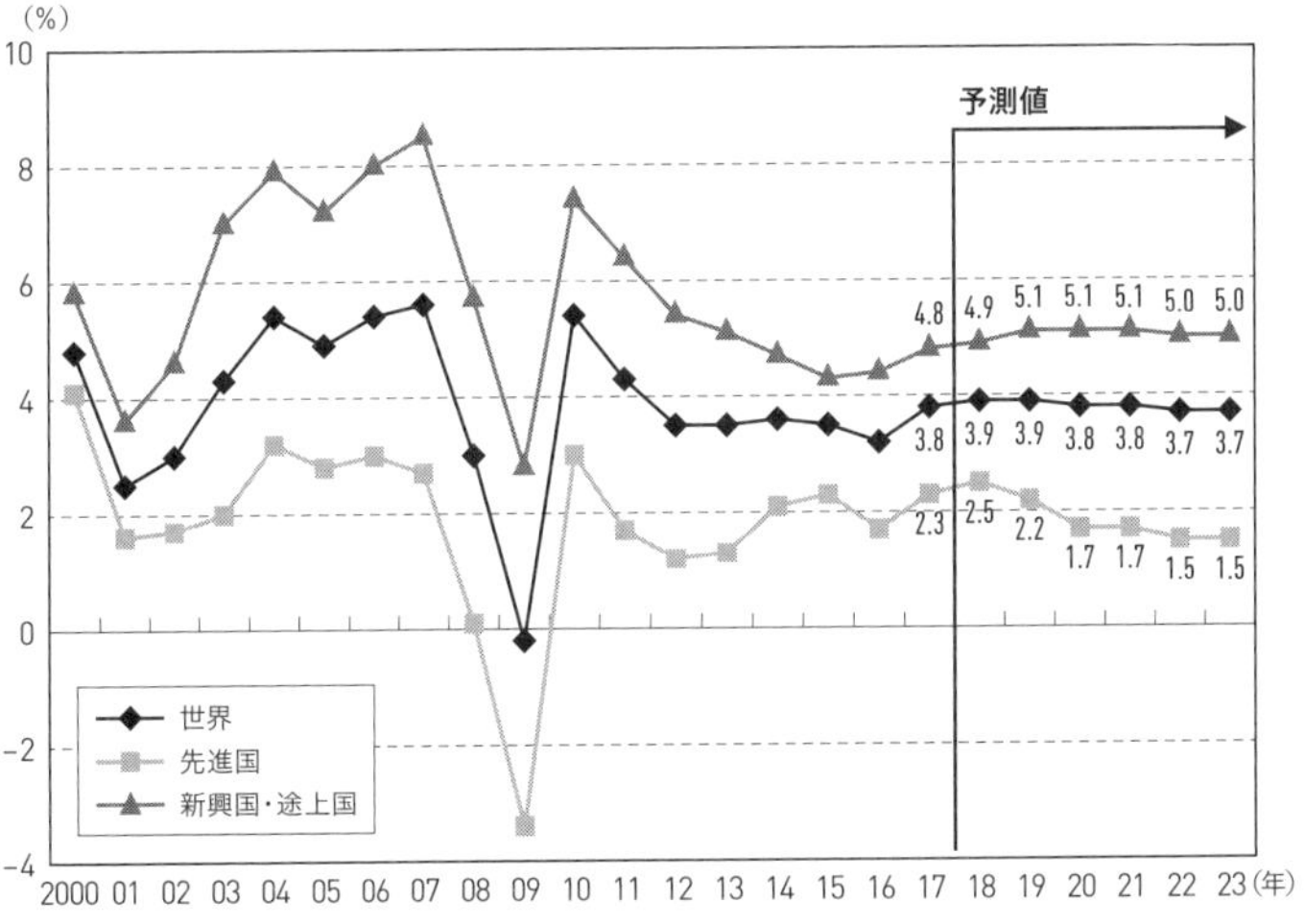

（資料）IMF WEO（2018年4月）から作成

出典：経済産業省「通商白書2018」
https://www.meti.go.jp/report/tsuhaku2018/2018honbun/i1110000.html

しかし、長期的な推移を見れば、どの先進国のＧＤＰもある時期以降、頭打ちになってきている（日本の場合は１９９７年以降）。つまり、どんな政策を打っているかにかかわらず、ＧＤＰは頭打ち状態の暗礁に乗り上げたままの格好なのである。

あるいは、先進各国の一人当たりのエネルギー消費量という指標を見てもよいかもしれない。１９７０年代の半ば以降は、どの国においてもエネルギー消費は伸び悩んでいる。それ以前の１００年単位のエネルギー消費の増加に比べると、これはかなり顕著なパラダイム変化に見える。

こうした文明史的な総需要の減衰を食い止めるにはどうしたらよいのか。

おそらく、このことを最も切実に感じていたのは株式会社だろう。なぜなら、需要のないところでは存在理由を持てなくなってしまうのが、株式会社の本性だからである。だからこそ、新規の市場、成長市場を求めて投資先を移転し、新たなマーケットの開拓に歩を進めたのである。

しかし、いずれ、こうした成長市場にも需要の飽和現象が訪れることになる。

そうなったとき、株式会社は生き残りのために何を画策することになるのだろうか。

✣ 戦争と株式会社

第I部で詳述したように、株式会社はその出自から、戦争なしでは語れない存在であった。植民地争奪戦争は、西欧王権が利益を独占するために自らの版図を拡張してゆくプロセスだった。国外への進出には、新航路の発見や航海技術の進歩を背景とした海上輸送が使われた。植民地争奪戦争という観点からすれば、大量の兵站輸送という点でも、海上輸送こそは最も有力な選択肢であった。そして、そのコストの確保と、人員確保のためには、強固で永続的な会社システムが必要であった。なぜ、株式会社であったのかという理由の一つは、それが自然人の生涯を超えて継続しうる永続的な組織の土台が必要だったということである。法人というものが、自然人に対して持ちうる優位性を、当時の人々がどれほど理解し、計算していたのかについては実証する手立てはないが、株式会社形態は、資金調達の上でも、永続性の点でも、一回の航海ごとに利益と損失を清算するそれ以前の合名会社的な会社形態とは比較にならないほどの利点を持っていたことは確かである。

株式会社以前の会社である制規組合や個人会社は、その会社を支えている人間が死亡したり、引退すれば、その都度新たに組成し直さなければならなかったし、一回の航海が終われば清算してまた新たに組成し直さなければならなかった。それゆえ、この新しい会社形態は、出資側にとっても、運営側にとっても、大いに歓迎されたのであった。

大航海時代の背景にあった経済的パラダイムは、ヨーロッパ各国の王権国家による富の蓄積競争であった。アダム・スミスは収奪と戦争に明け暮れる重商主義を批判して、真の国家の富とは、その国家のメンバーの労働力であると説いた。アダム・スミスが『国富論』を書いた１７７６年は、アメリカが独立した年であり、同時に、ジェームズ・ワットが蒸気機関の商用販売を開始した年でもあったことに注意しよう。つまり、この時代は、ヨーロッパ的な古い時代が終わり、近代がスタートした年であり、経済が大きく右肩上がりに成長し、人権や平等といった普遍的な価値観が生まれる転換の時代が胎動し始めたときだった。そうした大転換の時代こそ株式会社が活躍し、世界の経済を牽引してゆく主役に躍り出る絶好の機会であったのだ。

一言で、それを近代の始まりと言うならば、それは、王権国家の野望を達成するための武装船団による富の奪い合いに代わって、アダム・スミスが発見した自律した市場こそが、商人たちが活躍できる表舞台になったということである。それは同時に、激しい競争を生み、それ以前のヒエラルキーに固定された人々が自由な競争に駆り出されることを意味していた。それを調整するのが国民国家であり、国民経済の役割だったが、グローバリズムの暴力的進展の中で、国民国家が指南力を失いつつあるのが21世紀の現状であるだろう。とはいえ、20世紀の初頭までは、国民国家が統治能力を保持していた。産業革命の時代から、第一次大戦が始まるまでが、株式会社にとって最も幸福な時代であり、同時に資本主義の精神が横溢する時代であったと言えるのかもしれない。

　株式会社にとって幸福な時代とは、生産すればしただけの商品を市場で捌くことができるような時代ということになる。セイの法則、つまりは非貨幣市場の総供給と総需要が一致するという市場法則が成立可能な状態が確保されている時代である。もし、総供給が常に総需要を上回るような状態が生まれれば、市場の自律性は崩壊してしまうだろう。そして、株式会社という大量調達、大量生産の母体もまた生存の意義を失うことになる。

　世界大戦に至るまで、また世界大戦の間も、ヨーロッパ先進国の人口は飛躍的に増加していた。マルサスは『人口論』（1798年初版、1826年第六版）において、幾何級数的に増加する人類に対して、食糧は収穫逓減の法則の下、増加には限度があり、このまま人口が増加の一途を辿れば、やがて食糧は不足し、生活資源の不均衡は貧困問題を引き起こすことを予想した。人口増大による食糧の総需要が、一定量しか収穫できない自然食物の総供給を上回り、需給バランスが崩壊する。

　しかし、結果的には需給バランスは崩壊しないかもしれない。マルサスが指摘したように、人

ヨーロッパ超長期人口推移

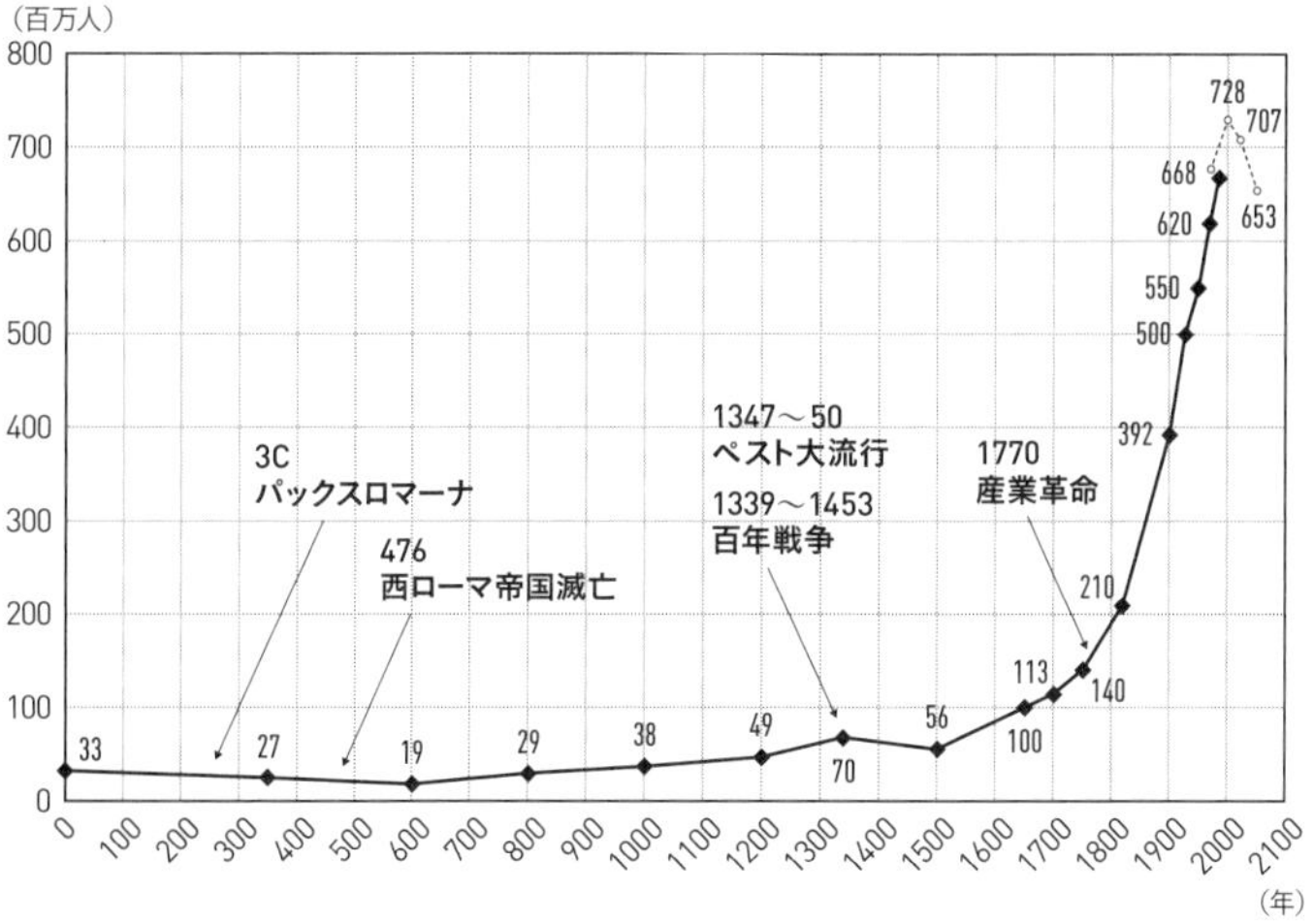

（注）過去推移はウラル山脈以西の地域をヨーロッパとしている。点線は国連による将来推計人口（2004年改訂）。

（資料）T. G. ジョーダン『ヨーロッパ文化――その形成と空間構造』（原著1988年）、国立社会保障・人口問題研究所「人口統計資料集」2006年版

出典：社会実情データ図録
https://honkawa2.sakura.ne.jp/9010.html

口増大は労働力の過剰供給をもたらし、その結果として労働者の生活を圧迫して結婚や養育が制限され、それが人口増大にブレーキをかけることになるからである。

　現実はマルサスの予想どおりに進んだと言えるのか、予想は外れてマルサスの時代から２００年の間、人口は爆発的に増え続けたと見るべきなのか。いずれにせよ、２０００年に入ってからの急激な人口減少は、世界的な先進国現象として顕現した。

　こうした人口増大がピークを打ったところに、貧困問題が発

生していたとしても、その原因を人口増大による食糧不足だけに求めることはできないだろう。世界経済は、人口増加、文明の進展のプロセスで複雑さを増しており、人口問題だけで説明できるほど単純でわかりやすいものではなくなっている。

イギリスは19世紀初頭には「マルサスの罠」から脱することに成功していた。産業革命と、植民地化政策という「国際分業」を背景にして、いち早く、農業中心の産業から商業化へと舵を切っていったからである。

それ以前の封建的な秩序が一つ一つ除去され、農業資本主義は次第に産業資本主義へと変貌し、都市化が進展していった。大衆消費が増大し、銀行、保険会社、投資会社といった金融部門が充実してくるのに歩調を合わせるように、産業資本主義（消費資本主義）は金融資本主義へと展開して、途方もない拡大を続けていったのである。

この間の最も注目すべき変化は、産業資本主義を背景とした工業化が、イギリスで、そしてヨーロッパ全土にわたって開花していったことだろう。工業化は社会経済全体を転換したが、工業化を推進した原動力になったものこそ株式会社による資本集中であり、それが大量生産のための設備および人的資源の確保の前線基地の役割を担ったと言えるだろう。

『資本主義の歴史』のなかで、ユルゲン・コッカがまとめているように、長期的な工業化を支えたものとは、

（1）契約にもとづく賃労働の大量現象
（2）工場、鉱山、新たな運輸システム、機械化、製造施設の拡大と、固定資本の蓄積
（3）イノベーションによる「創造的破壊」である。

これらの条件を提供しうる母体こそが株式会社であり、工業化の進展は同時に株式会社の巨大化（独占資本化）と、グローバル化を推し進めることになった。

工業化の早すぎる進展は、一方で貧富格差の拡大や社会構造の不安定化をもたらし、もう一方では独占資本同士の競争を激化させていった。

先進各国の帝国主義的な膨張は、本書の第Ⅰ部で詳細に論じた大航海時代における市場争奪戦の現代的な再現であったとも言えるだろう。その背景にあったものを一言でまとめることはできないが、経済のあらゆる局面で過剰生産による供給過剰というアンバランスが生じ始めていたとは言えるだろう。

株式会社という存在は、経済の加速度的な成長局面で加速度的に自己変革を遂げることには長けているが、社会の成長がストップしたときに、自らを抑制するブレーキ装置を持っていない。いわば、成長という水の中でしか生存できないような存在なのである。

株式会社という法人は、自然人が、成長を遂げたのちに、やがて活動が鈍化し、老齢化の段階に入っていくようなライフサイクルを持ってはいない。

アパレルメーカーの社長が言ったGrow or Die（成長か死か）という命題は、ある意味で株式会社の生態を言い当てている。

過剰生産が目に見える段階になったとき、通常なら生産を制御して定常的な生産組織としての永続性を目指すべきところだが、そのように振る舞うことは株式会社の生来の性格が許さないのだ。

だから、生産が過剰ならば、その過剰な生産物を捌ける新市場を開拓しなくてはならないと考えることになる。この本末転倒こそが成長という病なのだ。

その最初の現れが、国際分業を背景とした生産拠点の移動と、開発途上国を商品販売の新市場にしてゆくグローバリズムだった。この、成長への飽くなき探求と行動は、国民国家の理念と背馳する。国民国家の理想は、国家が存続することであり、そのために一国のフルメンバーが分断されず、殺されず、飢えず、全体として少しずつでも生活の質が向上してゆくこと以外にはない。そのために、関税障壁を作って自国の産業を保守し、自国の労働者を保護する。

これと反対に、他国の領土に進出し、他国の労働力を略取し、世界中の利潤を自国へ還元させようとする覇権国家の野望は、王権拡張の野望ではあっても、ウエストファリア体制以降の国民国家の野望ではない。Grow or Dieとは、持続可能社会の実現という国民国家の理想とは相容れない思想なのだ。

しかし、20世紀に入ってから欧米先進国で起きたことは、巨大株式会社による国民国家的規制への挑戦であり、株式会社の論理を世界の隅々にまで貫徹して、国民国家によって分断されていた市場を、世界的な自由競争の市場へと変えていくことであった。

ドイツ最大の企業―クルップは、一八八七年に二万人、一九〇七年には六万四〇〇〇人、またティッセンを基礎とする合同製鋼（Vereinigte Stahlwerke）は一九二七年に二〇万人、アメリカ最大の企業U・S・スティールは、一九〇一年に少なくとも一〇万人、一九二九年には四四万人の従業員を擁していた。一九六〇年代末になると、ジーメンスでは世界全体で二七万人、ドイツ銀行では三万人の労働者と職員が働き、二〇一〇年にその数は、それぞれ三七万人、九万八〇〇〇人に増大した。同じ年にドイツポスト（郵便）は四二万五〇〇〇人、ジーメンスは四〇万五〇〇〇人で、ドイツ国内のランクではトップに位置していたが、世界全体ではそれぞれ一一位、一三位に留まっている。世界の大企業リストのトップに位置したのは小売業コングロマリットのウォルマート（従業員数二一〇万人）と中国石油天然気集団（China National Petroleum Corporation. 従業員一六五万人）である。[56]

この記述には２０１０年のジーメンスの従業員数を一方で37万人、他方で40万５０００人と矛盾するような記述があるが、おそらくは年初と年末での数字なのだろう。重要なのは、一気に従業員数が増大しているということである。

メンバーの数も、資本の総額も、国家規模に達するような企業群が生まれてくる背景に、規模の経済の利点、激化する企業間競争などが挙げられるが、その規模が一定の大きさを超えれば、企業は富、名声、権力を併せ持った巨大な法人へと変貌する。そこに、欲望の拡大以外に興味のない企業巨大化の問題がある。株式会社の巨大化と歩調を合わせるように、国民国家もまた変貌していく。

習近平の中国、プーチンのロシア、トランプのアメリカは、権力の集中のために国民国家的な理念（持続可能社会の実現）よりは、株式会社的なGrow or Dieの本能に則っているように見える。もし、これらの国家が覇権の拡大のために、株式会社と歩調を合わせることになれば、大航海時代の現代的再現が起きる可能性は否定できない。

大航海時代は富の収奪戦争だったが、現代の大航海時代は総需要そのものの争奪であり、市場の囲い込み競争として激化することになるだろう。グローバリズムはその最初の現れだった。株式会社は、安い労働力と未開発の市場を求めて、国家が定める国境を越えて自らの活動の場を広げていった。国民国家の自律性を定めたウエストファリア体制を実質的に破壊しようとした。

国民国家というもう一方の「法人」は、巨大化した株式会社による攻撃に対してほとんどなす術を持てなかった。経済発展という国家運営の基盤そのものを株式会社によって握られていたからである。法人税収入がなければ、国民国家は国民から税を搾り取るほかはなくなってしまう。

リーマン・ショックの折、大手金融機関に対して米国政府は公的資金を注入して、これを救済した。そのときに言われたToo Big To Fail（大きすぎて潰せない）という言葉は、国民国家の理念がもはや大きすぎる企業の前で機能しなくなってしまった状況を表している。

つまり、大きすぎるほどに成長した株式会社をもはや、誰も制御できなくなっているということである。

奇矯に聞こえるかもしれないが、この株式会社を制御しうる存在は、株式会社でしかないだろう。しかし、成長の基盤である市場、市場の基盤である自然環境を毀損するところまで巨大化、発展した株式会社はもはや、自身を生き延びさせる成長の果実がどこにも存在していないことを悟らざるを得なくなる。

まずは、グローバリズムに活路を求めたが、その限界が見えてきた。次の手は地域連合ブロックだった。そしておそらく、最後に残るのは市場に合わせた縮小再編。

しかし、こうした理性的な行動ほど株式会社に相応しくないものはない。

巨大化した株式会社が最後に行き着く場所とは結局のところ、株式会社同士の闘争であり、国家を利用した蕩尽的な武力行使ということになるというのが、今のところの暗い予想である。そうならないために何が今必要なのか。そのためにも、株式会社とは、何であり、何でなかったのかをもう一度考え直す時期に来ているのだと私は思う。

注

(1) 大塚久雄『大塚久雄著作集第一巻 株式会社発生史論』岩波書店、１９６９年。

(2) 羅針盤の登場は、それ以前の沿岸航法から、沖合、遠洋航法を可能にした。羅針盤から延びる方位線を海図に書き込み、ひと目で運行状況を確認できるようにしたものが、ポルトラーノ海図である。

(3) 陣内秀信『興亡の世界史08 イタリア海洋都市の精神』講談社、２００８年。

(4) 『イル・ペコローネ』は、フィレンツェのセル・ジョバンニが１３８３年以降執筆した説話集。内容に関しては、鶴田学「民話と説教の不都合な融合――『ヴェニスの商人』材源再考」福岡大学人文論叢第45巻第4号を参考にした。

(5) ロンド・キャメロン／ラリー・ニール（速水融監訳）『概説 世界経済史Ⅰ』東洋経済新報社、２０１３年。

(6) ウイリアム・シェイクスピア（福田恆存訳）『ヴェニスの商人』新潮文庫、１９６７年。

(7) 日本聖書協会編著／聖書実行委員会訳 新共同訳『新約聖書』日本聖書協会、２０１５年（Kindle版）、による。

(8) 吉本隆明『吉本隆明全著作集11』『共同幻想論』勁草書房、１９７２年。

(9) 注5と同じ。１７３～１７４頁からの引用。

(10) アダム・スミス（大河内一男監訳）『国富論』中公文庫、１９７８年。

(11) ジョエル・ベイカン（酒井泰介訳）『ザ・コーポレーション』早川書房、２００４年。ただし、この部分の記事の元ネタはHadden, Tom., *Company Law and Capitalism*, London: Weidenfeld & Nicolson, 1972, p.14.

(12) 岩井克人『ヴェニスの商人の資本論』ちくま学芸文庫、１９９２年。

(13) デヴィッド・グレーバー（酒井隆史監訳、高祖岩三郎／佐々木夏子訳）『負債論』以文社、２０１６年、５０１〜５０２頁。

(14) ユルゲン・コッカ（山井敏章訳）『資本主義の歴史』人文書院、２０１８年。

(15) ジェーン・グリーソン・ホワイト（川添節子訳）『バランスシートで読みとく世界経済史』日経ＢＰ社、２０１４年、による。ここで引用した括弧内の記述は、ホワイトがGeijsbeek, John B., *Ancient Double-Entry Bookkeeping*, Osaka : Nihon Shoseki, 1975, p.15から引用した部分。

(16) ダニエル・デフォー（佐山栄太郎訳）『ロビンソン・クルーソー』グーテンベルク21、２０１２年（Kindle版）より抜粋。

(17) Ｊ・Ｗ・ゲーテ（山崎章甫訳）『ヴィルヘルム・マイスターの修業時代〈上〉』岩波文庫、２０００年。

(18) カール・マルクス（岡崎次郎訳）『資本論１』国民文庫、１９７２年、７８８頁。「もし貨幣が（中略）自然の血の汚れを頬につけながらこの世に生まれ出るとしたら、資本は、頭から足まで全ての汗腺から血と汚物を滴らせながらこの世に生まれ出る」。

(19) 注14と同じ。

(20) 以下、注10と同じ。

(21) 親鸞（金子大栄校注）『歎異抄』ワイド版岩波文庫、１９９１年。

(22) 注５と同じ。

(23) 行武和博「異国窓口の景観と機能」荒野泰典編『日本の時代史14 江戸幕府と東アジア』吉川弘文館、２００３年。

(24) 注23と同じ。

(25) マックス・ウェーバー（中山元訳）『プロテスタンティズムの倫理と資本主義の精神』日経ＢＰクラシックス、２０１０年。以後、引用は中山元訳とする。本書には、岩波文庫版として大塚久雄訳があるが、こちらは何とも読みにくく、読者には中山元訳をお勧めしたい。

(26) 宮本常一『庶民の発見』講談社学術文庫、１９８７年。

(27) 大塚久雄『社会科学における人間』岩波新書、１９７７年。

(28) 注５と同じ。２１６頁。

(29) Ｈ・Ｐ・ウィルモット(五百旗頭真／等松春夫監修、山崎正浩訳)『第一次世界大戦の歴史 大図鑑』創元社、２０１４年、８～９頁図録より。

(30) 「回顧の次元」と「期待の次元」という言葉は、鶴見俊輔が１９７９年に司馬遼太郎との対談「『敗戦体験』から遺すべきもの」の中で、レッドフィールドの言葉として引用したもの。

(31) 鶴見俊輔『期待と回想』朝日文庫、２００８年、３５９頁。

(32) Ｍ＆Ｒ・フリードマン(西山千明訳)『選択の自由』日本経済新聞社、１９８０年、３７７頁。以後しばしば、本書からの引用がされることになるだろう。

(33) 注11と同じ。

(34) 注32と同じ。

(35) アダム・スミス(大河内一男監訳)『国富論２』中公文庫、１９７８年、１２０頁。

(36) アダム・スミス(大河内一男監訳)『国富論３』中公文庫、１９７８年、４３９頁。

(37) 注11と同じ。

(38) ジョン・ケイ(佐和隆光監訳、佐々木勉訳)『市場の真実』中央経済社、２００７年、７頁。

(39) 注34と同じ。１４３頁。

(40) 「ドント節」(作詞青島幸男、作曲萩原哲晶)。クレージーキャッツが歌って大ヒットし、映画にもなった。

(41) フジサンケイビジネスアイ「平川克美のビジネスの流儀」。

(42) 網野善彦『日本中世に何が起きたか』洋泉社ＭＣ新書、２００６年、45頁。

(43) 岩井克人『会社はこれからどうなるのか』平凡社、２００３年、57頁。
(44) 注11と同じ。8頁。
(45) 注11と同じ。１７６頁。
(46) 平川克美『反戦略的ビジネスのすすめ』洋泉社、２００４年、１０６頁。
(47) 岩井克人『貨幣論』ちくま学芸文庫、１９９８年、81頁。
(48) 網野善彦『日本の歴史をよみなおす(全)』ちくま学芸文庫、２００５年、60頁。
(49) ピーター・キャペリ(若山由美訳)『雇用の未来』日本経済新聞出版、２００１年。
(50) 注43と同じ。57頁。
(51) 梅田望夫『ウェブ進化論』ちくま新書、２００６年、２０６頁。
(52) 注51と同じ。２０７頁。
(53) 相田洋／宮本祥子『ＮＨＫスペシャル　マネー革命1　巨大ヘッジファンドの攻防』日本放送出版協会、１９９９年、３５０頁。
(54) 藤原正彦『国家の品格』新潮新書、２００５年、13頁。
(55) 下村治『日本は悪くない　悪いのはアメリカだ』文春文庫、２００９年。
(56) ユルゲン・コッカ(山井敏章訳)『資本主義の歴史』人文書院、２０１８年。

参考文献

Ａ・Ａ・バーリ／Ｇ・Ｃ・ミーンズ（森杲訳）『現代株式会社と私有財産』北海道大学出版会、２０１４年

相田洋／宮本祥子『ＮＨＫスペシャル　マネー革命１　巨大ヘッジファンドの攻防』日本放送出版協会、１９９９年

アンドリュー・ロス・ソーキン（加賀山卓朗訳）『リーマンショックコンフィデンシャル〈上・下〉』早川書房、２０１０年

岩井克人『ヴェニスの商人の資本論』ちくま学芸文庫、１９９２年

大泉光一『支倉常長　慶長遣欧使節の悲劇』中央公論新社、１９９９年

大塚久雄『大塚久雄著作集第一巻　株式会社発生史論』岩波書店、１９６９年

大塚久雄『社会科学における人間』岩波新書、１９７７年

奥村宏『最新版　法人資本主義の構造』岩波現代文庫、２００５年

奥村宏『粉飾資本主義』東洋経済新報社、２００６年

クリス・クリアフィールド／アンドラーシュ・ティルシック（櫻井祐子訳）『巨大システム　失敗の本質』東洋経済新報社、２０１８年

ジェーン・グリーソン・ホワイト（川添節子訳）『バランスシートで読みとく世界経済史』日経ＢＰ社、２０１４年

下村治『日本は悪くない　悪いのはアメリカだ』文春文庫、２００９年

ジョエル・ベイカン（酒井泰介訳）『ザ・コーポレーション』早川書房、２００４年

陣内秀信『興亡の世界史08　イタリア海洋都市の精神』講談社、２００８年
田中靖浩『会計の世界史』日本経済新聞出版、２０１８年
鶴見俊輔『期待と回想』朝日文庫、２００８年
富田俊基『国債の歴史』東洋経済新報社、２００６年
中條秀治『株式会社新論』文眞堂、２００５年
中野剛志『富国と強兵』東洋経済新報社、２０１６年
橋爪大三郎／中田考『一神教と戦争』集英社新書、２０１８年
平川克美『21世紀の楕円幻想論』ミシマ社、２０１８年
フェリックス・マーティン（遠藤真美訳）『21世紀の貨幣論』東洋経済新報社、２０１４年
牧野雅彦『新書で名著をモノにする「プロテスタンティズムの倫理と資本主義の精神」』光文社新書、２０１１年
マックス・ウェーバー（中山元訳）『プロテスタンティズムの倫理と資本主義の精神』日経ＢＰクラシックス、２０１０年
マックス・ウェーバー（尾高邦雄訳）『職業としての学問』岩波文庫、１９３６年
マックス・ウェーバー（大塚久雄訳）『プロテスタンティズムの倫理と資本主義の精神』岩波文庫、１９８９年
宮崎賢太郎『カクレキリシタンの実像――日本人のキリスト教理解と受容』吉川弘文館、２０１４年
ユヴァル・ノア・ハラリ（柴田裕之訳）『サピエンス全史』河出書房新社、２０１６年
ユルゲン・コッカ（山井敏章訳）『資本主義の歴史』人文書院、２０１８年
ロンド・キャメロン／ラリー・ニール（速水融監訳）『概説　世界経済史Ⅰ』東洋経済新報社、２０１３年

あとがき

本書を書くきっかけになったのは、10年前から続けている立教大学社会人大学院での「日本経済論」および「コーポレート・フィロソフィー」の授業である。ビジネスデザイン研究科のＭＢＡコースに属するこの授業の履修者は、銀行家、ファンドマネージャー、大手企業役員、商工事業者、編集者、広告会社社員など多岐にわたっており、年齢も30代から60代まで様々であった。

授業は、私が株式会社の歴史や、問題点を概説し、それに対してディスカッションするという形式で行われた。すでにビジネスの世界で活躍している学生諸氏はなかなか手強い相手であったが、同時に得難い相談相手でもあった。学科長から最もＭＢＡらしくない授業と言われた私の授業は、ＭＢＡコースでは異色であったが、こんな授業を受け入れ、自由に講義することを許してくれた大学関係者の懐の深さに、謹んでお礼申し上げたいと思う。

毎回、話すべきことをノートにまとめて授業に臨んだが、話の9割は思わぬ方向へ脱線していき、ほとんど即興的なライブ授業になっていった。その脱線の具合は、本書でも同じで、それは論文的には弱点であるのだが、読み物としては面白いものになったと思う。

この機縁ともいえる体験の中で、私自身多くを学ばせてもらい、その都度、自説を修正、補強していった。この授業は3年前から早稲田大学でも「現代企業論」として学部生向けに行われているのだが、早稲田での授業は、本年度をもって終了し、後任に委ねることになった。

それぞれの授業には、毎回、外部からの聴講者があった。大学は原則的には聴講を禁じているが、その都度アシスタント、ゲストなどの理由をつけて参加してもらった。その中の一人に、東洋経済新報社の渡辺智顕さんがいて、『株式会社の世界史』という形で本にまとめたらどうかとお誘いいただいた。どうせ本として出すなら、株式会社論の決定版にしたいとわがままを言い、渡辺さんには3年間待っていただいた。さらに、今は絶版になっている『株式会社という病』を大幅に加筆修正する形で本書に加え、一冊にまとめることにした。最終的に出来上がったものは決定版とは程遠い内容だが、現在の私にとっては一つの到達点になったと思っている。

本書が出来上がったのは、渡辺さんをはじめとする身内の皆さん、および、立教大学ビジネスデザイン研究科で私の授業を履修していただいた学生の方々のおかげである。ひとりひとりお名前を挙げることはできないが、授業の履修者であり私のよき相談相手になってくれた立教大学の履修者の皆さんにここでお礼申し上げたい。皆さんと格闘した授業がこんな本になりました。ありがとう。

2020年9月

平川克美

【著者紹介】

平川克美（ひらかわ　かつみ）

文筆家、起業家、立教大学客員教授、「隣町珈琲」店主。

1950年、東京都大田区の町工場に生まれる。75年、早稲田大学理工学部機械工学科卒業後、内田樹氏らと翻訳を主業務とするアーバン・トランスレーションを設立。99年、シリコンバレーのBusiness Cafe, Inc.の設立に参加。その後、秋葉原にリナックスカフェを設立。2014年、東京・荏原中延に喫茶店「隣町珈琲」をオープン。

著書に『移行期的混乱』（筑摩書房）、『小商いのすすめ』（ミシマ社）、『株式会社という病』（NTT出版）、『俺に似たひと』（医学書院）、『グローバリズムという病』（東洋経済新報社）などがある。

株式会社の世界史
「病理」と「戦争」の500年

2020年11月12日　第1刷発行
2022年 2 月 4 日　第2刷発行

著　者――平川克美
発行者――駒橋憲一
発行所――東洋経済新報社
〒103-8345　東京都中央区日本橋本石町 1-2-1
電話＝東洋経済コールセンター　03(6386)1040
https://toyokeizai.net/

装　丁…………………秦　浩司
本文レイアウト・DTP……米谷　豪
印　刷…………………東港出版印刷
製　本…………………積信堂
編集担当………………渡辺智顕
　ISBN 978-4-492-31532-3